NO HAY

DESPEDIDAS

Gloria M. Rodriguez

LOC Numero de Aplicación:		2010919133
ISBN:	Libro de Portada Dura	978-1-4568-3972-7
	Libro de Portada Suave	978-1-4568-3971-0
	Ebook	978-1-4568-3973-4

This book was printed in the United States of America.

Para pedir copias adicionales de este libro, contactar:
Xlibris Corporation
1-888-795-4274
www.Xlibris.com
Orders@Xlibris.com
84564

DEDICATORIA

Gracias Mama por tu dedicación
por contarme todo lo que pudiste
sobre nuestra familia durante tu vida.

Gracias Papa por todo tu amor
que siempre tenias para tu familia
y ellos a ti.

Gracias a ambos por mi vida
y por ser los padres que fuiste para mi.

Siempre he amado vuestra presencia
y ahora soy la encargada de vuestro pasado
la narradora de su crónica

AGRADECIMIENTOS

Hay mucha gente y fuentes gracias a las cuales esta historia se ha podido lograr; con su ayuda y estando segura de que ha sido dicho con toda la verdad y conocimiento de la historia como ha sido posible.

Es importante para esta escritora, que el lector conozca desde el principio hasta el final es una historia real, y todos los hechos ocurridos, han sido investigados durante el numero de años necesarios para estar segura de que había muy pocos embellecimientos. A lo largo del camino, la escritora ha comprobado, que la verdad y el verdadero amor, no necesitan adornos, incluso aunque no los ayas conocido nunca.

A mi hermano Eduardo sobre todo, tanto como a mi hermano Alberto, les doy las gracias por su paciencia ayudándome a comprender las complejidades de la Guerra Civil Española y la cronología de los acontecimientos durante y después de la guerra.

A los hijos de mis hermanos, especialmente Cristina, que consiguió que comenzara este viaje, y a todos los otros que han tenido interés por su conclusión, se lo agradezco; gracias.

No podré nunca agradecer suficientemente a mis tíos de ambos continentes, su buena voluntad para responder a mis muchas preguntas a través de los años y decirme tanto las cosas divertidas como las serias, sobre la vida de mis padres y la de ellos mismos.

Al amigo de mi madre Everett Vine y su hija Susan Vine, que me ayudaron desde el principio a ver los lugares donde creció mi madre y visitar a unos cuantos amigos que todavía permanecen allí, los cuales me contaron historias de su juventud y de su amor a los caballos.

A mis primos Maisin, Menchú y Mariano, Mari Carmen, Ana Mari, Carlos y José Mari, gracias por su implicación y ayuda. A sus hijos, que han mostrado interés y deseo de ayudar de alguna manera, ellos me han dado también ánimo para llevar a cabo la petición de mi sobrina.

A mis muchos amigos que han estado dispuestos a leer la prueba y criticar algunas partes varias veces, para ayudarme a conseguir que la historia fluyera comprensiblemente, les doy enormes gracias.

Muchas gracias a mi prima María del Carmen Estévez Rodríguez por traducirlo con la ayuda de su amiga Antonieta García. Además gracias a mi amigo Joaquín Escobedo por dar una final mirada con ojos finos para ver que todo estaba bien traducido en Español por esta escritora.

Finalmente por la foto del barco *Vulcania*, que se saco de la colección de *The Renowned Luxury Fleet ITALIAN LINE*, de la pagina web de Bjorn Larsson, también se lo agradezco.

CONTENIDOS

V

CONTENIDOS

PREFACIO

Esta es una historia personal. Una historia de amor que he compartido verbalmente con amigos a lo largo de los años. Es una historia que ilustra que la prueba del tiempo con todos sus retos, te habla sobre el verdadero amor. Muchas historias de amor han sido escritas, pero como una sobrina mía me dijo, esta es la más bonita historia de amor y debe ser escrita para que mas gente la conozca y aprecie lo que significa el verdadero amor. Es personal porque es la historia de mis padres.

Para entender mejor esta historia, se escribirá en dos partes. La primera parte es principalmente sobre mi madre y la segunda, principalmente sobre mi padre. De esta manera pueden ver lo que cada uno tuvo que soportar por mantener los orígenes de los que procedían. Cuando esta historia tuvo lugar, hubo también muchos cambios sociales, los cuales eran constantes desafíos para ambos. Era algo bueno y a la vez difícil pero esto es lo que pone a prueba al verdadero y duradero amor a lo largo del tiempo.

Estuvieron casados casi cuarenta años y prometidos menos de un año. Mi padre murió primero y dejo a mi madre viuda durante veinticuatro años. Veintidós años después de su muerte un viejo amigo de mi madre vino a cortejarla y pedirle matrimonio, "yo estoy casada," dijo ella. Para mi eso fue una declaración de verdadero y duradero amor. Dos años mas tarde ella me dijo que mi padre había venido a buscarla y dijo que él volvería pronto a llevarla con él. Lo creo que lo hizo, porque ella murió en paz poco tiempo después.

Para relatar esta historia verdadera, me he esforzado en contar los hechos que conozco, después he llenado los espacios y he podido deducir como podrían haber sido, pues he viajado por el camino de sus vidas ya que me lo contaron cuando era joven. Se ha pretendido también que el lector aprecie las generaciones pasadas y cómo vivían, lo que eran las diferencias culturales, la política de aquel tiempo y cómo vestían y viajaban.

En resumen, la intención de este libro es revelar una duradera historia de amor, conseguida con confianza, cumplimiento del deber y con el embrollo de la vida diaria. La historia reúne a dos personas de dos continentes diferentes, con distintos modos de vida familiar y diferentes costumbres. Es una historia de compromiso y confianza en que la determinación positiva puede superar todos los obstáculos.

PROLOGO

Es por los esfuerzos de mi madre que yo conozco
Amor y he llegado a comprender por que las cosas
Fueron asi en su vida y ahora en la mia.

Baúl Lleno de Tesoros Históricos

Cuando yo era una niña de seis años vivíamos en Drexel Hill, Pennsylvania. Era alrededor de 1946 y llevábamos viviendo allí más de un año. Parecíamos felices y mi madre aun mas cuando recibimos barriles, baúles y mobiliario de todas clases de Cleveland, Ohio. La tía abuela de mi madre había muerto en 1945 y nos llegaron cosas que ella había heredado además de otras cosas que los amigos de la familia habían guardado para ella.

Había tantas cosas interesantes para una jovencita imaginativa como yo. Puede ser que usted haya pensado que un baúl de camarote verde y negro con esquinas y bisagras de latón no había sido muy interesante. Había bellas piezas de porcelana y vasos de cristal que salieron de los barriles, pero el baúl era intrigante. Había también mobiliario para dos comedores y un sofá rojo con unos flecos y una serie de sillas que a mi madre le gustaban. Pero quedaba todavía ese misterioso baúl de camarote por abrir.

Los muebles fueron distribuidos en nuestra agradable casa de tres pisos y un sótano donde los barriles y el baúl fueron de servicio almacenados cerca de la lavadora hasta que fueron vaciados. Recuerdo especialmente bajando al sótano un día para ayudar a mi madre con el lavado, viendo el baúl pregunte si podíamos mirar dentro. "No en este momento," dijo ella, "pero cuando tu hermano este durmiendo la siesta bajaremos rápidamente y veremos que tesoros hay dentro." Apenas podía esperar pero sabia que mi madre cuando hacia una promesa siempre la cumplía.

Con la luz de una ventana y una bombilla que había encima de la lavadora, pudimos ver donde estaba el baúl verde. "Oh, vamos a abrir este, vamos a abrir este", dije yo. "Tendré que conseguir las llaves", dijo ella, lo que suponía seguir esperando. Monte guardia hasta su vuelta y me preguntaba que tesoros podría haber dentro de esta maleta de gran tamaño.

Volviendo con las llaves parecía tan emocionada como yo cuando se preparo para abrirlo. Mientras, ella me explicaba lo que se había acordado del momento en que dejo, al mismo tiempo, el hogar de su niñez y el de su tía abuela Lena. Yo atentamente echaba una mirada rápida para ver que posibles tesoros podía haber allí. El baúl de camarote era alto y se abría verticalmente exhibiendo cajones a un lado con ropa colgando y un compartimento interior al otro lado. Olía fuertemente a bolas de naftalina. Espere mientras mama abría los cajones uno a uno y me mostraba su contenido. Había un par de zapatos verdes de ante, con puntera y talones de piel de caimán; despúes desempaquetó

2

varios pares de guantes, poniéndose algunos de ellos; me enseño como algunos eran lo suficientemente largos para cubrir solo la muñeca, mientras que otros llegaban hasta los codos. Allí de pie probándoselos, yo iba a aprender cuando puedes llevar uno u otro. Había unos verdes de ante que hacían juego con sus zapatos que eran muy exclusivos. Le pregunte por que los guardaba si estaban todos gastados, "porque ellos cuentan la historia en el tiempo en el que encontré y conoci a tu padre; te contare la historia cuando tenga mas tiempo, ¿OK, dulzura?", dijo ella.

"Que es esto", pregunte yo, cogiendo una prenda redonda como de lana. "Es una boina y aquí esta el abrigo que va con ella. El color se llama pelo de camello", dijo ella. "¿Oh, pero que es?" Se lo puso en la cabeza de forma inclinada y comenzó a decirme que la primera vez que se lo puso fue con el abrigo, los zapatos verdes y los guantes, junto con un bolso que saco de otro cajón. Yo estaba fascinada con sus historias; podía ver alegría en sus ojos mientras las contaba con memoria articulada.

De otro cajón saco un gran estuche negro de cuero con un pequeño y deslustrado corchete de plata a cada lado. Esto definitivamente me intrigo porque las cajas siempre lo hacen. Abriéndolo cuidadosamente me explico que era un instrumento musical llamado flauta.

Mis ojos debían estar bien abiertos con esa maravilla. Ella me dijo que cuando yo fuera mayor podría aprender a tocarlo, si yo quería. Con esto la tomo y comenzó a tocarla. Emitía sonidos tan bellos, que yo definitivamente supe que este era el instrumento, y solo este, que yo quería tocar.

Yo creo que desde ese día estuve mas interesada en todas las cosas que mi madre nos decía de niños sobre lo afortunados que éramos, teniendo las cosas bellas que teníamos debido a su familia, las historias de la abundancia, la Gran Depresión y la lucha para tratar de sostener un modo de vida que perderían. Enormes cambios en la vida de las personas que pocas hubieran soportado sin amor. Esta es la historia que he venido ahora a contar con orgullo, esforzándome en comprenderla. Es de una época pasada, pero es de una historia de amor que nunca pasara.

Trata de explicar el aprecio por épocas de belleza y sensibilidad que una puede tener a lo largo de la vida siempre y cuando recuerdes seguir adelante. En los años futuros, mi madre me aconsejaría no mirar atrás, pero seguir adelante sin olvidar de donde vienes. Yo la recuerdo diciendo: "pero por la gracia de Dios yo voy", cuando no estaba muy segura si el siguiente paso en la toma

de una decisión era el correcto. La fuerza para dar el
siguiente paso viene a veces de la fe ciega en que el amor y la razón
te llevaran en la dirección correcta. He sido afortunada durante mi
vida con mis padres, de ser testigo de que si tu tienes amor a tu
lado, no tienes nada que temer. Es este amor que tengo por ellos,
por los esfuerzos que hicieron en sus vidas, así como por varios
miembros de mi familia, lo que ahora quiero compartir con ustedes.
Como espero contar, es la familia y su amor por uno a otro, el
hilo que teje esta historia en un paño que nunca estará gastado, si
siempre se lava con cariño y comprensión.

PARTE I

CAPITULO UNO

Una Nueva Vida Esperando Para Comenzar

La familia no la haces tu
pero es de donde procedes

Anita permanecía de pie, a la entrada del vestíbulo a través de la ventana que había al lado de la puerta de la entrada principal. Era por la mañana temprano y la elegante puerta grande y fuerte con sus ventanas de cristal alargadas a cada lado permitía que la entrada al vestíbulo fuese luminosa con una suave luz natural. La joven señorita que permanecía de pie era también elegante. Era Enero de 1934 y en Marzo cumpliría veintiún años. En este momento se sentía muy madura y dispuesta para este cambio de dirección en su vida.

Echando una mirada atrás a sus maletas y baúl de camarote que permanecían allí listos para partir, se daba cuenta de que todavía era pronto y que aún no tenía que preocuparse por el tiempo. Mirando de nuevo por la ventana hacia fuera, se ajusto su vestido a la cintura, echó un vistazo al dobladillo al igual que a las costuras de sus medias. Despúes se preocupó de sus guantes altos de color verde y volvió a mirar por la ventana de nuevo. Su postura era elegante y femenina, pero erguida y en cierto modo resuelta. Echó atrás a ambos lados de la cabeza su largo pelo castaño rizado, cayendo apenas por encima de sus perfectos hombros, el estilo era similar al que tenía a los siete años, pero entonces caía por encima de sus hombros. Era tan encantadora. Un fotógrafo profesional ganó un premio con una fotografía suya sentada de perfil con su pelo cayendo de manera natural a lo largo de su bonito y sencillo vestido de algodón de color azul pizarra claro. Sus padres estaban orgullosos de este retrato y a ella le gustaba también, especialmente porque el vestido fue hecho a mano por su abuela paterna.

Su erguida cabeza con su prominente barbilla irlandesa y grandes y redondos ojos grises miraba ahora ansiosamente a través de la ventana. ¿Dónde estaba su coche? Ella no debía llegar tarde. Una vida nueva estaba esperando. Separó a un lado nerviosamente el puño de su guante verde para comprobar que llevaba su reloj, un precioso reloj de mujer de oro con trabajo de joyería que su madre le había regalado.

Buscando a tientas su bolso de cuero, a juego con sus zapatos de tacón de cuña verdes con puntas de piel de caimán negro, decidió revisar todo una vez más. Abriéndolo tocó sus cosas ordenadamente: pasaporte, billetes, dinero y pañuelo. Todo estaba allí y en el orden debido.

Desviando aún su atención de la ventana, echó un vistazo a su bolsa Gladstone que su hermano mayor le había prestado para el viaje y a otra pequeña maleta de cuero marrón que estaba a su lado. Había un baúl de camarote más alto que el resto y que estaba de pie que había pertenecido a su madre. A su hermano no le importó prestarle su bolsa, después de todo, ella estaría en Europa un año estudiando Arqueología en Perugia, Italia. Ella nunca había estado tan lejos antes ni durante tanto tiempo, pero tenía la intención de disfrutar de esta oportunidad.

Su tía abuela Lena pensó que Anita debería dejar la escuela y hacer un cambio completo. También era el deseo de su madre que ella y su hermano pequeño Jim completaran su educación universitaria al igual que sus dos hermanos mayores. Además la tía Lena podía permitirse respaldarla financieramente y animarla emocionalmente, pero eso suponía ser como su tía. Su profesor de griego de la Western Reserve Universidad en Cleveland la apoyaba. Él y su esposa la trataban como la hija que nunca tuvieron. Su profesor de música y amigo al que ella siempre llamaría tío Jay Hall, también la apoyaba. Siempre sintió que dentro de su familia, su abuelo Schoenhut, su tía abuela Lena (los cuales eran hermanos), su madre y su primo Raymond eran los únicos que la apoyaban.

Anita había echo sus planes muy cuidadosamente, especialmente para alguien que había sido criada pensando que nunca tendría que preocuparse por nada. Tía Lena le había suministrado el billete de tren de Cleveland a Nueva York, pero ella lo cambió por un billete de autobús a Nueva York. Explicándole más tarde a su tía que así podía tener un poco más de dinero.

Se había buscado un trabajo como profesora particular de dos niñas de nueve y siete años en el barco. Eran de una familia rica de Cleveland que la tía Lena conocía. Su madre iba al continente para superar un divorcio y las niñas iban a ir a un internado en Palma de Mallorca, España, cerca de su hermano. El trato era que Anita sería su profesora mientras estuvieran abordo. Esto le ayudaría también a ganar unos pocos dólares más de una manera digna antes de llegar a Italia. Después de eso tendría que esperar hasta que la pequeña asignación mensual que tía Lena le había prometido llegara. Su tía quería darle más y podía permitirse hacerlo, pero

Anita no quiso así, ya que de esta manera se esforzaría en ser más espabilada e independiente, además pensó que no seria justo para sus hermanos que se habían quedado en casa tratando de resolver los últimos asuntos, aunque sabia que Jim recibía ayuda de tía Lena y Raymond de su padre.

Cansada de mirar por la ventana, cuya vista ahora parecía como una olla de agua que no herviría, decidió pasearse un poco por el vestíbulo. Su esbelto, limpio y gracioso cuerpo comenzó a pasearse con su cabeza ligeramente agachada, mirando el piso de dura madera del entarimado. Sabía que estaba viendo esta gran vieja granja por última vez, pero eso no le importaba tanto. La casa que más iba a echar de menos era la del pueblo en Garrettsville. Esa era la casa familiar, ese era el hogar. Un sitio al que ella siempre pensó que no volvería.

Cuando Anita estaba ausente en la Universidad y su madre sabía que no sobreviviría a su cáncer, cerró la casa de Garrettsville y se mudo a la casa en la granja. Conociendo lo que a Anita le gustaba la casa de Garrettsville, tomo la decisión ella misma y concluyó la mudanza mientras Anita estaba fuera. Sus planes eran tener la ayuda de Anita hasta su muerte, y ella y tía Lena le enseñarían todo lo que pudieran sobre el funcionamiento de la casa. Ella dio instrucciones a su hijo mayor Bob, al pequeño Jim y a su sobrino Raymond de ocuparse de los caballos para Anita, así ella tendría una excusa para salir y ejercitarse, porque ella tenía miedo de que Anita nunca saliera. Sus hermanos y primo estuvieron de acuerdo y Anita salió regularmente y se ocupó del mantenimiento de las tres sillas de montar con la ayuda de Raymond. Los caballos eran una de las mayores alegrías de Anita. Había días en verano y otoño que podía cabalgar distancias considerables antes de que su madre la necesitara constantemente. Muchas veces un joven llamado Everett Vine la acompañaba.

Everett Vine era casi ocho meses mayor que Anita. Era el hijo del carnicero del pueblo y se sentía atraído por la presencia de Anita. Ella era la chica más fina que conocía y con la que se había divertido en la escuela secundaria y en los primeros años de universidad. Él era tímido pero siempre podía hablar con Anita, la cual le facilitó su relación con chicas en aquel tiempo. Aunque Anita también era tímida, él reconocía que esa timidez desaparecía siempre que estaba alrededor de los caballos. En aquellos tiempos no era propio de una señorita montar a horcajadas sola a campo traviesa, pero él se dio cuenta enseguida de que eso no se podía aplicar a Anita.

Everett notó que en cualquier lugar por donde ellos cabalgaban, la gente a lo largo del camino, le levantaban sus cabezas y manos esperando ver a Anita y que la señorita les devolviera la sonrisa y que quizás, incluso contestara a sus saludos. Por su traje de montar y los finos caballos que ella montaba, sabían que pertenecía a una familia rica. Normalmente una persona así, simplemente seguiría su camino; no Anita, su manera de cabalgar, su trato con los caballos, sus danzarines ojos grises con una ancha sonrisa desenfadada encantaba a todo el mundo. Everett tenía la sensación de que estaba con la muchacha más guapa y elegante del pueblo. Anita no se sentía así, pensaba que ella estaba feliz teniendo un amigo con el que poder hablar, compartir cosas y estar con sus caballos al mismo tiempo.

A medida que pasaban los años, Everett estaba más extasiado por su trato y presencia. Cuando la madre de Anita iba empeorando de su enfermedad, ella solo pensaba en su madre, en como cuidar la casa, mantenerla en orden y como mantener a los caballos correctamente ejercitados. Everett quería decirle cuanto la amaba. Él sabía que ella estaba preocupada con las cosas de la casa, pero nunca comprendió completamente el alboroto tan grande que había en la familia ni la gravedad de la situación en que se encontraba. Él quería constantemente acercarse con nuevas ideas para estar con ella como minigolf, croque, patinaje sobre hielo, películas, helados, refrescos, golf, tenis, paseos en el automóvil de su padre, y lo mejor de todo – a pasear a caballo. Cuando Anita lo aplazaba, su madre insistía para que encontrara tiempo para salir con él. A su madre le parecía que él era una buena compañía y que siempre se comportaba como un caballero.

A causa de que Everett no había terminado todavía la universidad y que no tenía un trabajo con un sueldo suficiente para mantener una familia, él se guardo de hacerle esa proposición. Los tiempos eran duros para casi todo el mundo. Su familia siempre parecía que estaba bien, pensó. Todavía él era tímido y se sentía tosco para pedir su mano porque pensaba que su origen no era suficiente para Anita. Quizás ella preferiría alguien de su estatus social. No importa lo que ella pudiera pensar de él; para él, ella seria siempre su primer amor.

Sí, los tiempos eran malos para casi todo el mundo; era Enero de 1934. La única cosa buena de este momento era que no habían tenido mucha nieve ese invierno. El tiempo no preocupaba realmente a Anita. De hecho no sabía realmente lo mal que estaba para todo el mundo, a menos que fuera alguna persona sobre la que hubiera leído en lo periódicos u oído por la radio. Desde luego existían habladurías en el pueblo. Era un área de pueblos pequeños, de modo que allí siempre existían chismes. Con la creciente depresión, parecía haber más chismes en todas partes. Ella oía hablar de granjeros empobreciéndose porque no podían conseguir introducir en el mercado su leche o sus productos. Las granjas fueron subastadas porque había demasiadas facturas sin pagar y demasiado ganado para mantener. No solo fue desposeído de sus tierras y de su casa el pequeño granjero que trabajaba duro, sino que las ricas granjas se perdieron también. Esto fue una lenta decadencia que cogió a la mayoría de la gente por sorpresa. Fue llamada "la gran depresión del '29" y todo el mundo estaba sumergido en ella.

Anita recordaba lo duro que ella y sus hermanos habían trabajando en algo para lo que no estaban preparados: mantener en funcionamiento una granja. La granja había traído alegría en otro tiempo pero termino con enorme tristeza. Había caballos que ella quería tanto y que dieron un poco de confianza en si misma y que definieron su vida. Había vacas premiadas de su padre y el primer granero de ese tipo en la zona con el único establo diseñado para el nacimiento de vacas. Su padre había permitido orgulloso que los estudiantes de la cercana universidad agrícola vinieran y observaran mientras que su profesor les explicaba el diseño.

Estaban los Stamm, Charlotte y Ellis, con sus dos hijos. Ellis y sus hijos atendían los campos de maíz y patatas, los caballos y las vacas lecheras, el campo de heno y el manzanar. La señora Stamm atendía la cocina y la limpieza de la casa principal. Vivian en una casa en una esquina entre la granja a un lado y el bosque a otro, donde estaban todas las casas. Su casa marcaba la entrada a todas las demás. Siguiendo un poquito por el camino cerca de los Stamm había otra casa donde vivía otra pareja negra, el hombre era el chofer de la familia y su esposa ayudaba a la señora Stamm con la cocina y limpieza de la casa principal.

Más lejos, por encima del camino, enfrente y perpendicular a la casa principal y dentro de espesos bosques, había una cabaña para huéspedes, aquí es donde Bob, el hermano mayor de Anita y su esposa Pete, vivieron mientras cuidaban de la granja y de su madre.

En la parte posterior de la casa principal había un claro con jardines y césped. Anita ejercitaba allí sus caballos. Así su madre podía verla mientras estaba sentada a través de la ventana de su dormitorio.

La casa principal era donde ella permaneció cuando volvió de la universidad y cuido a su madre hasta su muerte en Diciembre de 1932. Su madre tuvo un cáncer. Las lagrimas siempre afloraban cuando ella pensaba en su madre; demasiado sufrimiento para alguien tan joven y buena. Acaba de cumplir 48 años dos meses antes de su muerte. Habían intentado todo para luchar contra esa temida enfermedad: cirugía y radiación. Todo hasta que ella dijo no más. Con esa decisión cerro la casa en Garrettsville y decidió venir al campo y morir allí. Anita no había sido educada para hacer nada manual, así que cuando su madre le pidió cuidarla hasta su muerte, ella se sintió honrada y decidida a aprender. Ella amaba a su madre tiernamente, pero mientras crecía ella no sintió que fuera una alegría especial para ninguno de sus padres.

Anita nació el 8 de Marzo de 1913. Era la tercera de los hijos Percival Edward Nelson y Caroline Catherine Schoenhut-Nelson. Fue bautizada como Clara Anne Nelson en Garrettsville, Ohio. La llamaran Clara después de que muriera la mayor de las dos hermanas de su padre, fallecida cuando ella era una jovencita. El nombre Anne venia de la madre de su madre cuyo nombre realmente era Anne Kane-Schoenhut. Su hermano Bob era siete años mayor que ella, su hermana Mary seis años mayor y su hermano Jim dos años más joven. A causa de los muchos años que se llevaba con sus hermanos mayores, a menudo pensó que sus padres concibieron a ella y a su hermano pequeño Jim con el fin de mantener su matrimonio. Si no entonces como puede ser que su abuela predijera a su hija cuando le escribió durante unas vacaciones en Santa Bárbara, California: "tu tendrás otro hijo y será una niña."

De cualquier manera, ella nunca sintió que su madre tuviera suficiente tiempo para ella, después de todo, eran Mary y Bob los que preferían la vida social. Tenían amigos, reuniones, vacaciones en el lago para ellos y sus amigos, bailes y conciertos especiales, excursiones para navegar, caballos, coches, universidad y trajes de última moda que llegaban en todas y cada una de las ocasiones.

Todo esto llevaba su tiempo y había que planearlo. En aquel tiempo había acontecimientos sociales y tes que su madre daba para varias ligas de caridad de mujeres, así ella podía ayudar a conseguir fondos para niños necesitados. Cuando la ciudad tenia problemas para ponerse de acuerdo en los asuntos de la iglesia, la madre de Anita era la que más contribuía a los fondos de Iglesia Unida o cualquier otra denominación que pudiera usarse; ella misma había sido bautizada en el Catolicismo y fue a una escuela en un convento de Cleveland. Ella también llevaba dos casas: una en el pueblo y otro en el campo. Llevaba las cuentas de la casa, dirigía a los sirvientes y se aseguraba de que las reuniones de su marido para jugar al póquer, se mantuvieran sin molestar al resto de la familia y que el resto de la familia no les molestara a ellos.

Cuando Anita tenía dos años y medio, ella y su hermano pequeño contrajeron el sarampión. La pequeña Anita tenia un sarampión tan malo que el doctor le dijo a su madre que era inútil esperar su recuperación. En vista de esto ella puso todo su esfuerzo en el pequeño Jim que tenía más posibilidades de sobrevivir. Su madre decidió contratar una niñera para Anita para que estuviera con ella y la atendiera tan bien como fuera posible, mientras ella dedicaba más atención al bebé. Realmente ella nunca se olvidó de Anita, solo necesitaba ayuda para sacar fuerzas durante este largo periodo de enfermedad.

Eligió como niñera a una pequeña chica inglesa llamada Tillie, la cual estaría con Anita y Jim hasta que Anita tuvo diez u once años. Tillie había venido a Garrettsville con su hermana mayor. La hermana estaba casada con un joven americano que estuvo destinado en Inglaterra. Cuando regresó a casa después de la primera guerra mundial, él hizo todas las gestiones para traerse a ambas con él. Cuando la hermana de Tillie supo que la señora Nelson necesitaba una niñera, rápidamente intento que la contratara. Así fue como Tillie llego a la casa de los Nelson, como una inocente y callada chica y permaneció con ellos hasta que su hermana le presento a un inglés con el que se casó y los dos volvieron a Inglaterra. Anita la echaba de menos enormemente pero su madre la explicó que había llegado para Tillie el momento de casarse y necesitaba irse y construir un hogar para ella y su marido. Anita entonces se alegró por Tillie.

A medida que Anita crecía, estaba segura de que su madre la amaba, pero como ella era siempre tímida y generalmente alejada de los otros niños, se sentía a veces excluida, sabiendo que su madre tenía tanto que hacer por cada uno.

Su padre era otra historia. Sabía que la única vez que estuvo orgulloso de ella o disfrutó viéndola, fue cuando comenzó a aprender a montar a caballo. Ella resultó ser muy natural con los caballos y eso le gustó a su padre. Anita gustaba de los caballos más tercos y vigorosos y ellos a ella también. Ella no lo hacía como si fuera algo a conquistar ni para lucirse, sino para disfrutar. Los caballos debían sentir lo mismo. A su padre le gustaba más alardear. Era un hombre autodidacta de raíces más humildes que las de su madre. Él usó y más tarde abusó de la fortuna, generosidad y amor de su madre. Su vanidad y falta de discreción con su esposa demostrarían ser la causa de su desprestigio con la familia, pero especialmente con Anita.

Cuando ella tenía seis años, la hermana más joven de su madre, Esther, tuvo un bebé al que ella y su marido Ralph Nutting, llamaron Raymond. Había varios años de diferencia entre la pareja. Ralph era el capitán de un barco en el lago Erie y llevaba a los turistas para ver los paisajes de alrededor del lago durante los meses de verano. Bajaba a Florida en los meses de invierno. Ralph había conocido a Esther a través del padre de Anita. Se casaron poco tiempo después. Desafortunadamente ella siempre fue algo frágil y murió cuando Raymond tenía menos de un año. Esther y la madre de Anita, a quién la familia y los amigos cercanos llamaban Cass, eran amigas íntimas. Cuando llegó la noticia de que Esther se moría, Cass y su marido Percy (él odiaba que le llamaran Percival), fueron inmediatamente a verla. Esther pidió a Cass que por favor se hiciera cargo de su hijo y lo criara, porque Ralph no podía a causa de su trabajo, el cual no le permitía cuidar a un niño pequeño. Cass accedió y quiso adoptarlo. Así él siempre podría sentirse de la familia. Se decidió que Raymond sería criado por sus tíos, pero Percy no quiso adoptarlo por miedo a que él no entendiera quién era su verdadero padre. Se acordó además que Ralph vendría siempre que pudiera y permanecería allí todo el tiempo que él quisiera con su hijo. Ocurrió que la noche en que murió Esther, Cass y Percy trajeron a casa a un nuevo miembro de la familia llamado Raymond. Anita estaba muy emocionada esa noche y escuchaba a su madre explicarle que tenía un nuevo hermano y que tenía que tratarle siempre como tal. Desde ese día ella siempre sintió que debía mirar por él y no permitir que nadie dijera que no era su hermano.

Anita paseando se encontró de pie en el umbral de la puerta de la cocina mirando al suelo. Una sonrisa se extendió por su cara cuando recordó que Raymond y ella trataron de hacerse cargo de la casa juntos. Su hermana Mary había dejado la casa un año antes de conocer que su madre tenía cáncer. Estaba casada con un hombre fino que la llevó a vivir a su casa en el pueblo de Coral Gables, Florida donde vivían su madre y su hermana casada. Era considerada una zona elegante en las afueras de Miami.

Bob, el hermano mayor se había casado también y vivía temporalmente en la casa de campo que estaba enfrente y perpendicular a la casa principal. Más tarde la pareja se mudó a la casa principal para ayudar a la familia. Bob, su hermano menor Jim, Raymond y Anita trataron de mantener la granja mientras cuidaban de su moribunda madre.

Se decidió entre los hermanos y Anita, que Bob y Jim se ocuparan de la granja y Anita cuidaría de la casa y de las comidas. Raymond con trece años se ocupaba de lo que podía. El hacia tareas de la granja y ayudaba a Anita en lo que podía. Ella no sabía lo que habría hecho sin Raymond pues él estaba siempre tratando de ayudar y haciendo que las cosas fueran más fáciles y más agradables para ella. Sin embargo, parecía bastante sencillo. Jim se tomó seria—mente el mantenimiento de la granja, porque quería llegar a ser granjero y le gustaba esa granja. Se había propuesto hacer de ello un quehacer. Por otro lado Anita se había propuesto aprender a cocinar, coser y limpiar. Sabía que podía ser un desafío pero quería a sus hermanos y un hogar pulcro, limpio y ordenado. No pensaba que fuera imposible, al menos no por el momento.

Anita escuchó atentamente, a la cabecera de su madre, información sobre cómo hacer listas para los recados, para la tienda de comestibles y la organización general de las actividades diarias. El libro de cocina, "*The Fannie Farmer*", se convirtió en su guía de las comidas, conservas y postres sencillos. Quitar el polvo de los muebles era muy fácil, pero lavar platos, ollas y sartenes un poco más complicado. Primero porque odiaba los líos y en segundo lugar porque tenía que tener tiempo para pensar en un método para acabar la tarea. Se sentía inútil al principio pero con la ayuda de tía Lena y la señora Stamm, progreso satisfactoriamente.

Un día ella y Raymond venían de hacer una tarea que realmente no habían llegado a realizar. La tarea era fregar el suelo de la cocina. Era sencillo, o eso creían, apenas un estropajo, un cubo, un poco de jabón y agua. Raymond decidió que él fregaría el suelo mientras que Anita limpiaba el polvo de los muebles en la habitación de enfrente. Entonces, cada uno a su tarea. Cuando Anita terminó la suya, fue al umbral de la puerta de la cocina donde Raymond estaba de pie con el estropajo en el cubo medio vació a su lado y bastante contento de haber terminado ya el trabajo. Cuando vio la mirada interrogativa de Anita mirando los charcos de agua en el piso, cómo cualquier hombre que no hubiera fregado suelos antes dijo, "tienes que dejar que se sequen, ¿no?". Anita se rió con una risa nerviosa. Estaban aprendiendo.

De repente Anita oyó un coche bajando la larga calzada hacia la casa. Ese debe ser Bob; si, por fin. Le echó una ultima mirada para estar segura de que todo estaba en perfecto orden, se ajustó los guantes una vez más, se puso el abrigo de pelo de camello y su boina y abriendo la puerta esperó para recibir a su hermano. Con una leve sonrisa subió el camino hasta la puerta. Anita le condujo hasta el equipaje emocionada. Él miró su hermana con una sonrisa cariñosa, cargó con sus cosas y se fue volando al coche con ellas. Después de un par de viajes de un lado a otro de la casa al coche, estaban listos para salir. Anita estaba de pie al lado del coche en el lado del pasajero asegurándose de que no se olvidaba de nada. Al volverse para introducirse al coche, vio a Bob dar la vuelta para ayudarla cerrando cuidadosamente la puerta. Se subió rápidamente al coche y se fueron a la estación de autobuses de Cleveland. Ella estaba satisfecha de haberse despedido de todos el día anterior antes de que ellos se fueran a sus quehaceres. Ahora su nuevo comienzo estaba en marcha. Se sentía feliz, escoltada hacia su nuevo destino por su hermano mayor al que ella quería y en el que confiaba tanto.

CAPITULO
DOS

Viaje en el Autobús de los Pensamientos

Hay sueños sobre los que nos preguntamos a nosotros mismos
Distancias en la vida sobre las que meditamos
Espacios que estamos deseando llenar
Siempre teniendo fe en que el mañana será mejor

Anita se sintió así cuando se sentó en el autobús al lado de la ventana. Buscó a su hermano mayor y divisó su brazo que se agitaba. Ella agitó el suyo y sonrío a través de las lágrimas que caían a cada lado de su cara y sobre sus labios. Su equipaje fue guardado abajo y el motor se puso en marcha, lo que le emociono y le dio la sensación de estar en el punto de no retorno. Pensó que iba en la dirección correcta a través de todo su cuerpo temblaba ahora con un poquito de ansiedad. Cogió su pañuelo que hacia juego con su atavió y secó sus lágrimas, esperaba que su hermano no la hubiera visto. El autobús hizo un brusco movimiento hacia atrás, dejando a todos los que estaban allí de pie una niebla entre gris y blanca.

No parecía que fuera a tardar mucho en salir de la ciudad. Se notaba ahora un cierto ritmo en el ruido y en el movimiento. Para Anita era el primer movimiento en su sinfonía que ella podría llamar *Aventura de la vida*. Sonreía al pensar en escribir el resto de su sinfonía con pasajes de alegría. Nadie se sentó a su lado, así que podría disfrutar del paisaje y de sus pensamientos dentro de su propio mundo, por ahora. Miró con fijeza por la ventana mientras que el espacio se llenó de belleza del campo que pasaba cerca. Hacía sol y el aire era caliente sin nubes a la vista. El calor del sol entraba a través de la ventana y el autobús tarareó el sonido del viaje en sus oídos permitiéndole poner en orden sus recuerdos.

Pensó en su padre y en como su pensamiento era no verle nunca jamás ni volver a hablar con él por el resto de sus días. Ella tenía una buena razón, pensó ella. Él había deshonrado a la familia permitiendo que le vieran por el pueblo con otra mujer, mientras que todo el mundo sabía que su madre estaba luchando contra el cáncer. Todo esto dio el pueblo de Garrettsville alimento para el cuchicheo sobre su infidelidad. No duró lo suficiente para que su madre lo oyera y aumentara su sufrimiento.

Por eso fue que su madre cerró la casa de Garrettsville y decidió terminar su vida en la granja. El chismorreo y la compasión eran demasiado. Ella oyó que había conocido a una mujer bastante rica a través de su negocio de venta de coches Ford que estaba solo a dos bloques de su casa. Recordaba que él había traído a la mujer a cenar, se había sentado y cenado con ellos en la mesa familiar una noche. Que triste fue cuando todos ellos conocieron que ella era más que una relación comercial. Su madre enfermó pronto y su padre no podía permanecer a su lado mientras que ella se iba poniendo lentamente cada vez peor. Él invirtió mucho dinero en la bolsa, pero lo único que hizo fue perder todas sus inversiones, como hicieron tantos otros en el gran desplome de 1929. También su negocio sufrió terriblemente debido a la depresión.

Pensó que esta nueva joven mujer le ofrecía alivio y compasión, mientras que ella pensaba que él era rico, atractivo y mundano. En realidad él no sabía en absoluto que hacer y que posesiones, si las había, le quedarían después de la muerte de su esposa.

Un día después de morir ella, él había ido a la granja buscando el consejo de sus hijos. Anita había salido en ese momento y Bob era el único que estaba en casa. Bob impidió que su padre entrara en casa. Cuándo su padre preguntó por Anita, Bob le dijo que ella no quería volver a verle más. Su padre le explicó que quería que ella fuese a vivir con él y su novia. Después de todo ¿Quién cuidaría de Anita y cómo conseguiría salir adelante? Bob dijo que ella iría de nuevo a la universidad en el extranjero. Su padre sabía y no sancionó

Anita recordaba que el tutor que le habían asignado le había dicho que su padre no querría que ella fuera a estudiar al extranjero. Anita le dijo que su padre ya no era una parte importante de su vida y que no debía entrometerse en sus asuntos. A ella le faltaba poco para tener veintiún años, pero estaba lista para vivir y sintió que era el momento de gestionar su propia vida como un adulto.

Ellos cinco habían luchado para cuidar la granja, pero la tierra iba funcionando lentamente incluso con la familia Stamm ayudando. El señor Stamm y sus hijos trataron de enseñar a los hermanos de Anita como ocuparse de las cosechas, llevar a pastar a los animales, ordeñar las vacas, recoger las cosechas y colocarlas en el mercado. La señora Stamm ayudaba cuando podía con la casa principal y las cosas cotidianas de la familia, ellos permanecieron allí hasta que estuvieron completamente seguros de que todo se llevó a cabo de acuerdo con los deseos de la madre de Anita y de tía Lena. El chofer y su esposa se fueron casi inmediatamente después de la muerte de su madre porque eran muy supersticiosos y tenían miedo de permanecer allí después de su muerte, por eso los Stamm sentían que esto era otra razón para quedarse allí ayudando, a través de los niños se unieron a la familia Nelson debido al profundo amor y respeto que habían sentido hacía su madre. Pensaron que esta sería la manera de demostrarlo a sus hijos. Mientras tanto el señor Stamm y sus hijos trataban de enseñar a Bob, Jim y Raymond como ser granjeros. En aquel momento era más duro de lo que pensaban.

En realidad Bob no tenía ningún interés en la agricultura pero Jim si tenía, y sentía que podía hacerle cambiar de opinión. Bob estaba siempre señalando las deudas. Al final las cosas se subastaron con el fin de pagar el mayor número de deudas posibles. Más tarde pudieron ver como una validación de un testamento podía llevarles a la liquidación de las deudas. Todo esto se hizo después de que Anita se fuese a Europa. Ella no opinó. Jim siempre se sentiría amargado porque pensaba que él podría haber dado la vuelta a las cosas si su hermano lo hubiera escuchado. Raymond, justo ahora quería terminar la escuela secundaria e ir a la universidad.

El autobús se balanceaba en suaves curvas como si fuera hacia el este, después recuperaba otra vez su sonido rítmico de nuevo. A medida que iban pasando las horas Anita iba dormitando, se despertaba. A lo largo del camino todos avisaban al conductor de su parada y parecía que iba haciendo más frío cuanto más al este iban. No importaba ella era una viajera con un destino decidido. Se sentía tan bien que entornó los ojos y sonrió; nunca dejaba de agarrar su bolso que estaba a su lado debajo de su brazo izquierdo. Desde luego eso es lo que hace una señora cuando viaja. Ella parecía tranquila y segura de sí misma pero siempre pendiente de su alrededor.

Mirando de nuevo por la ventana, pudo verse reflejada en los cristales mirando a la gente que estaba cerca; se le ocurría que ellos probablemente estarían preguntándose porque ella viajaba en autobús una distancia tan larga y sola. A ella no le importaba. Estaba en el camino hacia su nuevo destino, su nueva vida. Seguro que habría muchos más cambios. Estaba decidida a hacer cualquier ajuste que hubiera que hacer, para demostrar que podía hacer un cambio positivo de esta oportunidad que tenía por delante.

Sonrió a través de las lágrimas viendo caballos y graneros aquí y allá. Ella nunca habría permitido que cualquiera de sus caballos permaneciera fuera al frío del invierno; a menos que estuvieran ejercitándose, estarían en un agradable establo con un pesebre con un montón de heno y un prado donde ir. En ese momento el recuerdo de sus caballos apareció sigilosamente como el autobús, oscilando suavemente. Estaba Babe, una yagua alta de raza irlandesa que tenia genio, tenia que poner atención cuando la montabas o si no, mejor no molestarla. Era una hembra exigente que siempre requería tu concentración o comenzaría a girar hasta que lograba tirarte. Hay que emplear tiempo y paciencia entre caballo y jinete, cada sensación del otro penetra en el corazón, antes de que se den cuenta hasta sentirse juntos. Cuando ese día llega es como ningún otro.

Si aguantaras montado sin caer mientras Babe parada sobre sus patas traseras mordisqueaba las ramas de un arbol, entonces ella estaría de acuerdo en que tú eras bastante digno para solicitarle un paseo. Era alta y de patas largas lo que lo daba una uniforme y airosa zancada; te aseguraba un paseo bueno y largo solo si tenías en cuenta hablarle firme pero a la vez suavemente. Babe conocía cinco pasos pero nunca se los enseño a nadie, solo a Percy y a Anita. Ella prefería a Anita porque le permitía mostrar lo mejor de ella. Cuando Anita estaba a las riendas, con sus manos y piernas cómplices, Babe mostraba calma y actitud contenta. Que buenos tiempos cuando saltaban barrancos, disfrutando sus pasos mientras daban lentos paseos abajo, por los caminos campestres y pasando por las granjas con los granjeros o la gente de los pueblos saludándolos.

También estaba Red, un caballo Alazán, semental de pura sangre de largas patas. Con él también tenía un trato especial porque Anita tenía un toque de afecto individual para cada uno de ellos. Gozó de su espíritu, de su belleza y de la confianza que le dieron. Nunca quería que estuviesen alterados, era parte de su personalidad. Anita admiraba su individualismo, así que no hace falta decir que ella se ajustaría a sus caprichos a la vez que les llevaba a disfrutar de lo que ella quería que hicieran: tener un buen paseo pero siempre bajo su control para que nadie se hiriera y nunca lo hicieron.

Más tarde Anita se enteró de que los caballos habían sido subastados. También oyó eso de Babe y que Everett había querido comprarlos, pero los tiempos no eran buenos. Él había querido, cuando Anita volviera de Europa, presentarse con Red como regalo y posiblemente entonces, hablar de matrimonio.

Matrimonio que nunca iba a celebrarse y Red fue vendido a alguien que no formaba parte de su comunidad.

De repente el autobús disminuyo velocidad y llegó a un pueblo de buen tamaño y enseguida frenó en una estación de autobuses. Saliendo de un medio sopor, Anita se alegró de parar. Era hora de estirarse un poco, aquí pudo asearse y comprar un sándwich ligero para comer antes de continuar el viaje, una taza de café también sonaba bien. Sus cheques de viajero, habían comprado casi medio camino a Nueva York y su puerto que prometía traer nueva libertad.

Aproximadamente en media hora, el autobús salió de su parada y cogió el ritmo de la carretera de nuevo. Anita estaba despierta y lista. Esta vez tenía una compañera de viaje en al asiento de al lado. Era una señora mayor que también estaba ansiosa por alcanzar Nueva York. Había oído hablar de trabajo y pensaba permanecer con sus parientes. Había esperanza para ella. En su conversación demostraba que estaba feliz y burbujeante. Ella hizo que Anita se sintiera cómoda y parloteaba acerca de su nueva aventura también. Es como si le diera ese coraje renovado de que aquí no hay vuelta atrás con el que ella había empezado y sabía que tenía que mantenerlo.

Conversando, el tiempo parecía pasar rápidamente. El autobús mantenía un zumbido uniforme. Estaba comenzando a oscurecer y la conversación se mantenía sobre cosas agradables, cada una excitada con su propia versión de la aventura que las aguardaba. Anita tocaba su bolso de vez en cuando, se sentía tranquila con la nueva amiga que había encontrado y confiada en que todo iría bien para ambas al terminar el viaje.

Antes de que se dieran cuenta el autobús se encajó en su lugar de la estación de autobuses principal de Nueva York. Diciéndose adiós y deseándose una a la otra buena suerte, las dos recogieron sus maletas y se fueron por sus caminos separados. Anita buscó una limosina en la que estaría la hermana de la señora Stafford, mientras que su nueva amiga buscaba a su familia.

Vigilando sus maletas y por el rabillo del ojo mirando a su camino, apareció un chofer con la hermana de la señora Stafford al lado de él dándole la bienvenida y poniendo las maletas en el coche que estaba esperando. Antes de que se diera cuenta que habían partido. Julia, la hermana, explicó que la señora Stafford y sus niñas permanecían con ella en un piso muy cerca de Central Park.

Todos irían al día siguiente juntos al barco; mientras tanto la señora Stafford pensó que sería bueno que permaneciera con ellos durante la noche y conociera a las niñas antes de embarcar y que ellas entendieran exactamente que Anita sería su profesora particular.

Cuando llegaron al piso de Julia, era media noche. La señora Stafford la saludó calurosamente y le explicó que las niñas habían sido enviadas a la cama dado que era muy tarde, pero las conocerían al día siguiente en el desayuno. Anita dijo que naturalmente comprendía. Julia hizo que el mayordomo llevara sus cosas a su habitación mientras la ofrecía un ligero refrigerio y la oportunidad de asearse. El piso era espacioso y bien equipado y Anita sintió una calurosa bienvenida de todos ellos.

Después de arreglarse un poco, rápidamente en su habitación, volvió al salón, donde le esperaba un té y sándwiches, Julia se excusó ya que sabía que las dos mujeres querían hablar de negocios. Mientras devoraba los sándwiches de jamón y disfrutaba de los tragos de té caliente tranquilizante, escuchó las peticiones de la señora Stafford sobre las asignaturas que quería que les enseñase: historia, francés y matemáticas. Anita estaba de acuerdo en todo. También se acordó la hora del día para las clases durante el viaje que se le pagarían sus servicios al llegar a Palma de Mallorca. También de acuerdo sobre la cantidad que originalmente habían pactado. Con todo esto acordado entre las dos, se dijeron buenas noches y se fueron a sus habitaciones.

Una vez en su habitación Anita desempaquetó solo lo imprescindible, se aseó y se subió a una grande y confortable cama y se durmió.

A la mañana siguiente se levantó, se bañó y se vistió rápidamente y volvió a hacer una maleta con lo necesario para los acontecimientos de ese día. Mientras iba camino del salón, oyó las voces de las niñas llegando desde el comedor. Entrando lentamente pudo oírlas preguntando a su madre y tía "cómo es la señorita". "Preguntádselo a ella vosotras mismas," dijo la señora Stafford que en ese momento daba la bienvenida a Anita y le pedía que le hiciera el favor de sentarse y tomar el desayuno con ellos. Las niñas se callaron rápidamente y no hablaron hasta que su madre las presentó.

Anita se sentó y no pasó mucho tiempo antes de que las niñas estuvieran charlando con ella y preguntándole cosas. Ella les respondía con una sonrisa y un guiño de ojo, con lo cual ellas reían nerviosas con satisfacción. Cuando la señora Stafford pudo intervenir en la conversación, explicó a las niñas que Anita sería su profesora particular mientras estuvieron embarcadas. Anita tornó sus preguntas en peticiones sobre que ellas le ayudaran a comprender cosas. Eso parecía ponerlas en un interesante nivel a unas y a otras así que ellas estaban entusiasmadas con su programa desde el principio. La señora Stafford parecía contenta con la manera en que Anita manejaba a las niñas y Julia sentada mirando a una y otra sonriendo pensaba lo mismo.

Era temprano por la tarde, había bullicio en el puerto con la gente tratando de conseguir un mozo para recoger su equipaje mientras que ellos buscaban sus pasajes; tenían que tenerlos preparados para enseñárselos al mozo para que pudiera saber que clase y nivel llevaban para indicarlo en la orden con objeto de que se supiera su correcta localización en el barco. Anita tenía un mozo listo en el encintado mientras que decía adiós a los Stafford con promesas de verles a la mañana siguiente en el desayuno. El mozo esperaba mientras ella sacó sus boletos, él entonces marcó el equipaje con una etiqueta y le dijo donde tenía que ir, allí conseguiría los diferentes pases para los puertos y boletos también entregaría su pasaporte y boletos al sobrecargo de la nave. Ahora no se preocupó por el equipaje porque sabía que estaría a bordo esperándola en frente de su cabina todo el tiempo que necesitara hasta terminar sus gestiones. Cuando miró a su alrededor después de terminar con el mozo vio a las niñas diciéndole adiós. Sonrió, dio la vuelta, cogió su bolso y volvió a poner su atención en subir a la nave.

Anita estaba lista; respiró profundamente para renovar fuerzas y excitada miró arriba a su nave *Vulcania* que la estaba esperando. Le pareció inmensa. Empezó a subir la pasarela hacia la aventura de su nueva vida, sonriendo mientras pensaba en este barco con habitaciones suficientes para alrededor de mil pasajeros separados en cuatro clases. Con su bolso remetido debajo de su brazo izquierdo, parecía una joven señorita con estilo y experiencia en viajes. Porque no iba a serlo, pensó. Después de todo había estado en un crucero con sus padres en Nueva Escocia en primera clase y todo, cuando ella era solo una niña de trece o catorce años; no obstante, se consideraba algo experimentada y ahora estaba lista para madurar.

CAPITULO
TRES

Viaje De Nuevas Amistades
Escoltado por el Destino

*Algunas veces es de sabios
disfrutar el viaje
entre sus oleadas de suerte*

Los pasillos estaban bien iluminados, de modo que Anita buscó el número de su camarote, pero un camarero vino rápidamente en su ayuda y la condujo al interior de un camarote de segunda clase. Le dio las gracias y después de darle una propina, rápidamente entró y cerró la puerta. De pie delante de la puerta, sintió por un momento una feliz calma y una sensación de independencia mientras miraba su camarote. Hasta ahora todo a ido bien, pensó, ahora ¡adelante a todo vapor!

No pasó mucho tiempo después de haber disfrutado del lujo, de la tranquila soledad en su camarote cuando el camarero golpeó la puerta anunciándole la llegada de su equipaje, lo cual aceptó con impaciencia. Después de dejarlo donde ella quiso, comenzó a desempacarlo.

Mirando a su alrededor los sitios donde poner cosas, comenzó también a pensar que se pondría para ir al salón esa noche. Habría entremeses y champán servidos en primera clase y algo similar para segunda y tercera clase. Estaba ahora poniéndose nerviosa pensando en la velada y ansiosa por el cambio positivo que estaba segura que el viaje le traería.

Después de deshacer el equipaje y asearse un poco, se fue a una cubierta lateral para mirar los pasajeros que embarcaban a última hora y a todos corriendo excitados abajo en el muelle. El aire era un poco frió, lo que no le molestó en ningún momento. Respiró este aire profundamente con los ojos abiertos de par en par y una sonrisa en su cara.

Retirándose de la cubierta exterior se metió dentro a pensar sobre las diferentes vistas y sonidos dentro de su nivel de la nave. Localizado el restaurante estuvo ocupada calculando cuánto tiempo tardaría en ir desde su camarote al comedor, cuando de repente recordó que debería buscar al profesor Scott y su esposa. Su tía había arreglado esta particular cita para que pidieran acompañarla en su viaje. También si ella necesitaba ayuda o compañeros de viaje, tendría amigos a los que recurrir y en quién confiar. Pero Anita no estaba preocupada.

Sabiendo el número de camarote de los Scott fue a buscarlos. Acababan de llegar y el profesor Scott estaba agradeciendo al camarero su ayuda con el equipaje, cuando la señora Scott se le acercó y le indicó que entrara. Todos sonrieron, ella graciosamente entró y pasó por delante del camarero mientras este estaba repasando con el profesor Scott sus horarios de comidas. La señora Scott extendió su mano y Anita feliz las levantó con sus dos manos mientras que sus ojos burbujeaban con alegría. Las dos mujeres se dieron un beso afectuoso en sus mejillas y comenzaron a charlar la una con la otra.

Enseguida el profesor Scott agradeció y despidió al camarero e inmediatamente puso su atención en las dos mujeres. "Si, si mi querida Anita, ¿cómo es tu camarote?, ¿cuándo llegaste?, ¿cómo fue el viaje desde Cleveland?, en autobús, ya sabemos, pero ¿todo fue bien querida?. Tu tía estaba un poquito preocupada pero tu sabes que ahora admira tu fortaleza". Anita sonrió agradecida, su postura recta revelaba lo joven que era. Mientras iba respondiendo a todas sus preguntas con entusiasmo, la señora Scott recordó a su marido que Anita debía estar cansada y ellos deberían arreglarse antes de reunirse en el comedor. Habiendo acordado la hora del encuentro, Anita se despidió y volvió a su camarote por otro pasillo. Por este camino podía ver el otro lado del barco. Si, pensó mientras hacía su camino confiadamente el mar saca lo mejor de uno mismo.

Los tres se encontraron de nuevo en el comedor para tomar unos entremeses y unas bebidas, mientras el barco salía del puerto con dirección a Boston para recoger sus últimos pasajeros. Cada uno parecía feliz en su nuevo ambiente a medida que se iban adentrando en el mar.

Mientras comían, ellos hablaron primero sobre su viaje a Nueva York por tren y Anita sobre su viaje en autobús. Hacía la mitad del tiempo de estar juntos, Anita explicó a los Scott que después del desayuno, debería encontrarse con la señora Stafford y las dos niñas a las que iba a dar clase durante el viaje. Ella también les agradeció su ayuda por arreglarle esta oportunidad; le daría un poco mas de dinero para continuar, aunque el trabajo solo durase hasta que alcanzaran Palma de Mallorca. En este punto el barco permanecería en el puerto atracado por un par de días y la señora Stafford dejaría a sus niñas con su tío y las llevaría a un colegio privado, entonces iría a Madrid y permanecería allí con una amiga durante el invierno.

Los Scott estaban emocionados y planeaban como bajarían los tres del barco y disfrutarían en Palma de Mallorca. Ellos conocían una pareja que poseía su propio pensionado en la isla; era para niños de entre tres y dieciséis años de edad. Ellos querían que Anita los conociese.

Repletos de las voces felices que oían parlotear a su alrededor, los tres dejaron el comedor y se fueron a sus respectivos camarotes. Estaban cansados de un día tan lleno de cambios y deseosos de dormir.

Cuando Anita llegó a su habitación sonrió pensando que bueno era estar viajando y que afortunada era.

A la mañana siguiente Anita se levantó temprano, se duchó y ordenó sus cosas para que nada estorbara a los camareros para limpiar mientras ella estaba fuera. Recordaba sus días en el dormitorio de la universidad. Cada chica tenía su propia habitación y tenía que poner sus cosas en los cajones del armario, cuando era día de limpieza. No se permitía nada fuera, así las limpiadoras podían hacer su trabajo mas rápidamente y no se las podía culpar de cualquier hurto o rotura.

Fuera del comedor esperó pacientemente a los Scott. Vinieron enseguida y fueron acompañados a su correspondiente mesa antes de comenzar un desayuno generoso. Después del desayuno ella tenía que ir a la cubierta superior donde la señora Stafford estaría esperándola para su primera clase en la sala. Anita estaba nerviosa.

Así pues los Scott la llenaron de buenos deseos. Ella cogió de su bolso la tarjeta de invitados para dársela al camarero, lo cual le permitiría acceder a primera clase y visitar a la señora Stafford. Se volvió hacia atrás y buscó al camarero, él vino hacia ella y le mostró las escaleras que subían al salón donde la señora Stafford estaba sentada en vez de estar en su lujosa habitación. Esperando con ella estaban las dos niñas y otra señora. Una sonrisa de la señora Stafford respondió a la amplia sonrisa de Anita, mientras que se levantaba para recibirla con una niña en cada mano. Anita aceleró el paso y su mano estrechó la de la señora Stafford cuando estuvo más cerca. Oyó la voz definida de ella delante con las dos niñas, Mary y Margo, dándole la bienvenida. Caminaron de nuevo a donde estaban sentadas para presentarle a la señora Washburn. Le explicó que eran amigas y viajarían juntas a Madrid después de su breve estancia en Palma de Mallorca. La señora Washburn era la esposa del cónsul americano en España. Anita sintió de pronto confianza en los cuatro. Si, estos serían unos buenos cinco primeros días para el comienzo de una nueva vida; una vida independiente y práctica.

Al principio las niñas se mostraban tímidas de nuevo, pero cuándo ellas observaron a Anita, vieron que era una persona afectuosa, la encontraron como el día anterior, y no como cualquiera de las profesoras que habían tenido en el pasado. Ella les hizo preguntas siempre con una sonrisa y no les pidió que recitaran una lista de temas como ellas creían. Parecía que iban a divertirse escuchando y aprendiendo con ella. De nuevo su madre repasó una lista de temas con los que ella quería que se familiarizasen antes de su incorporación a su colegio de Palma de Mallorca. Matemáticas, historia y francés era lo que quería que estudiaran antes de tocar puerto en una semana. Anita insistió otra vez en que convendría poner en adelante un horario para cada tema, lo que ambas niñas y la señora Stafford pensaron que estaría bien. También estuvieron de acuerdo en que el tiempo que estaría con ellas sería de cuatro a seis horas diarias. Las niñas seguían calladas pero escuchando todo lo que se decía, mientras que la señora Washburn miraba con una sonrisa apacible a Anita, y Anita de vez en cuando hacía ella.

Con todo el negocio acordado, las cinco se relajaron con un té y un plato lleno de bocadillos allí en el salón. Mientras comían, conversó con las niñas sobre sus estudios, por ejemplo: cómo se dice galletas y té en francés; si sabían que confeccionar un menú era justo como crear una ecuación algebraica; y si conocían algo sobre la historia o geografía que pudiera ayudarlas a comprender donde iban. Anita tenía una manera de enseñar que parecía que era como un juego divertido y nunca sentías que era solo profesora, tenía algo que hacía que sus alumnas se sintiesen como si ellas le estuvieran enseñando algo también, agregaba un toque de paciencia, humildad y confianza mientras hablaba con ellas.

El tiempo pasaba agradablemente mientras consumían el té y los bocados, y la señora Stafford pensó que sería mejor continuar depues del almuerzo, sobre media tarde. A Anita le apareció bien lo acordado y se fue contenta. Diciendo adiós mientras descendía por las escaleras de segunda clase, buscó de nuevo a los Scott en el salón. Estaba deseosa de contarles el encuentro y como estaba segura de que haría lo posible por cumplir con todo. Pero pudo ver que tendría que esperar un rato porque estaban ocupados hablando con una mujer y su hija que le pareció un poquito mayor que ella.

La señora Scott vio a Anita y le indicó que se acercara donde ellos estaban sentados. Después de las presentaciones, se sentó cerca de la hija y comenzaron a conocerse. Anita se sentía a gusto.

La hija era alta y bien parecida. Ella y su madre eran indonesias holandesas. Estaban viajando juntas y permanecerían poco tiempo en Palma, para ir después al continente donde la hija, iba a ir a la Universidad de Madrid. Anita le explicó que ella iba a ir a Perugia a estudiar. La hija, Liesje Buys, le dijo todo sobre los hombres italianos y sobre lo que tenía que tener cuidado.

Ampliando la conversación un poco más, Liesje le ofreció un cigarrillo y Anita aceptó, indicándole que ella era solo una fumadora social pero que estaba equipada con un motón de cigarrillos y estaría encantada de compartirlos con ella, como así fue en adelante. Liesje se lo agradeció al mismo tiempo que Anita aumentaba de valor para ella: las joyas y el reloj que llevaba, la manera de hablar, de sentarse y su postura en general. Sus conclusiones fueron que Anita procedía de una familia rica, tenía poca experiencia sobre viajes por el mundo probablemente podría ser convencida fácilmente para hacer todo tipo de cosas con ella, y esas cosas podían traerle una diversión promiscua mientras estaban a bordo, ya que de otro modo sería una travesía aburrida. Anita no tenía ni idea de que estaba siendo considerada para tales futuros acontecimientos, ella solo sabía que estaba feliz y solo veía delante de ella sus clases, sus reuniones con los Scott, con sus amigos y con otra gente mientras viajaban juntos.

El tiempo parecía pasar rápidamente. A Anita le encantaba conversar con la señora Stafford, que parecía sincera y dejaba a las niñas a su cuidado sin cuestionárselo. Eso aumentó su confianza y dirigió su atención a ayudar a las niñas para que realmente aprendieran algo en los pocos días que estarían juntas y hacer que fuera divertido también. Además los Scott estaban allí presentándole a más gente y hacían planes para que fuese con ellos cuando llegaran a Palma a visitar una escuela privada adonde tenían otros amigos que creían que a ella le gustaría conocer.

A veces después de la cena, Liesje querría que fuese al bar con ella y beber algo, charlar y encontrarse con los hombres que estuvieran disponibles. Al principio pensó que sería divertido, pero después de un par de veces se excusó diciendo que estaba demasiado cansada. Ligar no era su idea en este momento.

También comenzó a darse cuenta de que había sido invitada por sus cigarrillos. Una vez, uno de sus relojes desapareció cuando fueron a los servicios juntas. Anita se había quitado el reloj para lavarse las manos y se dio cuenta de que no estaba cuando se dio la vuelta después de haber cogido una toalla. No queriendo pensar mal, lo dejó pasar. Tenía otro reloj, aunque ese se lo había regalado su abuelo y era su favorito.

Los ratos tranquilos reservados a si misma en cubierta y mirando el barco atravesar el agua eran relajantes, y el aire frío y salado penetrando a través de su cabello le sentaba bien a su cuero cabelludo. Esto era algo más que un viaje. Llegaría a ser una época llena de días con significado para ella, días a los que podría volver en busca de memorias y sentimientos de novedades y desafíos en los que se encontró segura.

Al tercer día llegaron al puerto de Tánger, Marruecos, justo antes de entrar al mar Mediterráneo. Los Scott y ella bajaron del barco mientras estaba en el puerto durante el día y por la mañana vagaron juntos recorriendo la ciudad marroquí. Después del almuerzo, Anita se despidió y les dijo que iba a ir de compras. Los Scott estaban un poquito preocupados, pero ella los tranquilizó diciéndoles que no se iba a ir por demasiado tiempo y se reunirían de vuelta en el barco, entonces salió rápidamente antes de oír cualquier otra conversación inquietante.

Ah, la aventura de la libertad, pensó Anita. Sabía que los Scott tenían un poco de razón por preocuparse mientras ella iba por esas calles estrechas, que no era mas que caminos de posibles ladrones y de oportunistas buscando presas fáciles. Mujeres extranjeras bien vestidas eran blanco seguro. Anita estaba ocupada empapándose de su aventura de compras y comprando casi nada, pero siempre teniendo cuidado y atenta a su bolso. Después de un rato, sintiendo que había indagado suficiente en las calles sombreadas con olores extraños y gente vestida con los atuendos de los nativos, se volvió a la nave, cansada pero contenta. Ya a bordo, decidió pasar por el camarote de los Scott, para que se asegurasen de que había vuelto salva. Después de enseñarles las baratijas adquiridas, se fue a su camarote para darse un baño y cambiarse de ropa antes de ver a las niñas Stafford y después a cenar.

A la mañana siguiente, el barco levó anclas y pronto tuvieron la roca Gibraltar a su izquierda y el continente de África a su derecha. Anita estaba con las niñas y todas estaban impresionadas con la vista.

Mientras el barco navegaba hacia el este a lo largo del Mediterráneo, Anita disfrutó de la sensación del mar de nuevo, especialmente en su cara y a través de su pelo. Las niñas eran encantadoras y sus conversaciones con la señora Stafford trajeron más confianza y amistad entre ellas. Sentía confianza y honestidad que son siempre buenas medidas de la amistad. Tenía además la oportunidad de conversar con la señora Washburn y disfrutar de su compañía también.

En un par de días alcanzarían el puerto de Palma de Mallorca. Las noticias que llegaban a bordo del barco eran inquietantes. Parecía que iban a detenerse en el puerto de Palma hasta que se supiera si era seguro atracar en cualquier puerto italiano después de que Mussolini los hubiera cerrado a causa de las sublevaciones. Anita sabía muy poco, hasta entonces, de la importancia del nuevo líder de Italia. Solo sabía lo que le había oído contar a su tía Lena que había estado allí el verano antes de su partida. Ella les dijo a su sobrina y a los Scott lo maravilloso que era que Mussolini por fin comenzara a limpiar los canales en Venecia. Ella recordaba que la limpieza era más importante para su tía que la política. Bien, algo se haría para salir adelante. Nada, pero nada iba a estropear este viaje, ¡ni siquiera Mussolini!

Mientras tanto los Scott le dijeron que no se preocupara porque sería una buena ocasión para relajarse, gozar de Palma y conocer a sus amigos de allí: resultó que eran los mismos que dirigían el colegio privado donde iban a ir las niñas de la señora Stafford. Que coincidencia y que felices estaban las niñas al oír eso. Ellas le dijeron a la *señorita Anita*, lo impacientes que estaban por ver todo lo que había a su alrededor, a pesar de que ellas nunca habían estado allí.

Desembarcando en una pequeña lancha cogieron un taxi hasta el colegio. Anita fue con los Scott a conocer a sus amigos, mientras la señora Stafford se reunía con su hermano y después fue a resolver el asunto de inscribir a las niñas en el colegio, e instalarlas en sus habitaciones. La señora Washburn parecía siempre unida a ellas, era bonito ver cómo la trataban las niñas, como si fuera su tía y siempre parecía sentirse incluida. Anita se despidió de las cuatro.

Ella y los Scott fueron saludados afectuosamente por sus amigos, el señor y la señora L. Ray Ogden, que dirigían el colegio llamado Escuela Internacional de las Baleares. La escuela principal era una vieja mansión y había otros edificios cercanos para las clases y alojamiento de profesores y alumnos. Casi todos los profesores eran de Inglaterra y trabajaban para conseguir sus credenciales permanentes para poder enseñar en su país. No recibían ningún pago excepto habitación y comida.

Anita se sentía relajada y como en casa en el colegio y con los Ogden. Después del té dijo a los Scott que quería ver a las niñas Stafford y después se volvería a encontrar con ellos en el barco mas adelante a primera hora de la tarde, después de vagar un poquito por Palma. Parecía estar bien.

Encontró a la señora Washburn con las niñas y ellas estuvieron encantadas de quedarse con ella y enseñarle su nuevo colegio mientras su madre se encargaba de su inscripción.

Después de dejarlas deambuló por fuera del edificio, bajó un camino de escaleras hasta la iglesia. Después de ver a hurtadillas la belleza de su interior, de altos arcos tallados con las vidrieras de colores y figuras esculpidas se marchó y fue a ver el panorama del puerto y del mar abajo con el viento agitando su cabello y llenando los poros de su nariz de un aroma salado. Parecía tener un paso más arrogante mientras que su mirada traspasaba el azul del Mediterráneo. Esto es lo que ella necesitaba, ella pensó. ¿Podría ella conseguir siempre llenarse de esto antes de irse?, se preguntaba. Era la cercanía del mar con su color único y la gente amigable de la isla con su melódico lenguaje lo que la mantenía en este estado. Retrocediendo hacia el centro de la ciudad, pasando el viejo olivo, caminó de nuevo al lugar donde la lancha esperaba a los pasajeros para llevarlos de nuevo a su nave. Mientras caminaba, se preguntaba si realmente este era el lugar donde ella podía comenzar su vida de nuevo y no en Perugia.

Se reunió con los Scott, como de costumbre, para la cena a bordo. Al principio no parecía la persona alegre que ella era normalmente, pero su sonrisa estaba allí y sus largos pasos con los que caminaba hacia ellos parecían resueltos. Definitivamente tenía cosas en su mente y estaba ansiosa por compartirlas con los Scott, que estaban sonrientes y pacientes mientras ella les decía cuánto le habían gustado sus amigos y Palma; tanto que estaba pensando si era prudente ir a Italia si había malestar político. Quizás lo mejor que podía hacer, era permanecer aquí y conseguir un trabajo. Después de que las cosas políticas estuvieron más asentadas, entonces quizás podría ir a la Universidad de Perugia.

Ahora los Scott estaban preocupados. "¿ Qué posibilidades tienes de hacer algo?, preguntó el profesor Scott. "Tu nunca en tu vida has trabajado ni un solo día, y ¿qué diría tu tía Lena después de confiarnos la responsabilidad de dejarte segura en la Universidad de Perugia?", ambos insistieron.

Ella ya había pensado en eso y replicó: "Italia no es segura ahora mismo, ni siquiera sabemos cuándo permitirán al barco entrar en alguno de sus puertos. Puesto que he venido desde tan lejos, ¿no seria más sensato económicamente permanecer aquí hasta que las cosas se calmen y volver entonces a mis planes originales?, creo que la tía Lena estaría orgullosa de mí por pensar así, además ustedes saben que ella es una persona muy práctica y que apreciaría mi sensatez en un momento como este".

Los Scott estuvieron escuchándola pensativamente y considerando tranquilamente lo que Anita había dicho. De repente el profesor Scott pensó que, desde luego que había cosas que ella seria capaz de hacer: ¡enseñar! Si enseñar, dijeron las dos mujeres mientras se miraban una a otra. El profesor Scott siguió adelante pensando como al día siguiente iban a ir a visitar a sus amigos y ella iría también de nuevo y el podría preguntar al señor Ogden, sobre la posibilidad de que terminara el semestre como una profesora auxiliar, o una especie de suplente o quizás como profesora particular. Las dos mujeres se estrecharon las manos y se inclinaron la una hacia la otra con grandes sonrisas, mientras decían ruidosamente: Si.

Ah, pensó Anita, la etapa está resuelta y el destino dirigirá el resto.

CAPITULO CUATRO

Posibilidades Inesperadas

A menudo posibilidades inesperadas
pueden conducirte a
sorpresas agradables

Las campanas que hacía sonar el camarero para despertar a los pasajeros al comenzar el nuevo día y anunciar el primer turno para el desayuno, encontraron a Anita completamente despierta y ansiosa esperando comenzar su día. Este día le abriría puertas a una nueva vida y no quería llegar tarde.

En el espejo, pasó revista al borde de su vestido, collar, posición del cinturón, costura de las medias, zapatos, pelo y lápiz labial; todo estaba preparado para dar una primera impresión buena. Se dijo a si misma que no debía estar demasiado locuaz, permitir a los Scott llevar la mayor parte de la conversación en todo, parecer relajada y confiada. Ahora buscó su bolso y un jersey ligero que tenía a juego con su vestido. Mientras estaba cogiendo esa cosas, estaba buscando las llaves; después permaneció de pie, muy derecha y recordándose a si misma, con una sonrisa que hoy iba a ser un día de éxito que la llevaría a un futuro positivo.

En el desayuno, Anita y los Scott, hablaron sobre la hora en que la lancha podría llevarlos al puerto y donde quedar para su partida. Habiendo desayunado y estando de acuerdo en todo, volvieron a sus camarotes para arreglarse y rápidamente volver a su punto de desembarco.

Yendo hacia la lancha, esta parecía algo pequeña para llevar doce personas pero resultó amplia cuando se sentaron todos, cerca unos de otros, seis a cada lado, con un toldo de lona sobre sus cabezas. No tardaron mucho en alcanzar el puerto. Anita disfrutó del viaje y del balanceo del pequeño barco.

Había fotógrafos, cuando desembarcaban esperando para venderte una foto de tu entusiasta reacción cuándo llegas por primera vez. Los Scott insistieron en hacerse una foto los tres en el bote antes de desembarcar. Anita sonreía como una colegiala esperando el próximo acontecimiento en su nueva excursión.

Los taxis estaban también cerca esperando para llevar a los pasajeros al centro de la ciudad. El profesor Scott, entusiasmado dio la dirección exacta donde ellos querían ir; un corto recorrido los llevó a la parte trasera de una calle de escaleras cerca del viejo olivo. Olores y charlas melódicas, se añadían a la atmósfera.

Anita miró alrededor, mareada por el nerviosismo. Pudo ver la catedral a lo alto de las escaleras que ellos estaban a punto de ascender, y también una vista del mar. El profesor Scott condujo a las señoras hasta arriba de las escaleras y sobre una calle que tenía un viejo y distinguido chalet apenas a la izquierda. Era impresionante pero no exagerado, de estilo rococó y con una columnata a la entrada. El profesor Scott se adelantó un poco y la señora Scott le siguió, conduciendo a Anita del brazo. Al entrar, Anita notó un sentimiento cálido. Los estaban esperando, así que no pasó mucho tiempo en alguien abrir la puerta y les recibió calurosamente.

Una vez dentro, subieron por una escalera de mármol preciosa que les condujo a un cuarto de estar donde el señor y la señora Ogden estaban esperando con té y unos

Interesantes pasteles grandes y redondos. Con sonrisas y apretones de manos alrededor se sentaron a tomarlo y a charlar; Anita no dijo casi nada, apenas sonrió y escuchó las preguntas que el profesor Scott hizo al señor Ogden sobre lo que sabía de la situación actual para entrar en Italia.

El señor Ogden dijo que la situación era de espera con la Italia de Mussolini, y nada sabía sobre cuándo los barcos podrían entrar a los puertos.

El profesor Scott explicó que parte de su viaje tenía el propósito de inscribir a Anita en la Universidad de Perugia, así como realizar sus estudios de investigación por un semestre.

Mientras los hombres charlaban sobre las últimas noticias y sobre política, la señora Ogden llevó a las señoras a dar una vuelta para ver la villa y sus jardines. Les explicó la historia del edificio y como consiguieron poner un internado privado. Anita escuchaba atentamente y comentó lo agradable que era oír las voces felices de los niños en los patios y recitando en las clases. La señora Scott explicó a la señora Ogden, lo bien que Anita había dado clases particulares a dos niñas en el barco y como esas mismas niñas estaban ahora en este colegio; le dijo a la señora Ogden que Anita parecía tener una manera especial de hacer aprender de forma divertida para ellas, y se podía ver que las niñas disfrutaban con ella también. Anita sonrió y dijo que también ella gozó de las mentes receptivas de las niñas y mientras tanto miraba alrededor pensando que podía ser como con las niñas: enseñando, charlando, riendo nerviosamente con sus comentarios deliciosos, ¿Podría esta posibilidad llegar a ser realidad?, ¿Podría ella ser realmente feliz aquí?. Todas estas cosas iban pasando a través de su mente. De repente sus pensamientos fueron interrumpidos por la señora Ogden haciéndoles gestos para que vivieran a tomar el té.

Después del té Anita preguntó sobre la catedral. La señora Ogden comenzó a hablar sobre su historia y arquitectura, pero entonces decidió que deberían dar un paseo para verlo por ellas mismas. Así que ellas salieron mientras que los hombres continuaban su conversación concerniente a la reciente situación política en Europa.

Mientras bajaban hacia la catedral, Anita disfrutaba con la brisa marina y la respiraba, como quién saborea un buen vino y lo paladeó en su mente pensando que definitivamente estaba hecho para su paladar y era justo del año correcto.

Era hora de regresar al barco. Prometieron visitarlos al día siguiente. Anita se dio cuenta de que no se había mencionado a los Ogden la posibilidad de contratarla como profesora particular. Decidió que sería mejor hablar con el profesor Scott en privado, esta vez ella sabía exactamente lo que tenía que decir para conseguir su apoyo. Quería ser profesora en el colegio de sus amigos. Por lo que observó durante su visita, sabía que podía manejar los quehaceres de enseñar a una pequeña clase y que fuera interesante para los estudiantes.

Ya que las clases estaban divididas por materias, y que ella podía enseñar álgebra, geometría, latín, francés y alemán, sería fácil manejar la situación. Decidió que empezaría a rezar.

Después de despedirse para coger un taxi, bajaron alegremente los escalones hacia el viejo olivo y cogieron un taxi casi inmediatamente. Anita observaba el paisaje mientras medio escuchaba al profesor Scott relatando lo que había oído acerca de la situación política en Italia. Se dio cuenta de que Italia no le importaba ahora; tenía que averiguar la manera de quedarse en la isla y empezar la verdadera vida independiente con la que había soñado. Hoy debía ser ese día.

Anita se levantó a la mañana siguiente acordándose de su conversación con los Scott durante la cena de la noche anterior. Después de explicar lo que había observado y como ella podría encajar en el colegio de sus amigos como profesora, el profesor Scott dijo que pensaría como plantear el tema para convencer a los Ogden de que necesitaban a alguien para ayudarles a menos como profesora auxiliar. También estaba el tema económico y donde viviría. La señora Scott dijo que no se preocupara.

Así que se levantó y se preparó para los desafíos del nuevo día. Había preparado todas las respuestas a las preguntas del profesor Scott, ahora estaría todo en sus manos tan pronto como ella le hubiera explicado sus ideas.

Durante el desayuno, todavía no se sabía cuándo zarparía el barco. Anita pensó que esto le daría por lo menos un día más para preparar su nuevo viaje. Así en el desayuno empezó a explicarles a los Scott, el planteamiento que podría ser efectivo al presentar su caso a los Ogden.

Primero estaban sus habilidades como profesora particular; desde el instituto y luego en la universidad, ella había dado clases particulares en los mismos temas que ella estaba ofreciendo ahora enseñar. Segundo, ella estaba segura de que la señora Stafford le daría una buena recomendación. Tercero, quizás habría una habitación en la escuela para residir, como hacían los otros profesores. Cuatro, si los Ogden solo querían pagarle la pensión, entonces ella podría vivir del dinero que la tía le mandaba cada mes; estaría un poco apretada, pero ella sabía muy bien como organizar el dinero.

Con una gran sonrisa de satisfacción la señora Scott la felicitó por sus ideas tan maduras y consideradas. El profesor Scott pensó que él podría conseguirle algún tipo de remuneración además de la pensión. Los tres terminaron el desayuno contentos, era hora de apresurarse y recoger las cosas que necesitaría para el día y acercarse a coger la lancha para poner sus planes en movimiento.

Fueron recibidos una vez más por la señora Ogden con entusiasmo y una invitación para quedarse a comer, lo que aceptaron enseguida. Estaban a punto de entrar en la habitación donde el día anterior habían tomado el té, cuando vieron ala señora Stafford y la señora Washburn que salían de la oficina del señor Ogden. Se saludaron todos con sonrisas. La señora Stafford le dio las gracias una vez más a Anita, delante de todo el mundo, por el trabajo tan maravilloso que había hecho de profesora particular de sus hijas durante la travesía. También le dijo que las niñas esperaban verla antes de que ella siguiera con su viaje. Anita le prometió que las vería ese mismo día, antes o después de la comida. No quería cambiarles su nueva rutina, lo que les pareció bien a los Ogden y estuvieron de acuerdo en que fuera después de comer.

Sentado tranquilamente en el salón de té, el profesor Scott comentó cuanto le había gustado a Anita el colegio y lo que había visto de la ciudad el día anterior. Tanto le había gustado que había decidido no ir a Perugia y quedarse allí. Quizás los Ogden podrían tener un puesto de profesora disponible o saber de algún otro colegio privado que lo tuviese. Anita y la señora Scott miraron directamente al señor Ogden, mientras el profesor Scott explicaba su recomendación para contratarla basándose en sus notas escolares y en sus conocimientos de cómo comportarse en sociedad, donde vivía. La señora Ogden no hacía otra cosa que mirar a los dos hombres alternativamente y luego con cariño a Anita, la cual no decía nada pero sonreía y asentía ocasionalmente, mientras el profesor Scott señalaba cosas específicas de sus cualidades. Mentalmente Anita repasaba una y otra vez las cuatro razones que ella les había dado a los Scott, acerca de cómo podría encajar y ser útil en el colegio. Esperaba que el señor Ogden pudiera leer su mente, porque ella quería estallar y explicar como todo podría ser perfecto, tanto para el colegio como para ella.

El señor Ogden escuchaba pensativamente sin interrumpir. Cuando el profesor Scott hizo una pausa, esperando que el señor Ogden comentara algo, este preguntó si Anita estaba interesada en el único puesto que tenía disponible, que era de ayudante en el departamento del tercer año. Él continuó diciéndole que solo le podía ofrecer una pensión con un salario muy pequeño, aunque era más de lo que la mayoría de sus nuevas profesoras recibían, porque existían unos acuerdos con las escuelas de magisterio en Inglaterra. El tiempo que podría quedarse, dependería de sus habilidades para enseñar. El señor Ogden aceptó las recomendaciones que le dieron los Scott. La señora Ogden interrumpió añadiendo que ella había oído a la señora Stafford dar unos informes estupendos de Anita como profesora particular a bordo. Su amiga, señora Washburn, también la alabó. El señor Ogden entonces estuvo de acuerdo en que nada más haría falta salvo ver los papeles que ella debería haber entregado a llegar a Perugia. No era nada más que una formalidad para los archivos.

Todo el mundo miró a Anita que estaba sentada muy derecha y que todavía mantenía su sonrisa. Cuándo dijo que le parecía bien les dio las gracias, tanto al profesor Scott, como al señor Ogden. Luego miró a la señora Ogden y le dio las gracias también con una inclinación de cabeza. La señora Scott, extendió una mano hacia

Anita, lla tomo del brazo apretándoselo calidamente, preguntándole con voz tranquila, si estaba segura. Ella dijo que sí y miró al profesor Scott para su aprobación final. "Bueno, pues," dijo él, "tendremos que hacer los preparativos cuándo volvamos al barco, para tu desembarco definitivo". Con eso el señor y la señora Ogden, sugirieron que Anita viera exactamente donde y como viviría y enseñaría y después discutirían el último tema que era el de su retribución.

Mientras dieron un paseo, el señor Ogden, explicó lo que él pensaba que sería sus obligaciones como ayudante. Necesitaba una persona que le ayudara con algunos estudiantes que necesitaban que les organizaran y ordenaran sus estudios para que pudiera estar al día con sus clases. Si ella pudiera hacer esto bien, quizás podría ayudar a los nuevos estudiantes a iniciarse correctamente y estar al día con sus estudios. Anita cabeceaba asintiendo mientras escuchaba y estaba de acuerdo con cualquier cosa que dijera el señor Ogden mientras apretaba su bolso debajo de su brazo con una oculta emoción. Ah, pensó ella, esto es lo mismo que cuándo yo monté a mi caballo Babe por primera vez, el acercamiento debía ser lento y suave, pero después todo fue bien, y el caballo atendió a las riendas de mis manos, así que el paseo resultó agradable y emocionante para los dos; es hora de nuevo, musitó, de coger las riendas y conseguir que este sea un paseo placentero para todos. Mientras que los demás paseaban a una distancia respetuosa, la señora Ogden explicó a Anita que es lo que estaban viendo, y su significado histórico y artístico.

Su paseo les llevó de vuelta al salón de té donde la comida estaba lista para ellos, nadie podía creer lo rápido que había pasado el tiempo y como estaban listos para descansar un momento y sentarse a comer. Los Scott estaban ahora al lado de Anita con sonrisas y felicitaciones, pero también de vez en cuando le preguntaban si estaba segura de que esto fuera lo correcto para ella. Les aseguro que si lo estaba, pero que iba a necesitar su ayuda con el sobrecargo del barco, para poder conseguir que le reembolsaron el dinero del pasaje del resto del viaje que no iba a realizar. Le aseguraron que le ayudarían pero que ella iba a tener que explicar este cambio de planes a su tía Lena.

Después de comer, la señora Ogden acompañó a Anita a ver a las niñas Stafford, que la saludaron con entusiasmo, especialmente cuando la señora Ogden les explicó que Anita estaba de acuerdo en quedarse a enseñar por una temporada. La señora Stafford y la señora Washburn estaban sentadas cerca y se pusieron de pie para felicitarla cuando oyeron las noticias. Las niñas quisieron llevarla y enseñarle cual era su habitación y querían saber cual iba a ser la suya, dado que iba a continuar como profesora particular. Anita trató de contestar a todas sus preguntas tan rápidamente como pudo, pero casi siempre decía: "tendremos que esperar y ver." A las niñas no parecía preocuparles, solo saber que ella iba a estar allí, era todo lo que les importaba. Anita sintió como si una nueva sensación de responsabilidad se le viniera encima y se dio cuenta de que le estaban dando un caballo fresco para montar las posibilidades inesperadas.

Cuándo las niñas se fueron, la señora Stafford y la señora Washburn le preguntaron por qué no continuaba su viaje a Perugia para estudiar. Anita les explicó que no era para ella el mejor momento, ya que había oído que había demasiada intranquilidad allí. Ellas asintieron pero todavía preguntaron si pensaba que era sensato quedarse, de nuevo Anita de manera confidencial y brevemente les explicó porque pensaba que era una buena oportunidad para ella.

Todas las señoras empezaron a pasear hacia el salón de té, donde los demás les esperaban. La señora Stafford y la señora Washburn se despidieron de Anita y de la señora Ogden a medio camino, pero tenían cara de preocupación en cuanto a que si Anita sabía verdaderamente esto era lo mejor para ella.

De vuelta en el barco, el profesor Scott ayudó a Anita a hacer los preparativos para el desembarco y con el sobrecargo y después de descansar en sus camarotes un rato, los tres se reunieron de nuevo otra vez para cenar. Además de desayuno juntos la mañana siguiente, esta sería su última comida relajante donde pudieran hablar de los planes de Anita. Los Scott le contaron lo que podía esperar en el colegio con la tutela de los Ogden para llegar a ser profesora, y que es lo que podía ver en la isla en su tiempo libre. Le recordaron que había una embajada americana con la que podía contactar para comunicarle donde iba a vivir, así como a las autoridades españolas. Anita se concentraba en cada palabra suya y en los consejos maternales de la señora Scott. Se estaban comportando como los amigos que ella esperaba en un momento como este. A la vez, tenía una rara sensación de bienestar, como si alguien o algo la cogiera de la mano y la guiara a nuevos destinos. Anita no tenía miedo, solo esa sensación maravillosa de que estaba de paseo sobre el caballo del destino.

CAPITULO CINCO

El Primer Paso Independiente

*El primer paso
es todo lo que necesitas
para seguir adelante*

Anita se levantó temprano. Había echo el equipaje antes del desayuno, así que estuvo lista para el primer turno de la lancha para ir al puerto. El camarero había sido avisado la noche anterior para que recogiera el equipaje y así lo hizo. Lo siguiente era el desayuno con los Scott, ver al sobrecargo y embarcar en la lancha. Estaba feliz, sin dudas, segura de su próximo paso independiente.

En el desayuno se enteró de los planes de los Scott. Ellos esperarían a tener noticias para llegar a Italia y continuar a Perugia tal y como estaba previsto. No pensaban que pudieran tener ningún problema allí, iban a estar unos pocos meses solamente y luego se volverían a casa. Prometieron escribirle y verla de nuevo cuando el barco pasara otra vez de vuelta. Mientras tanto, iban a acompañarla al colegio hoy y ver exactamente donde estaría instalada, de esa manera podrían darle un informe detallado a tía Lena.

Se fueron entonces hacia la lancha. Anita vio sus maletas esperando en la zona de la lancha y al camarero poniéndolas a bordo cuando ella le enseñó sus papeles. El se despidió y le deseó suerte; mientras los tres subieron a bordo y buscaron asientos cerca de su equipaje, en la lancha abarrotada de pasajeros.

Al desembarcar, en el muelle había una zona en la que un camarero esperaba para ayudar a descargar el equipaje y conseguirles un taxi con el señor Scott dirigiendo toda la maniobra. Antes de darse cuenta, estaban todos ellos en el taxi, el cual estaba a punto de explotar por las "costuras". Esta vez, el profesor Scott dirigió el taxi por el camino que iba a la puerta principal en lugar de la puerta trasera de las escaleras. Pagó al conductor y descargó el equipaje delante de la puerta principal, mientras las señoras fueron a continuación para ayudarle.

La señora Ogden lo saludó y avisó para que vinieran a recoger el equipaje de Anita y lo llevaran a la habitación que le habían asignado. Las señoras y los dos caballeros se reunieron en la oficina del señor Ogden. Allí discutieron la parte final del negocio, los deberes exactos correspondientes a su titulo y el sueldo. Ella sería una profesora auxiliar en el departamento del tercer año y su salario sería habitación y manutención con el sueldo mínimo para sus necesidades diarias.

Todo el mundo estuvo encantado, así que después de intercambiar algunas palabras amables los Scott se despidieron y dejaron que la señora Ogden enseñara a Anita donde comenzaría su nuevo trabajo. La señora Ogden le sugirió que comenzase por deshacer el equipaje y después se reuniera a comer en el comedor del colegio, así podría presentar a Anita a las otras profesoras estudiantes.

Anita salió con un entusiasmo contenido hacia su habitación. Cuando llegó, comenzó a mirar que espacio tenía para sus cosas y decidió usar su baúl de camarote como un armario y puso el resto de sus cosas en el pequeño armario que había. Viendo que tenía un pequeño escritorio, puso sus cosas de escribir allí y se prometió a si misma que escribiría a su tía tan pronto cono deshiciera el equipaje. Mirando el reloj, se dio cuenta de que tenía que darse deprisa, sí no llegaría tarde a la comida. La habitación le pareció acogedora inmediatamente; sabía que iba a ser feliz allí.

Apresurándose hacia el comedor, se iba preguntando que le esperaba exactamente: cuantos profesores habría, serían todas mujeres, cuantos niños, cuales serían sus edades, quienes serían sus estudiantes y que temas exactamente iba a comenzar a enseñar.

Pudo ver niños y adultos yendo hacia la puerta del comedor que se volvían a mirarla. Cuando entró, la señora Ogden se dirigió hacia la puerta y le pidió que la acompañase. Presentó a Anita a las demás profesoras en la mesa. La habitación parecía amplia y suntuosa, con decoración original del periodo en que fue construido, a principios de 1800.

Alrededor de la mesa, había una docena de profesores, algunas reservadas, otras más agradables, todas eran mujeres.
Se sentó al lado de la señora Ogden, con el señor Ogden en la cabecera de la mesa. El señor Ogden explicó a todos que Anita sería una profesora auxiliar. Cuando él mencionó que ayudaría a los niños que fueron retrasados en su trabajo, pareció haber señales de respiro y sonrisas fugaces de algunas profesoras. Fue su manera de darle la bienvenida. Enseguida Anita se dio cuenta de que ese trabajo estaba preparado para ella, estaba emocionada por seguir adelante con su plan.

Mientras comían la señora Ogden le explicó la rutina del día. Había que hacer dos descansos durante el día para tomar fruta y té; algunas veces les obsequiarían con un dulce, serían las famosas ensaimadas de Palma. La señora Ogden dijo a Anita que permaneciera con ella después de la comida para que pudiera llevarla a su clase, donde sus estudiantes estaban esperándola impacientemente. Anita asintió sonriendo y miró alrededor de la mesa para ver los ojos de las otras profesoras y calibró como se había tomado este nuevo arreglo.

La señora Ogden presentó a Anita a los cuatro jóvenes estudiantes con edades entre diez y doce años. La habitación era un pequeño estudio con una mesa para que todos ellos se sentaran alrededor y una pared con estantes con libros para todos los grupos de la misma edad en diferentes idiomas. Se sintió como en casa enseguida, pero podía ver a sus estudiantes, tres niños y una niña preguntándose que iban a estudiar con ella exactamente. La señora Ogden pudo ver también eso en sus ojos, así que inmediatamente presentó a los niños y explicó en que materia necesitaba ayuda cada uno de ellos. La mayoría sobre todo la lectura en ingles y podría ser que un poco de práctica con las matemáticas, cosas simples de álgebra.

Con eso la señora Ogden se despidió y dijo a Anita que la vería en tiempo del descanso para explicarle quehaceres de la mañana que ella aún no sabía. Anita se quedó de pie despidiéndose de ella, después se sentó en la mesa con los niños. Primero les hizo preguntas sobre la ayuda que necesitaban, escribió sus notas mientras miraba a hurtadillas a sus alumnos, después hizo sugerencias sobre el modo de actuar. Los niños aceptaron sus ideas con entusiasmo y le enseñaron los libros de cada materia.

Antes de darse cuenta habían pasado un par de horas y una gran campanada marcó el tiempo para el bocadillo. La más joven del grupo, una niña pequeña, la cogió de la mano, mientras los niños fueron delante diciéndole que les siguiera.

En la puerta del cuarto del almuerzo, los chicos le dijeron donde tenía que ir para reunirse con las demás profesoras, después de tomar fruta y té. La niña pequeña le soltó la mano y se fue con los otros chicos; todos se despidieron. Mirando por detrás de ellos vio que debía de haber alrededor de unos cien estudiantes en este colegio, esto era más de lo que ella en un principio había pensado.

Tomando algo de fruta y una taza de té, se fue a la mesa de las profesoras. Preguntó si podía sentarse en el primer lugar que viese vació, entonces una de las profesoras le pidió por favor que se sentara a su lado. Era un pequeño grupo de tres caras sonriendo. Sonriendo ella también se lo agradeció y se sentó. Las cuatro consiguieron inmediatamente ponerse al corriente unas y otras sobre que edad tenían los grupos a los que enseñaban y de donde eran. Notó que todas eran jóvenes, pero pronto entendió por qué. Eran todas ellas estudiantes de profesorado de Inglaterra. Las tres que parecían mayores enseñaban a los alumnos mayores. Las chicas la bombardearon a preguntas, sobre de donde era y como había conseguido ser profesora auxiliar.

El tiempo pasó rápidamente y Anita apenas tuvo tiempo de terminar su bocadillo cuando la campana sonó de nuevo. Mirando alrededor, recordando que debía ver a la señora Ogden, sonrió y se fue hacia ella. Inmediatamente se disculpó pero la señora Ogden le dijo que no se preocupara, que ella podía ver que estaba comenzando a funcionar muy bien; le explicó que tenía alrededor de otra hora con los estudiantes y el resto de la mañana y la tarde lo tenía libre, excepto el tiempo que ella quería verla en la oficina para explicar la manera de proceder al día siguiente. Contenta Anita dijo que si y se apresuró donde la niña pequeña estaba esperándola para volver a clase con ella. La niñita cogió su mano y volvieron a clase.

Al final de la hora los niños le dijeron adiós y que la verían mañana. Anita todavía se sentía bien y permaneció sentada por un rato revisando sus notas sobre lo que cada niño necesitaba estudiar y haciendo planes para que hicieran serios avances en cada uno de sus estudios. Notó que al principio parecían estar tímidos con ella, aunque cambiaron rápidamente, pero volvieron a estar reservados cuando fueron al comedor. Su primera y más importante tarea, entonces, era hacer que no se sintiesen inferiores a los otros estudiantes, sino alumnos brillantes, ellos solo necesitaban saber lo que se enseñaba allí. Si, ese podría ser un buen acercamiento. Ella haría que se sintiesen especiales y su tiempo juntos también sería especial. Con esto cerró su cuaderno de notas y fue a ver a la señora Ogden.

Al llegar a la oficina vio al señor y a la señora Ogden que estaban tomando el té junto y ojeando unos papeles. El señor Ogden inmediatamente se puso de pie y la invitó a entrar y acompañarles. Ella lo hizo mientras la señora Ogden apuraba su té y le ofrecía un pequeño platito con un trozo de pastel en él. De nuevo le explicó que era una *ensaimada* y que se hacía solo en las islas. Eran siempre redondas, algunas pequeñas, suficiente para una persona, pero como eso no era nunca suficiente, ellos traían una de tamaño más grande. El pastel es ligero e indescriptible- mente delicioso, con un toque único de especias dulces mezcladas. Cuando tus dientes se clavan a través del pastel, entonces los leves remolinos de especias tocan tus papilas gustativas, una sensación de satisfacción aparece y tu piensas que has alcanzado el cielo. Eso es una *ensaimada*.

Los Ogden le preguntaron sobre su primer día, si le gustaba su habitación y la habitación donde iba a enseñar. Ella contestó con entusiasmo sobre cada cosa y les puso al corriente de sus ideas sobre como hacer avanzar a sus estudiantes para que pudieran conseguir unirse a sus compañeros de clase con normalidad. Disfrutando con su entusiasmo, los Ogden pensaron que los planes de Anita, definitivamente beneficiarían a sus estudiantes. Ellos le dijeron que podría tener cuatro alumnos diferentes por la mañana, pero que por la tarde, volvería a ver de nuevo a los que había tenido hoy. Por ahora esto es todo, excepto si algún profesor necesita ayuda con un estudiante que no vaya bien. Anita estuvo de acuerdo y comenzó a sentirse como si ella pudiera cambiar algo en las vidas de los niños y hacer algo de su nueva situación.

Después de té decidió ir a su habitación y escribir a tía Lena para contarle todas las noticias emocionantes, como era de feliz y lo hermoso que era esto.

Anita llegó a gozar de la rutina diaria y de los desafíos que cada día tendría. Sus estudiantes confiaban en ella, de modo que la hacían participe de sus soledades y de sus alegrías, como cuando recibían cartas de casa. Las niñas Stafford eran diferentes, ellas tenían a su tío. Nunca se sentían demasiado solas, pero estaban en falta de su madre, probablemente era por eso por lo que la señora Washburn las visitaba siempre que podía, y más que nada para decirle a su madre que todo estaba bien.

Siempre que Anita tenía un momento libre despues de la rutina diaria, se iba a pasear explorando todo lo que podía. Ocasionalmente se encontraba con algunas estudiantes de profesoras y caminaban juntas, charlando sobre lo maravilloso que era Palma o del tiempo que debería estar haciendo en su país, o de cómo echaban de menos su hogar.

También Anita iba aprendiendo a economizar para así poder hacer viajes en el día a los diferentes lugares de la isla a donde podía ir en tren o en autobús. Por ejemplo, desde que tuvo que ocuparse del cuidado de su propia ropa, sabiendo que no molestaría a nadie secando su ropa y colgándola alrededor. El planchado era un poco más problemático, pero eso era justo un desafío más creativo, como el presupuesto para los sellos de las cartas para su familia y amigos. Ella no tenía que preocuparse mucho por la ropa, puso en el presupuesto comprar ocasional—mente ensaimadas, así como permitirse comprar un bañador. ¡Oh, los sacrificios que una debe hacer para divertirse! Pero, sabía que ella se lo merecía.

El Mediterráneo definitivamente cautivó a Anita. Se sentía como inmersa ella misma en su atractivo azul. La gente le había hablado de la belleza de nadar en agua salada, de hecho se flotaba mejor que en el agua dulce. Confiada y sabiendo que su presupuesto iba bien, decidió ir y comprarse un bañador. Después probaría esa teoría sobre flotar mejor en agua salada en alguna de las muchas playas cercanas.

El día llego después de mucho planearlo, cuando bajó a una playa arenosa y nadó a través de las olas que parecían levantarla hacia arriba. Le parecía ver a sus hermanos flotando sobre sus espaldas cuando estaban cansados de nadar y después dándose la vuelta nadar hacia delante. Sin miedo se alanzó al agua braceando, después se puso de espaldas y flotó. Casi le parecía demasiado fácil cuando sentía que el agua la mecía suavemente; después de gozar en su ritmo relajante, dio la vuelta y comenzó a dar brazadas paralelamente a la costa. Al principio se sentía un poco torpe, pero a medida que continuaba braceando se sentía menos torpe, de hecho, cuando más nadaba, los sentimientos inadecuados del pasado, más parecían disolverse. El agua había revivido sus íntimos deseos de ser independiente. Su capacidad para vencer por sí misma el miedo a nadar, la ayudó a conquistar un nuevo nivel de confianza. El mar, ¡Oh, cuanto amaba el mar, este bello mar Mediterráneo! Anita estaba disfrutando de un momento de ensueño, un momento más allá de su imaginación más salvaje.

Los días dieron paso a las semanas y encontraron a Anita generalmente trabajando duramente, planeando las lecciones para cada uno de sus estudiantes. Ella continuaba entusiasmada y los estudiantes se habían tranquilizado y disfrutaban con las materias en las que iban atrasados. Mientras tanto, los estudiantes iban y venían y ella era solicitada por los profesores para ayudarles con algunos problemas que estaban teniendo con unos u otros de sus estudiantes.

Sus días estaban llenos y era feliz como nunca antes había sido. Incluso administró su presupuesto para poder hacer un viaje a la pequeña isla de Ibiza en un hermoso fin de semana.

De vez en cuando veía casualmente a un hombre bien vestido que le sonreía y que inclinaba su sombrero hacia ella cuando salía de su colegio y bajaba las escaleras hacia la zona principal donde estaba el viejo olivo. Un día soleado le vio y después de su saludo cortés, ella le sonrió, él se acercó y le preguntó si podría pasear con ella y servirle de guía. Pensando que sería una cosa agradable le dijo que si. Muy rara vez alguna de las profesoras le preguntaban si quería dar un paseo. Se dio cuenta a tiempo, de que algunas de las profesoras estaban un poquito envidiosas de su contrato de trabajo. Ella seguía siendo amable con ellas, pero también era consciente de que debía ser cautelosa.

Mientras pasaba el tiempo, se dio cuenta de que su nuevo amigo, el caballero, generalmente la estaba esperando en las escaleras. Ella no estaba segura de querer tener alguna relación con alguien, en este momento, así se encontró a sí misma subiendo rápidamente las escaleras hacia el colegio a las horas en las que él no debería estar allí. Empezó a sentirse un poco culpable, después de todo, el iba bien vestido, era instruido y caballeroso, pero pensó que ella había estado hablando demasiado de si misma y no había preguntado nada sobre él. "Oh, bien," ella se dio cuenta a tiempo de cómo manejar esto.

Cuando la señora Washburn ocasionalmente se dejaba caer para controlar a las niñas Stafford, también hacía una visita rápida a Anita, justo para saludarla e invitarla a tomar algo. A Anita le gustaba su compañía y esperaba sus visitas en las que ella le ponía al corriente de los progresos de las niñas, así la señora Washburn podría escribir a la señora Stafford, la cual había vuelto a los Estados Unidos y le aseguraba que todo iba bien con las niñas y con su trabajo en el colegio.

A medida que las semanas se iban transformando en meses, podía ver que los Ogden iban confiando en sus habilidades para concebir métodos para ayudar a los estudiantes más lentos. Al mismo tiempo ella estaba aprendiendo el dialecto mallorquín y le gustaba. La señora Washburn en sus visitas y conversaciones, le dio a entender que una persona culta, realmente debía aprender el español de Castilla también y quizás cuando el colegio terminara, ¿no debería pensar en ir de nuevo a la universidad? Si Italia no era una buena elección en este momento debido a los problemas políticos, ¿qué tal la Universidad de Madrid? Ella podía ayudarla con el impreso de solicitud y conseguirle clases particulares con familias acomodadas que ella conocía, incluso conocía a una familia que tenía una bonita pensión, que no era demasiado cara e incluía dos comidas al día. A Anita todo le sonó interesante. "Hmm, ¿qué debería hacer?"

Mientras analizaba la situación, la tía Lena le escribió diciéndole que estaba haciendo un crucero con su prima Julia Wagner y que pararía en Mallorca durante un día para ir a visitarla. Feliz, Anita pensó que podría discutir sus planes con la tía Lena durante su corta visita. Ella siempre se había sentido mejor después de hacerle confidencias y de escuchar lo que pensaba sobre cualquier tema. También sabía que conseguiría una respuesta sincera de ella. Sobretodo, sería agradable ver a la tía Lena de nuevo, y a Julia con la que siempre disfrutó, además podría oír todo lo relativo a su casa sin tener que estar esperando las cartas.

Después de la última visita de la señora Washburn, Anita pensó seriamente en lo que le había dicho sobre continuar su educación en la Universidad de Madrid y ayudarla a conseguir dinero dando clases particulares con las familias ricas que ella conocía. Decidió hablar con ella lo más tarde en su próxima visita, que esperaba que fuese pronto.

Mientras tanto ella continuaba dando clases y corriendo escaleras arriba y abajo para tratar de evitar a su amigo el caballero. Un día él llamó su atención y la invitó a tomar un café rápido en un café cercano, a lo cual ella accedió. Durante la conversación mencionó sus planes de ir a la Universidad en Madrid. Con entusiasmo él trató de convencerla de que Barcelona era mejor y que por qué no lo consideraba. Ella prometió pensarlo.

Cuando dejaron el café, él la acompaño hasta la entrada del colegio, le dio un beso rápido en la mejilla y se despidió. Cuando estuvo dentro, ella se dio cuenta de que había tomado la decisión de mudarse, y estaba segura de que la tía Lena la apoyaría una vez más. También supo que sería Madrid y no Barcelona.

Un par de semanas después de haber tomado la decisión de mudarse a Madrid a estudiar, la tía Lena y su prima Julia Wagner llegaron para su corta visita. Después de que Anita les enseñara el colegio y sus alrededores, les presentó a los Ogden y les enseño su habitación, la cual había convertido en una acogedora habitación. La tía Lena la invitó a tomar un té. Puesto que ese día había tenido pocas clases, rápidamente dijo que sí y las llevó abajo, pasado el viejo olivo, a un pequeño restaurante cercano. Allí ella tenía toda la atención de su tía, con Julia discretamente escuchando. Anita explicó la oferta que la señora Washburn le había hecho y como ella podía ganar dinero mientras estudiaba. La alegría expresada inmediatamente por la tía Lena al oír eso, resultó para ella, posibilidades de animarse a acabar su educación. También se alegró de que la señora Washburn le dijera en serio lo de encontrarle alojamiento apropiado mientras estudiaba y lo de las clases particulares. La tía Lena le recordó que si las clases particulares interrumpían sus estudios, ella le mandaría más dinero. Anita le aseguró que todo iría bien con lo que ella le enviaba ahora y cualquier dinero que ganase con las clases.

Como Anita había pensado, su tía le ayudó a tomar la última decisión para poner en marcha nuevas posibilidades.

CAPITULO SEIS

Confianza Fe Ciega

A veces, cuando la inocencia
se mezcla con un poco de fe ciega
hace la vida interesante

Un viernes por la tarde, Anita recibió noticias de la señora Washburn. Volvía para hacer una visita y quería verla. Anita estaba encantada y ahora tenía en su mente como iba a pedirle ayuda para entrar en la Universidad de Madrid. Tenía todo pensado, pero decidió no decir nada a los Ogden hasta que estuviera segura de que la señora Washburn supiera todo y estuviera de acuerdo. Mientras tanto, había visto a la tía Lena, la cual estaba de acuerdo en todo, lo que le dio la confianza final que necesitaba.

Anita se encontró con la señora Washburn en la oficina de los Ogden, y aceptó enseguida su invitación para cenar en la ciudad. Volvió a su habitación a toda prisa, y rápidamente se cambió y volvió de nuevo a la oficina de los Ogden. Después de una charla corta con todos, las dos mujeres salieron, y los Ogden les desearon que lo pasaran bien.

Yendo a cenar, la señora Washburn le dijo que había estado hablando con los Ogden sobre los planes que ellos tenían para ella cuando el semestre terminara. Ellos le dijeron que no tenían nada decidido todavía, porque primero querían ver si iban a tener cubiertas las plazas de verano de los estudiantes. Fue entonces cuando la señora Washburn abordó de nuevo el tema sobre considerar ir a la Universidad de Madrid. Anita dijo, sin tratar de mostrar su excesiva excitación, que pensaba que su idea era la mejor. La señora Washburn estaba contenta y le explicó que había estado preguntando a diferentes familias si les podía recomendar una profesora particular o una niñera.

Anita le explicó que prefería no ser una niñera y no tener que vivir en casa de nadie, porque ella quería continuar sus estudios y vivir independientemente, por lo tanto, las clases particulares le parecían lo mejor y lo prefería. La señora Washburn pensó que estaría bien y que sería conveniente que pidiera a los Ogden una carta de recomendación que podría utilizar para presentársela a varias familias que ella conocía. Sin embargo, podría haber cualquier cambio al final del semestre cuando llegaran las vacaciones de verano.

Conseguir entrar en la Universidad de Madrid, no debería ser difícil, ya que Anita tenía los documentos que había pensado utilizar para ir a Perugia. La Universidad de Madrid también aceptaba con gusto estudiantes extranjeros. Mientras tanto las dos mujeres acordaron estar en contacto por correo.

Anita acompañó a la señora Washburn a su hotel, le dio las buenas noches y caminó a casa sintiéndose como en una nube. Inmediatamente, hizo mentalmente lista de cosas que tenía que poner en orden y arreglar. ¡Qué bien que tenía el fin de semana! También pensó contarle a su tía los cambios y esperaba poder decírselo a los Scott la semana siguiente cuando pasaran en su viaje de vuelta a casa.

Al día siguiente, cuando iba rápidamente a clase, se encontró con el señor Ogden en el vestíbulo y le preguntó si podía verle un momento pronto, había algo que quería decirle. Él sugirió que podrían verse en su oficina, después de la última clase del día y ella accedió.

Anita estaba ocupada con los estudiantes a lo largo del día, pero su mente estaba definitivamente en su próxima conversación con el señor Ogden. Ella les estaba agradecida a él y su esposa por la oportunidad que le habían dado para poder demostrarse a sí misma, que era capaz de hacer algo útil y permitirle hacerlo, aunque ella sabía que todavía dependía de la ayuda de la tía Lena. No obstante si ella pudiera tomar esta nueva opción, quizás habría algo para tratar cuando terminara sus estudios. Su decisión inicial estaba todavía allí y no iba a cambiarla.

Con la última clase dada, tranquila fue a la oficina y encontró a ambos, al señor y la señora Ogden, esperándola con un té y su ensaimada favorita. Presentarles sus planes fue fácil, porque siempre había entre ellos un sentimiento de amistad. Nada estaba tirante ni demasiado formal, por el contrario, ellos estaban felices por ella. El señor Ogden se ofreció a escribir una carta de recomendación sin que Anita se lo pidiera. Estuvieron de acuerdo entonces; el último día sería poco después del final del semestre y tendría tiempo para preparar la partida. Ellos mencionaron que los Scott les habían dicho, que llegarían en una semana apenas. Todo estaba bien y Anita sentía que había tomado la decisión correcta y que todo el mundo estaba contento con ello.

En vez de irse derecha a su habitación, decidió dar un paseo alrededor de sus sitios preferidos en la ciudad, antes de cenar y quizás podría encontrar al caballero amigo y decirle donde había decidido ir a la universidad y por qué. De esta manera él no pensaría que era demasiado grosera y por alguna razón, decirle adiós la haría sentirse mejor. Pero como ella misma decía, el no estaba en ningún sitio a la vista. Oh, bueno, pensó, lo que sea, será y mejor es no darle la impresión errónea de que le echaba de menos. Después de todo, se recordaba a sí misma, ella deseaba dar este siguiente paso de forma independiente. Además, comenzaba a sentirse un poquito agobiada y se estaba alejando de él y no lo contrario. Eso es lo que definitivamente le hizo comprender, que no había encontrado a nadie a quién amar; ella también se recordó a si misma que nunca iba a tratar de intentar amar a nadie, ni buscar a alguien a quien amar; el amor tenía que encontrarla a ella y entonces ella lo amarraría y lo abrazaría con todas sus fuerzas. De momento, ella estaba contenta y sabía que no tenía que preocuparse de nada salvo de lo que tenía en su mente; seguir adelante con la vida que le había tocado y confiar en el destino ciegamente.

Pasada una semana, los Scott vinieron de visita en su camino a casa desde Perugia, Anita los encontró en la oficina de los Ogden. Cuando llegaron el señor Ogden los dirigió al té y a los pasteles que esperaban en al salón. La principal conversación fue sobre los últimos políticos, Mussolini en Italia y Hitler en Alemania y lo que estos hombres podían estar planeando hacer próximamente. Ya que los Scott habían estado cerca a la alborotada situación, el señor Ogden pensó que él podía conseguir una información de primera mano sobre lo que estaba ocurriendo en el continente ahora mismo. Después de un rato, la señora Ogden cortésmente, cambió la conversación hacia los asuntos que concernían a Anita y sugirió que quizás quería contárselos a los Scott ella misma. Con esto, el profesor Scott preguntó si los Ogden querían ir a cenar con ellos y ponerse al corriente. Declinaron cortésmente la invitación y pensaron que lo mejor era que fueran los tres solos, Anita tenía mucho que contarles.

Con esto Anita rápidamente se excusó para ir a arreglarse. Los demás continuaron hablando sobre los acontecimientos de Europa y como podrían afectar Palma de Mallorca.

Enseguida Anita estovo de vuelta, se despidieron amigablemente y los Ogden les desearon que pasaran una buena velada.

Contentos caminaban los tres charlando sobre los acontecimientos de los últimos tres meses y naturalmente los Scott querían oír más sobre los cambios planeados por Anita. Sentados en el restaurante, Anita comenzó a explicarles sus contactos y su amistad con la señora Washburn. Todos estos planes vinieron porque ella la animó a volver a la universidad y se ofreció a ayudarla para que trabajara dando clases particulares así como a encontrar una pensión para vivir mientras iba a la universidad. Si, Anita respondió que había visto a su tía y le había contado todo esto y que le había parecido que podría ser una buena idea. Los Scott pudieron ver que Anita era positiva sobre todas las cosas y parecía que había encontrado la persona indicada. Era también aparente, que mostraba una nueva confianza que estos últimos meses enseñando y siendo ella misma, le habían traído.

Después de la cena, se despidieron y su taxi los llevo de nuevo a su lancha. Cuando ella volvió a su habitación, sentía realmente que su vida iba definitivamente adelante. Todo lo que tenía que hacer ahora era terminar el semestre con éxito y así el señor Ogden escribiría una buena carta de recomendación para ella, y esperar las instrucciones de la señora Washburn sobre cundo y como venir. Ella tenía definitivamente una fe ciega.

No mucho antes de que el semestre estuviera finalizando, la carta de la señora Washburn llegaba. También la señora Washburn quería verla al día siguiente de su llegada. Decía que Anita mandase un telegrama diciendo la fecha en que llegaría a Madrid, así ella podría tener una habitación reservada para ella en la pensión sobre la que habían hablado. También la señora Washburn quería verla al día siguiente y empezar a presentarle a las familias que ahora estaban dispuestas a recibirla para hacerle entrevistas. La universidad sería lo siguiente, pero había tiempo para eso.

Al mismo tiempo, una carta de estimulo y de tranquilidad vino de tía Lena, anunciando que le mandaría todavía una pequeña ayuda así podría estar segura en caso de que las clases particulares no le fueran pagadas a tiempo. Todo estaba asentado en su mente ahora. Todo lo que tenía que hacer ahora era hacer la reserva para el ferry Palma – Valencia y sacar el billete de tren Valencia – Madrid.

Las niñas Stafford sabían ya los planes de Anita y estaban tristes porque se iba. Ellas iban a volver a Estados Unidos cuando su madre viniera y sabían que ellas no podrían ver a Anita de nuevo.

Los otros niños a los que había dado clase fueron a verla también con pequeños regalos de agradecimiento y le dijeron adiós antes de irse a casa.

CAPITULO SIETE

Llego el Momento de Probar Entusiasmo

Entusiasmo puede llevarte lejos
dentro de los planes desconocidos de la vida
todo lo que tienes que hacer es permitírselo

Era media mañana, cuando el ferry estaba listo para permitir la subida de los pasajeros. Antes de que Anita se diera cuenta, había llegado el momento de decir adiós a Mallorca, de encontrar un asiento que fuera suficiente-mente confortable para el viaje a Valencia y de repasar mentalmente todas las cosas que tenía que acordarse de hacer con el fin de tomar puntualmente el tren a Madrid. Desde la estación de tren, debería ser fácil tomar un taxi que la llevase a su pensión con la esperanza de tener un buen sueño nocturno. Ella estaba definitivamente en control de su vida. No estaba viajando acompañada, ni nadie la vigilaba, ni la saldría a recibir en cada uno de sus destinos, como ella estaba acostumbrada. Esto le gustaba y no tenía miedo, se sentía entusiasmada por haber tomado la decisión correcta.

Caminó un poco, se asomó a las ventanillas y fue hacia las barandillas exteriores para ver el bello e hipnótico azul del mar Mediterráneo que era traspasado por el trasbordador que la llevaba a novedades desconocidas. Era verano ahora, y la brisa era caliente y renovadora.

Cuando el barco llegó al muelle, los mozos sacaron su equipaje, pasaron la aduana y cogió un taxi. Los conductores estaban esperando a los viajeros, por eso fue fácil coger uno e ir rápidamente a la estación de tren. Todo estaba en movimiento pero la adrenalina de Anita fluía. Tenía claro sus ideas sobre lo que iba a hacer y le dijo al taxista donde quería ir con facilidad y con decisión.

En la estación del tren, tuvo ayuda de nuevo con el equipaje y un mozo le mostró el vagón y el número de asiento que le correspondía. No paso mucho tiempo hasta que el tren arrancó, todo el mundo a su alrededor estaba sentado para el viaje, haciendo pequeños comentarios a lo largo del camino y tomando un pequeño refrigerio antes de llegar a la estación de tren de Atocha en Madrid. Mirando a través de la ventana como el tren se movía con su ritmo de viaje, pudo ver huertas y pequeñas granjas con pequeños campos de vegetales de una u otra clase. Las casas de las

granjas eran pequeñas, hechas de muros de piedra y los tejados
de tejas de cerámica rojas. Los pueblos por los que pasaba eran
pequeños y parecían viejos. Poco tiempo después, las sacudidas
rítmicas del tren, le hicieron dar cabezadas.

Por la tarde llegaron a Madrid y aunque Anita estaba
entusiasmada con los alrededores de la estación, los empujones, el
ir y venir de nuevo una vez más, estaba cansada y con ganas a llegar
a su pensión. Esperó a un mozo para que le ayudase a poner el
equipaje en el bordillo de la entrada de la estación, donde los taxis
estaban esperando.

En poco tiempo tomo un taxi, subió el equipaje, dio la dirección
y fue hacia la pensión llegando enseguida.

A pesar de que eran las últimas horas de la tarde para ella,
le encantó ver a toda clase de gente paseando por las calles y
disfrutando en los cafés. Ya estaba emocionada con la ciudad y su
ambiente aparentemente agradable.

Cuando llegó al Hotel Boston, el taxista le ayudó poniendo
su equipaje dentro, cerca del mostrador y después de darle una
propina se marchó rápidamente dando le vuelta hacia la izquierda.
Ahora ella miró al mostrador buscando a alguien que la recibiera,
cuando por una puerta de detrás del mostrador salió un hombre
joven, con una voz y unas maneras suaves y corteses preguntándole
si podía ayudarla. En un español sencillo, le explicó que tenía una
habitación reservada. Mientras él buscaba en el libro de registro de
reservas, ella no pudo evitar, sentir que alguien más había venido
y estaba en la habitación, pero no pudo ver quién era. Mientras
que comprobaron la reservación y pago la estancia de una semana,
Anita definitivamente sintió que alguien detrás de la puerta estaba
mirándola, pero no le dio importancia, pensando que sería algún
amigo del joven o quizás un miembro de su familia.

Hechos los trámites, el joven la ayudó a subir las escaleras hacia
su habitación mientras levantaba sus maletas y el baúl de camarote.
Mientras andaban él le dijo que las horas del desayuno y comida
eran a las ocho de la mañana y a la una de la tarde; también le
explicó que la cena no estaba incluida. Sabiendo que la principal
comida del día era la del mediodía, se preguntaba si sería capaz de
hacer esto dentro de su horario diario. Con eso, el hombre joven
le dijo que por favor cada día les dijese si ella iba a comer allí. Ella
asintió con la cabeza, entendió la mayor parte de lo que él le dijo;
entonces se despidió dándole las buenas noches con una sonrisa y
cerró la puerta. Mirando a su alrededor en la habitación mientras
movía su equipaje a los lugares mas convenientes, se dio cuenta de

que los muebles eran los imprescindibles y prometió ocuparse mas adelante de hacerlo más hogareño; ahora se iba a la cama después de un baño caliente.

Despertando a un nuevo día, Anita se levantó rápidamente con los ruidos de una gran capital. Recordó que tenía que llamar a la señora Washburn a las diez de la mañana para ver donde iban a verse y que día había planeado para ellas. Después de vestirse fue hacia sus cosas para buscar el número de teléfono y los papeles que la señora Washburn le dijo que tenía que tener preparados. Puso en orden sus cosas y antes de ir a desayunar cerró su baúl y sus maletas.

Al entrar al comedor, vio rápidamente algunas mesas vacías y otras con uno o dos huéspedes sentados con un café y un panecillo absortos con su periódico. Se dio cuenta de que la mayoría eran hombres.

El café parecía bueno y fuerte, justo como a ella le gustaba, pero los panecillos eran caseros, nada comparado con las deliciosas ensaimadas a las que se había acostumbrado. Oh bueno, ella se adaptaría.

Supo que la señora que vino a su mesa era la madre del chico que le había ayudado la noche anterior. Ella quería saber si todo estaba bien. Brevemente le explicó, ella y su marido eran los propietarios de la pensión y su hijo les ayudaba la mayoría de las tardes en recepción o en cualquier cosa en la que su marido lo necesitara, siempre que no estuviera en la universidad.

Anita le aseguró que todo estaba bien y le preguntó si podía usar su teléfono para llamar a alguien dentro de la ciudad que le había prometido conseguirle una plaza en la universidad también. La señora accedió, de modo que Anita llamó a la señora Washburn. Se dio cuenta de que se había puesto un poco nerviosa haciéndose entender. Esperó un poquito antes de oír la voz alegre de la señora Washburn en el otro extremo. La señora Washburn le dijo que fuese a la embajada donde podrían almorzar juntas y podría explicarle lo que harían a lo largo del día. Debía asegurarse de llevar todas sus referencias. Estuvieron de acuerdo en encontrarse a la una.

Mientras tanto Anita pensó que tenía un par de horas para salir antes de la reunión. Decidió que tenía tiempo suficiente para empezar a explorar sus nuevos alrededores, de modo que cogió su bolso y los papeles y salió a un día brillante, cálido y soleado. La pensión estaba situada en el centro del casco urbano, de modo que las calles eran estrechas y adoquinadas, pero enseguida se salía a calles más amplias con autobuses, taxis y los coches circulando a toda prisa a su alrededor. Las tiendas eran interesantes, con olores a buenos alimentos o con encantadoras exhibiciones de ropa.

Los bancos parecían importantes con sus detalles arquitectónicos de estilo rococó del siglo dieciocho, mientras que la mayor parte de los edificios de oficinas tenían aspecto sencillo.

Sin darse cuenta, eran casi las doce y media, de modo que cogió un taxi y se fue a ver a la señora Washburn. A lo largo del camino los paisajes de la parte más hermosa y más abierta de la ciudad, con sus muchas fuentes e importantes edificios, fascinaron a Anita. Ella aprendería definitivamente a tomar los autobuses y a caminar con objeto de disfrutar más, especialmente teniendo en cuenta el poco presupuesto que tenía ahora, el cual ella sabría manejar de modo que todo fuera posible.

En la embajada pidió ver a la señora Washburn explicando que tenía una cita con ella. El guardia le pidió que esperara mientras él iba a ver a alguien cercano para explicarle lo que quería. El otro caballero desapareció y enseguida apareció la señora Washburn con una de sonrisa al saludarla. Anita no se sentía inquieta ahora, sino más bien confiada, como si viera a un viejo amigo otra vez.

Durante la comida la señora Washburn le habló de varias familias con las que estaba citada para presentarla, y de lo que podía esperar de cada una de ellas. Eran todas familias adineradas; españolas, francesas y alemanas, cuatro en total. Ninguna de ellas tenían más de dos niños, de edades entre seis y diez años. Le explicó que papeles presentar para probar su experiencia y que esperar sobre el pago. En un mes o así ella podría ayudar a Anita para entrar en la universidad y le dijo que papeles necesitaba. Anita lo tenía todo preparado.

La siguiente sita sería a la mañana siguiente y la señora Washburn iría con ella para facilitar las presentaciones. Por la tarde habría otra y al día siguiente otras dos; la señora Washburn iría con ella también.

Con todo acordado, incluida la hora del encuentro y el sitio, Anita se despidió jovialmente con un breve abrazo y se dispuso a disfrutar de tantos paisajes como pudiera ver a pie antes da volver a su pensión.

Al día siguiente, Anita y la señora Washburn se encontraron en una espléndida casa de un diplomático español. La señora de la casa tenía a su pequeño hijo, Joselito, con ella durante la entrevista. Joselito tendría unos seis años y no podía quitar sus ojos de Anita. Cuando ella le miraba y le sonreía, el sonreía por detrás con sus grandes y expresivos ojos marrones. Su madre explicó que quería que tuviera una ventaja con el inglés antes de empezar el colegio en el otoño. Las lecciones serían cinco días de la semana, dos horas cada día y se darían aquí en su casa. Cuando el colegio comenzase, ella vería si las clases continuarían. La hora del día, el trato amable los honorarios ofrecidos, todo parecía razonable y Anita estaba realmente encantada con su primer estudiante. Se acordó que comenzarían en un par de días, después de que la señora Washburn explicase que tenía otras citas el próximo día.

Las siguientes citas fueron muy parecidas, excepto que ella tenía dos niños franceses para enseñar en una familia y solo uno en las otras dos casas. También se dio cuanta de que tendría que comenzar a aprender a hablar mejor español en su tiempo libre. Las cosa comenzaban bien, con esto ella podría arreglárselas al menos a lo largo del verano. El otoño sería diferente, pero con la ayuda de la tía Lena, ella estaba dispuesta a arreglárselas con el estricto presupuesto. Cuando se oyó a si misma decir esto, rápidamente pensó en que pacientes habían sido su madre y la tía Lena enseñándole los presupuestos de la casa. Ella había llegado a apreciar esta disciplina.

Con los pies en la tierra, por fin, dejó a la señora Washburn en la embajada y así pudo caminar de vuelta a casa disfrutando de la ciudad. Siempre que no estaba segura de la dirección exacta, se divertía preguntando por ella en su español curioso. Las plazas eran encanta-doras y las fuentes eran espectaculares o pintorescas. Sus grandes zancadas y su sonrisa comenzaron a mostrar confianza a cualquiera que pudiera encontrarse en su camino. Incluso el calor pesado de las últimas horas de la tarde no parecía molestarle. Era independiente, autónoma y cuando llegara a casa se iba a sentar para organizar su presupuesto, después escribiría a la tía Lena, a Mary y a los chicos. Correcto, lo único, era que ella estaba un poquito preocupada hasta que pudiera ver realmente el dinero que ganaba regularmente. Ese era el desafió actual, además estaría demasiado ocupada para poder gastar cualquier dinero, eso seguramente ayudaría al presupuesto.

Cuando llegó a casa se sentó e hizo exactamente lo que dijo que iba hacer, parando solo de vez en cuando para mirar alrededor de su habitación y pensar en como hacerla más acogedora. Este era su hogar ahora e iba a parecerlo también. Pero antes de todo tenía que considerar lo que debía calcular en primer lugar: las cenas y donde podría encontrar algo económico. También que ella no sabía traducir el menú ni como pedirlo. De nuevo, se dio cuenta de que siempre le habían hecho todo, lo cual la había hecho ser muy poco práctica para ser una persona independiente. Oh bueno, ella aprendería. Quizás un café, para empezar, la haría sentir mejor.

CAPITULO OCHO

Aprender el Menú

Ocasionalmente puede haber
más en un menú
de lo que tu crees al principio

Levantarse temprano, bañarse, vestirse, recoger y guardar lo que se lavó la noche anterior a mano, desayunar y salir después a atender al primer alumno del día. Bastante parecido a esto era la rutina de lunes a viernes, a menos que unas de las familias le preguntaran si quería asistir a una reunión en casa los fines de semana. No lo hizo demasiadas veces, porque enseguida se dio cuenta de que allí ella no era más que una niñera. Iba más a casa del diplomático español, a causa de que Joselito se lo pedía y de la insistencia de su madre, explicando que la *Miss* era la única que podía manejarle. Era conocida en la familia como la *Miss* a causa de Joselito. Sus padres eran amables y con clase también. En varias ocasiones ellos le presentaron a mucha gente rica e influyente, que pensó que le podrían ayudar con más clases particulares o en trabajos de traducción, ya que ella sabía francés, alemán y griego. Gracias a Dios, pensó, que hizo caso de su madre y profesores sobre aprender el mayor número de idiomas que pudiera, especialmente si iba a introducirse en el mundo de la Arqueología donde los idiomas eran un paso importante para conseguir, al menos ser investigador. La investigación era lo que más le gustaba en ese campo de trabajo y los idiomas también le interesaban.

Entre las clases, caminando o tomando autobuses a las diferentes casas y lugares alrededor de Madrid y estructurando ella misma sus clases a diferentes niveles, estaba muy ocupada. El dinero de tía Lena llegaba regularmente, y a veces un paquete con las cosas más básicas llegaba con él. Podía encontrarse con medias de seda o cualquier otro artículo de vestir suelto. Pero con lo que más disfrutaba era con una carta en la que podía encontrar noticias de su casa, de su familia y de la gente que ella conocía. También recibía cartas de su hermana y hermanos, de modo de que estaba ocupada respondiéndolas. A veces todavía escribía a su amigo Everett Vine.

Había algo que parecía persistente, pensaba cuando paseaba a través de las calles de sus alrededores, sentía que estaba siendo seguida, aunque cosa bastante extraña, no le hacía sentirse incómoda; no sabía por qué, así que decidió continuar con sus asuntos y decirse a sí misma que eran imaginaciones suyas.

A mitad del verano, la señora Washburn le ayudó a conseguir su matriculación en la Universidad de Madrid en su principal elección, Arqueología. Una vez matriculados había sesiones introductorias para atender a los estudiantes extranjeros. Los estudiantes fueron reunidos en un gran auditórium. Todos los estudiantes extranjeros se reunieron en la parte baja de una galería y se mezclaron con los anfitriones españoles. El nivel alto de la galería se llenó en su mayor parte por estudiantes masculinos españoles, mirando con fijeza abajo las posibles conquistas, sin duda. Anita permaneció en el piso principal, pero sentía que alguien la miraba directamente a ella todo el tiempo; a veces ella casualmente miraba arriba y alrededor a la *galería de los chicos*, pero nunca estaba segura de quién la miraba fijamente. Oh bueno, se ocuparía solo en conseguir centrarse en sus estudios, se dijo.

Después de que la universidad hubiera comenzado, Anita estaba muy ocupada con sus estudios y con los tres alumnos restantes que mantenía para conseguir unos pequeños ingresos que aumentaran la asignación de su tía. Su español comenzó a ir mejor y la lectura del menú era mucho más fácil. Se dio cuenta que el español derivaba del latín, una lengua que ella apreciaba cada vez más. Su madre, de nuevo había estado acertada cuando le dijo que aprendiera latín y así tendría la base que le ayudaría a entender las lenguas romances. De todas formas, ahora no tenía que pedir jamón y huevos todo el tiempo, cuando no podía volver a su pensión para las comidas. También muchas veces tomaba una merienda o la hora del café la hora del té, o cenaba cuando la invitaban a permanecer en una de las casas de sus estudiantes después de las clases.

En general la vida era buena, ella estaba feliz y ocupada. Había una clase en particular con la que estaba disfrutando, dada por un verdadero artista. Era un curso de Historia del Arte. A pesar de que era todo en español, el profesor hablaba lenta y claramente, así que ella era al que mejor entendía, además él hacía que todo sonase tan románticamente interesante.

No pasó mucho tiempo desde que empezaron las clases que ella notó que la sensación de bienestar de que alguien estaba siendo su sombra. También lo notó cuando volvía a su pensión y traspasaba la puerta de la habitación que había detrás del mostrador de recepción, no se oían nunca las voces de dos chicos amigos, charlando sobre el juego del ajedrez o del dominó. Divertidos, esos habían llegado a ser sonidos reconfortantes.

Justo cuando Anita estaba acostumbrándose a las zonas de *no ruido*, una rosa de color rosa apareció en su puerta. Cuando preguntó en recepción quién podía haberla dejado, estaba solo el padre y dijo que él no sabía nada sobre ello, pero que probablemente, alguien vendría a demandar su atención pronto; él entonces sonrió un poco vergonzoso.

Los ojos que la miraban con fijeza desde la galería pertenecían a un joven llamado Félix Rodríguez López. Él era unos cuatro años mayor que Anita y estaba finalizando sus estudios de Química en la universidad. La mayoría de las tardes, iba a casa de su amigo a jugar juegos de mesa o a discutir la política del día. También compartía sus sueños de ser un químico en perfumería y fabricar finos perfumes.

Él era el noveno de once hijos y el séptimo de los nueve restantes después de que dos de ellos murieran en la infancia, antes de que él naciera. Su tercera hermana, Rosa (Rosalía), era la esposa de Vicente Santos Sainz, el profesor de Historia del Arte de Anita en la universidad.

La familia de Félix procedía originalmente de Málaga, en el sur de España. Ellos vinieron a Madrid cuando él era un niño de nueve años, buscando médicos para ayudar a su madre. Su padre dijo que los médicos eran mejores en Madrid que en Málaga o Sevilla donde tenían una segunda casa. Así, su padre vendió su parte del negocio familiar de la plantación de claveles y otros negocios, vendió la casa de Sevilla y se vinieron a vivir a un piso de alquiler en el corazón de Madrid. La casa estaba en el segundo piso de una casa de tres niveles, construido en medio de una manzana en una calle estrecha. Esto no se parecía a la que ellos tenían en Málaga. Era triste sin las encantadoras colinas que rodeaban la finca, o los bellos edificios moriscos que había a un par de manzanas de su hogar en la vieja Sevilla.

La madre de Félix necesitaba una operación debido a una enfermedad hepática. Era 1918 y la medicina estaba avanzando, así que confiaron en que ella estaría mucho mejor en Madrid después de una operación para corregir su dolencia hepática. Desafortunadamente ella murió poco tiempo después de la operación. Desolado el joven Félix estaba enojado en su interior y se prometió a si mismo que nunca confiaría en ningún médico. Al principio quería permanecer solo, solo con su hermano Pepe (José), siempre pendiente de él, se sintió mejor y no tan solo. Fue duro para Pepe y los otros niños también, pero siempre mirando los unos por los otros, llegaron a ser una familia más fuerte.

Durante la enfermedad de su madre e inmediatamente después de su muerte, las tres hermanas mayores, Luisa, Aurora y Rosa llevaron la casa e hicieron de madre de los niños más pequeños. Ellas eran capaces de conseguir algunos ingresos para el presupuesto familiar gracias a sus habilidades con las labores de costura. Eduardo Rodríguez Diosdado, su padre, tenía una pesada carga para traer suficiente dinero para mantenerlos a todos ellos, ya que la mayoría del dinero se había gastado en las facturas de los médicos.

El hijo mayor, Eduardo, tuvo que ir a cumplir con sus deberes militares tan pronto como acabó sus estudios, no mucho después de que su madre muriera, así que él no pudo contribuir a los ingresos de la familia.

Juan, el segundo hijo, siempre tenía problemas con una u otra cosa, incluso antes de venir a Madrid. Sus variadas *travesuras* causaron a la familia tales desgracias a través de los años que su madre no quiso verle cuando estaba en el lecho de muerte.

Mientras tanto el resto de los niños seguían yendo al colegio. Victoria y Adolfo, el más pequeño, fueron criados con mimo principalmente por Aurora. La hermana mayor, Luisa estuvo siempre cuidada por Aurora ya que sufría de ataques epilépticos, especialmente cuando había estrés en la casa, lo que hacía las cosas aún más duras para Aurora. Ella tomó sus deberes seriamente, lo que hizo de ella una mujer fuerte, incluso un poco dramática a veces cuando explicaba sus problemas en la vida. "Oh la cruz que yo llevo, la cruz que yo llevo", solía decir a los otros.

Félix continuó siendo el compinche de Pepe, pero también tenía algunos amigos en la universidad con los que disfrutaba. Era normal para los chicos de la familia no hacer nada en la casa, especialmente con tantas hermanas. Ni que decir que los chicos y los hombres eran siempre *estropeados* por las mujeres de su familia. Fumar era una cosa común especialmente entre los hombres; como entonces los pisos eran generalmente de baldosas, los hombres nunca dudaban en tirar las cenizas alrededor si no había un cenicero al su alcance. Por qué preocuparse, siempre había alguien allí para limpiarlo en un tiempo razonable, si no inmediatamente. Yo diría que estropeado no es la palabra exacta.

Los chicos iban al colegio y se divertían con sus amigos. A Félix le gustaba ir al gimnasio con algunos amigos y disfrutó con la gimnasia y con la esgrima, pero sobretodo, donde estaba Pepe el quería estar.

Cuando las chicas salían a dar un paseo, se consideraba más correcto para ellas ir acompañadas, especialmente para una familia de clase; guardar las apariencias continuaba siendo importante para el padre. Él era llamado Don Eduardo por sus amigos y conocidos. Don es un título abreviado de las palabras "De Origen Noble".

Por esta costumbre, cuando los chicos necesitaban dinero y no tenían edad de trabajar todavía, era bastante normal pedirle a su padre dinero suelto. Si ganaban algún dinero a través de amigos o de la familia o por ellos mismos, debían dárselo a su padre, el cuál diría lo que tendrían y cuando. Mientras tanto no se permitió a las chicas hacer ningún trabajo, pero si que hicieran favores a amigos o parientes cosiendo, consiguiendo con ello un poco de dinero; eso si estaba bien. Desde luego, el dinero debían dárselo al padre y este repartirlo según su criterio. También, por su puesto, según la costumbre, ningún señor (Don), debía ser visto a ciertas horas del día en un café de la vecindad, tomando una copa con sus amigos con la excusa de estar trabajando en equipo para guardar las apariencias. Por lo tanto, era importante que él tuviera el control de todos los asuntos de la familia y de las finanzas. Esto no siempre les sentó bien a sus hijos.

Don Eduardo había hecho contactos en Madrid para comenzar con su propio negocio como representante de una compañía alemana que fabricaban puertas y ventanas. A veces esto le llevaba a viajar a varias partes de España, lo que hacía que estuviera fuera durante algún tiempo. Él sabía que podía confiar el funcionamiento de su hogar a sus hijas. Quería que su negocio fuera familiar y esperaba que sus hijos lo pusieran en marcha con él y según sus reglas. El único que hizo esto fue su hijo Eduardo. Viendo que Félix tenía un interés definido en la Química Aromática, nunca le forzó, sino al contrario, hizo para él los primeros contactos para un empleo para representar una firma. Esto significaba viajar y Félix estaba encantado. Esto le llevo a varios lugares dentro de España, incluidas las Islas Canarias. Esto solo duró alrededor de un año, porque tuvo que parar y hacer su servicio militar. Pero que feliz estaba con la oportunidad de viajar y de conseguir estar lejos de la dictadura paterna por un tiempo. También esto lo dio la oportunidad de ver y hacer cosas por sí mismo.

El sistema de servicio militar obligatorio en una familia con varios hijos era diferente entonces. El hijo mayor tenía que hacer cuatro años, el segundo hijo tres años, el tercer hijo dos años, el cuatro hijo un año, el quinto hijo y los que estuvieran por debajo ninguno. Eso significaba, que Eduardo servio cuatro años, Juan tres años (por lo menos la mitad de los cuales los hizo en un bergantín), Pepe dos años (pero él no servio debido a problemas de salud a causa de una dolencia de hígado), Félix un año y Adolfo ninguno.

Cuando Félix terminó su servicio militar, después de haber servido en una división de tanques, nunca más quiso saber nada de la milicia. Cuándo sirvió, no participó en ninguna escaramuza o batalla; la guerra civil todavía no había comenzado. Todo lo que quería hacer era volver a la universidad, para hacer sus últimos cursos y conseguir terminar su carrera.

Había solo un problema, él se había cruzado con una estudiante extranjera y se había enamorado locamente de ella. Después de seguirla y observarla constantemente, se dio cuenta de que estaba en un curso que su cuñado Vicente estaba dando. Pero tenía un dilema. Para un joven de su clase, era impropio abordar atrevidamente a una mujer y pedirle una cita, o incluso pasear con ella hasta su casa sin un acompañante apropiado que le hiciera el favor de presentarle y pasear con ellos. Pero él tenía una idea de cómo hacer que todo sucediera; hablaría con su cuñado.

Casi siempre toda la familia se reunía en su casa para merendar, y su hermana Rosa venía con su marido, desde luego, Félix comenzaría a hacer preguntas aparentemente inocentes para ver si él podía conseguir un encuentro. Así pues ese día él hizo eso cuando el resto de la familia estaba absorbida por la conversación. En voz baja Félix preguntó a Vicente si sabía algo sobre una mujer extranjera estudiante en una de sus clases. Vicente sonrió y replicó: "¿cuál?, hay varias, como tu sabes". Feliz inmediatamente comenzó a describirla, a lo que Vicente contestó con voz natural: "oh, la chica americana. Bueno yo noto que los chicos están siempre alrededor de ella, y ella flirtea con todos ellos, ¿sabes?, yo no me preocuparía por ella". Félix no esperó ni un momento para defenderla, antes de hablar en voz alta, diciendo que él la veía de diferente manera. Era respetuosa y bella, una mujer de clase y que sí podía por favor presentársela.

Con eso la conversación de la familia cesó y su padre quiso saber más sobre lo que había oído. Antes de que Félix pudiera responder, su hermano Pepe le regañó por mencionar a la chica y le preguntó que ocurrió con la última chica que el le había presentado. Por supuesto, sus hermanas salieron de allí antes de que su padre pusiera orden en la reunión de una manera amable, con una sonrisa en su cara, pidiendo a su hijo que por favor les contara todo sobre ella.

Después de terminar su historia, cada uno empezó a reír con una risita nerviosa y sonreír un poco, incluso su padre. Fue Aurora la que sugirió que ella acompañara a Félix cuándo Vicente pudiera conseguir un encuentro. Casi todo el mundo tenía una idea de cómo sucedería. Su padre no dijo nada, solo sonreía mirando a su familia con orgullo. Ellos estaban interesados en ayudar a su hermano. Finalmente Aurora propuso la idea de encontrarse un día al final de las clases, yendo a la cafetería a tomar un café. Todos estuvieron de acuerdo en que ese era el mejor plan, pero ¿qué día podría ser el mejor?, ¿Cuándo podrían saber que la estudiante no tendría nada que hacer después de las clases? Félix inmediatamente explicó brevemente que hacía y donde iba cada día. La familia se rió de lo atrapado y fascinado que estaba por ella y estuvieron de acuerdo en que era mejor que lo hicieran ellos enseguida antes de que el hermano pequeño actuara precipitadamente y avergonzara a la familia.

Al día siguiente Félix le dijo a Vicente a que hora había ido Anita a la cafetería de la universidad para tomar algo. Su plan era hacer que Vicente tranquilamente pasara cerca y le dijera buenos días y si no era una impertinencia pedirle si podía sentarse con ella mientras tomaba un café. La conversación debía girar en torno a como era America y de lo interesado que él estaba en mostrar su trabajo allí. La idea era hacer que ella se sintiera cómoda con Vicente y en ese momento, cuando él justamente viera pasar a sus parientes, podría presentarles e invitarla a acompañarles a tomar un café. Ella estaría suficientemente relajada con él, pensó, que no pensaría dos veces en decir que si.

Ese día llegó al cabo de una semana y sucedió tal y como estaba previsto. Vicente estaba encantado de ayudar a Félix y emocionado con su papel. Además Anita parecía tener una agradable sonrisa que lo haría fácil. A Vicente le gustó su manera de interesarse y estudiar cosas en su clase, aún cuando no estaba interesada en ser artista.

Anita se sintió bien después de este *casual* encuentro también. A ella siempre le gustaba reunirse y conversar con la gente que tenía diferentes intereses a los suyos, aunque parecidos. El arte era ciertamente uno de esos asuntos. Bueno, ya tenía suficiente por hoy, así que era mejor irse.

CAPITULO NUEVE

Presentaciones

Las presentaciones pueden
a veces
conducirte por un sendero inesperado

Hoy se sentía diferente, especial, Anita no se preguntaba por qué. Era Octubre de 1934 y sentía el cálido aire seco de Madrid contra sus mejillas y dientes al sonreír mientras caminaba bajando la calle adoquinada para coger el trolebús al final de la calle. Esto la introdujo en el ajetreo del día. En su rápido caminar se volvió para agradecer a un fotógrafo de la calle que la había captado en un momento de felicidad. Acordó pagarle por la foto y mandársela a alguien de casa. Costó en total un duro (cinco pesetas), pero hoy no le importaba. Por alguna razón todo le parecía bien y en orden. Los pensamientos positivos eran siempre lo mejor y ella iba a agarrarse a ellos. Cogió su bolso y su paraguas, que los llevaba en caso de lluvia y tomó su paso rápido otra vez.

Hoy no tenía clases particulares, así que casi se sentía como si tuviese un día libre. Las clases en la universidad eran la única agenda del día lo cual era un placer.

En la universidad, sonrió o saludó a los compañeros de clase que encontró mientras aprovechaba el día de clases. Un poco después de las cuatro de la tarde, mientras estaba en la cola del autobús que la llevaría a casa, pensaba en las conferencias del día y en las investigaciones que tendría que hacer. Cansada, y aún así con vigor, volvió a sus pensamientos sobre cuanto dinero tenía y donde podría tomar algo rápido con el resto de su asignación diaria. El autobús se lleno con los estudiantes y ella gozó del sonido melódico del español castellano, del movimiento del autobús, de los sonidos, y del olor de los gases que producía cuando tomaba de nuevo velocidad, después de cada parada.

Caminando después de bajar del autobús, la brisa la envolvió, produciendo un escalofrío a través de de su abrigo de pelo de camello. Con su cabeza un poquito doblada hacía abajo, comenzó a andar hacía su calle cuando oyó una voz familiar que la llamaba "señorita Nelson". Mirando para arriba vio que era su profesor, el señor Santos.

"Que sorpresa. ¿Vive usted por aquí?" dijo él. "Si, ¿por qué?", replicó Anita. "Justo estaba dando un paseo con mi cuñado y cuñada, para tomar algo con ellos", dijo su profesor, "¿me permite que se los presente?, este es Félix y esta, Aurora Rodríguez". Félix dio un paso hacia delante y con una pequeña inclinación de cabeza, extendió su mano firme y tranquilamente estrechó la de ella. Ninguno de los dos quitó su mano del otro rápidamente y ambos se miraron a los ojos. Anita tenía una sonrisa mientras Félix tenía una tímida mueca. Aurora pudo ver como su hermano estaba locamente enamorado de la joven extranjera, mientras saludó inclinando la cabeza. Sus miradas y apretones de manos fueron interrumpidos por Vicente, el cuál casi inmediatamente dijo: "Puesto que íbamos en esta dirección a nuestro café, ¿podemos caminar con usted?, quizás le gustaría acompañarnos". Y después de dar unos pocos pasos hacía delante con Anita a su lado y Aurora sujetando el brazo de Félix y ligeramente detrás. "Bueno", dijo Anita vacilante, aunque ya sabiendo que su corazón estaba diciéndole "que si, si".

Dentro del café calido y lleno de humo, Vicente rápidamente encontró para ellos una mesa cerca de una ventana y al fondo, donde no parecía haber demasiado ruido. Vicente entonces preguntó que querían beber mientras llamaba al camarero. Cada uno repitió al camarero lo que había elegido para beber y Vicente pidió algunas tapas con las bebidas.

Félix ayudó a Anita con su abrigo mientras Vicente ayudaba a Aurora con el suyo. Sentados Anita explicó que su español no era bueno pero que estaba intentando seriamente mejorarlo y esta era una buena ocasión para hacerlo. Aurora sonrió y dijo lentamente que ella pensaba que lo estaba haciendo muy bien. Vicente un poco nervioso dijo rápidamente: "Oh, si, si, si, la mejor estudiante extranjera que tengo, ¿sabes?". Mientras tanto Félix, sentado muy derecho en su silla, la miró directamente, mientras trataba de ver todas las cosas de ella de una ojeada. Él decidió que quizás sería lo mejor calmar sus nervios si se fumaba un cigarrillo, de los cuales ofreció uno a Anita. "No, gracias," dijo ella mientras miraba profundamente a sus ojos. Aurora, también sentada muy derecha en su silla, estaba muy ocupada mirando de uno a otro. Anita hubiera dado un duro (cinco pesetas) por saber exactamente lo que Aurora estaba pensando cuando percibió los ojos de su hermano en ella.

Después de charlar sobre lo que Anita estaba haciendo en España, lo que estaba estudiando, sobre los niños a los que estaba dando clase y cuanto tiempo tenía pensado estar en España, la conversación giró hacia lo que Feliz estaba estudiando, cuales eran sus planes después de terminar en la universidad. Alrededor de una hora más tarde, ambos Vicente y Aurora, se excusaron diciendo que debían irse, así que todos ellos se levantaron después de que Vicente pagara la cuenta. Félix insistió en darle algo por las tapas que el había disfrutado.

Fuera hacía más frío ahora y Anita explicó que ella vivía justo a una manzana de allí. Con esto Félix animó e insistió a todos en acompañarla a su pensión. Esta vez Félix hizo lo posible para que Anita caminara con él, mientras Vicente y Aurora caminaban a corta distancia detrás.

Félix miraba de frente y solo ocasionalmente miraba a Anita mientras hablaba. Aurora y Vicente no podían evitar echar un vistazo a uno y a otra con sonrisas mientras paseaban detrás. Esto le recordaba a Vicente los días en que cortejaba a Rosa y Aurora era la acompañante de Rosa entonces.

En un momento, mientras alcanzaba la pensión, Félix exclamó que él conocía a la familia propietaria y que jugaba al ajedrez con su hijo en ocasiones. En esto Aurora interrumpió y sugirió que quizás ellos podrían tomar un café alguna vez de nuevo. Quizás la semana próxima a esta hora estaría bien, sugirió Félix enseguida, pero Anita explicó que tenía que dar clases particulares y atender a sus estudios. Con esto todo el mundo estuvo de acuerdo e inclinaron sus cabezas despidiéndose a excepción de Félix que extendió su mano. Anita la cogió y la sostuvo mientras él agregó algunos otros cumplidos al despedirse.

Cuando Anita entró en la pensión, vio que el joven de detrás del mostrador de recepción, tenía una sonrisa traviesa cuando ella le pidió el correo. Lentamente ella echó una mirada a través de la puerta principal mientras subía escaleras arriba y le pareció que vio a Félix permaneciendo afuera y pudo ver también a su amigo dándole una sonrisa de aprobación, cuando ella echo un vistazo rápido al mostrador.

En su habitación mientras se preparaba para ir a la cama, no podía hacer otra cosa más que preguntarse sobre la rosa de color rosa y la sensación de que quizás había visto a Félix antes, o si ella le sentía y quizás este era su hombre misterioso. Cuando apagó la luz y se metió en la cama, pensó que iba a tener que hablarle más cuando se viesen la próxima semana. Y ella definitivamente tenía que estudiar y concentrase en mejorar su español. ¡Que día!, murmuró antes de que la cogieran sus sueños y la transportaran a dormir pacíficamente.

Félix escuchó a su hermana charlar durante todo el camino a casa sobre lo encantadora que parecía ser la chica y la coincidencia de que viviera en la misma pensión que poseía la familia de su amigo. Vicente hizo bromas sobre jugar al ajedrez casi cada noche con su amigo, pero lo que nadie sabía era que Félix había pedido al fotógrafo que tomara la fotografía a Anita y él pagó por una copia después de que ella se fuese, la fotografía estaba ahora en su cartera.

Él sabía entonces que Anita era la única para él. Ahora tenía que encontrar un camino dentro de su corazón para que no se fuera cuando terminara sus estudios. Félix había vivido y hecho bastantes cosas en su vida para saber que esta chica americana era la pieza que faltaba en su corazón.

Una vez en casa, la familia estaba esperando para oír un informe completo sobre la nueva amiga de Félix. Enseguida su hermano mayor empezó a darle consejos sobre como tratar una mujer y comunicarle sus intenciones honorablemente, mientras Aurora hablaba sobre el encuentro de la tarde. Desde luego su padre tenía unas cuantas cositas que aconsejarle y allí estaba Luisa, mientras Victoria y Adolfo miraban y callaban. Rosa quería escuchar la impresión de su marido y que le diera a su hermano su aprobación, también. Todo lo que Félix podía hacer era fumar y pensar en Anita y decir si, si, si en la barahúnda de la charla y de los consejos. Él se dio cuenta que debía actuar de una manera tranquila y meditada si él iba a entrar en su vida completamente.

Primero, pensó, escribiré a mi hermano Pepe, diciéndole que he encontrado la mujer de la que me he enamorado. También le daría las gracias por la amiga de su novia que le había presentado, pero él no estaba enamorado de ella. Por lo tanto, podría él decirle, que él estaba muy . . . . ocupado y, y . . . . no creía que su relación fuera muy lejos. Le diría la verdad a su hermano, él le escribiría, estoy enamorado de otra, pero no digas nada a papá ni a la familia mi verdadero amor, incluso, no sabe mis intenciones completas todavía, pero te escribiré de nuevo cuando ella diga si.

CAPITULO DIEZ

Corazones Palpitando

Casi siempre es el corazón
que dicta el camino de la vida

Debido a que la semana pasó muy lentamente para Anita, se dio cuenta de que le gustaría ver más a Félix y al menos ser amigos.

Cuando Anita caminaba hacia o desde la universidad o a dar sus clases particulares, no sentía la mirada oculta detrás de ella y se dio cuenta que lo echaba de menos.

Félix encontró que no podía concentrarse en sus estudios, tenía que hacer un esfuerzo para no ir por la pensión a jugar al ajedrez con su amigo. Se había prometido a sí mismo que esperaría hasta el próximo encuentro antes de tratar de seguirla o contactarla. Anita debía saber que él era el hombre adecuado y que procedía de la familia adecuada.

Mientras tanto, durante la semana, hubo desordenes en las calles. Anita escribió a su hermano Raymond explicándole los alborotos, los cuales comenzaron justamente debajo de su ventana mientras estaba tomando la siesta. Después de que el tiroteo parase, ella llamó a los propietarios de la pensión, Luis Castelló y su esposa, que vinieran a su puerta le dijeran lo que ocurría. Parecía que Luis había estado en la calle cuando comenzaron los disturbios y dijo que hombres, mujeres y niños estaban caminando, corriendo o de pie con los brazos en alto. El centro de la lucha era la Puerta del Sol, enfrente de los edificios del Gobierno, incluyendo todas las calles que salían de allí. Se ordenó a todo el mundo que permaneciera fuera de las calles por un rato. Más tarde el Gobierno anunció por la radio que los catalanes deseaban su independencia y habían declarado un estado de guerra entre ellos y el resto de España.

El lunes, la mayoría de los almacenes estaban cerrados y era difícil conseguir los productos más imprescindibles. Empezaba a ser un desafío conseguir alimentos. En los hoteles nadie podía servirse más de media rebanada de pan. El correo no había sido entregado durante unos días, pero ese día Anita vio a un cartero escoltado por un soldado entregando el correo. Tranvías y metro funcionaban, pero cada tranvía llevaba soldados armados en cada extremo y también dentro para proteger a la gente. En las esquinas de las calles había soldados armados y camiones cargados de ellos estaban pasando constantemente a través de las calles, o policías estacionados en un sitio u otro. Además había montados con armas, revólveres y espadas, pasando cada dos horas.

Cada vez se veían más mendigos en las calles, lo cual no era normal. Los taxis tenían un soldado al lado del conductor y los colegios estaban cerrados ahora. Los periódicos hablaban de terribles incidentes ocurridos en otras ciudades, pero para la mayoría, Madrid parecía estar tranquila desde los duros disturbios.

Anita solo salía para atender a sus alumnos y después volvía derecha a su pensión. No sabía si el encuentro con Félix iba a tener lugar o no, ya que la mayoría de los cafés estaban cerrados y podía ser peligroso salir a la calle, pero cuando llegó el día y un poco antes de la hora acordada, Félix vino a la pensión con su hermana. Viéndola bajar las escaleras, él inmediatamente se adelantó extendiéndole la mano. Anita la tomó casi ansiosamente, aliviada de que la hora hubiera llegado de nuevo. Su hermana subió para saludarla con una cálida sonrisa, entonces ellos la invitaron a su casa con la excusa de que estarían más seguros allí. Con una gran sonrisa de alivio y aprobación, ella dijo que si. Hacía frío, hicieron el camino a su casa a través de las calles, pero los tres parecían felices charlando sobre los acontecimientos ocurridos.

En su casa, la conversación primero se centró en los acontecimientos y disturbios diarios. Cuando Anita preguntó a Félix sobre sus estudios y por qué habían sido interrumpidos, él le explicó que fue debido a su servicio militar y que fue un poquito más largo del año requerido a causa de todos los cambios en el gobierno. Ahora eso había pasado y él quería seguir con su vida, pero primero tenía que terminar su graduación. Él no tenía interés por la milicia o por involucrarse en política como algunos de sus hermanos.

La familia quería saber lo que ella iba a hacer, permanecer hasta finalizar en la universidad o irse a casa. Ella dijo que permanecería en Madrid, después de todo, tenía que terminar con la universidad primero y además ella tenía trabajo dando clases particulares y quería continuar. La familia sonrió mientras Félix miraba cada movimiento de ella.

Después, durante un rato la conversación giró hacia las próximas fiestas de fin de año y le preguntaron si tenía planes. Ninguno en particular, dijo ella, entonces ellos le explicaron las costumbres de las fiestas y como ellos celebraban la mayoría en familia. Como ella no tenía familia aquí, Félix se aventuró a preguntarle si no le gustaría venir y celebrar estos días con ellos. Don Eduardo y la familia insistieron para que viniese para la cena de Nochebuena. Anita lentamente aceptó para que no pareciera que estaba demasiado impaciente. También quería demostrar que era una señora y que podía valerse por sí misma.

Poco después de eso, pensaron que lo mejor para Félix era acompañar a Anita a su casa antes de que fuera demasiado tarde. Ella tranquilamente aceptó entusiasmada. Félix dijo adiós a sus parientes mientras ayudaba a Anita con su abrigo. Cuando salieron los hermanos quedaron riéndose nerviosamente sobre lo rápido que salieron disparados, Félix con Anita de su brazo. Don Eduardo sonreía aprobando también su forma de salir.

Caminando agarrados del brazo, bajando la calle adoquinada, charlaron casi como viejos amigos tratando de recordar su pasado. Ambos parecían sentirse aliviados de haber pasado el ritual de las presentaciones formales y podían ahora disfrutar conociéndose uno a otro mejor. Iban liados como un fardo para protegerse del frió, con sombrero, bufanda, abrigos largos y guantes, mientras el frío de la tarde envolvía sus jóvenes mejillas tornándose de un rojo atractivo y mostrando sus sonrisas de blancos dientes. Antes de darse cuenta habían caminado bien pasada le pensión de Anita. Se rieron y decidieron seguir caminando, parando solo para mirar los escaparates de las tiendas y contarse como fueron las fiestas navideñas de cada uno en su niñez.

Era Nochebuena. Anita terminó con su último estudiante temprano por la tarde, por lo cual tuvo tiempo, de alguna manera, para comprar algo para la familia Rodríguez, después tranquilamente esperó a que Félix la llamara y la recogiera para ir a casa de su familia. Había estado manteniendo su presupuesto de forma un poco estricta, de modo que le diera para poder comprar una bonita caja de bombones, como hizo con la familia de Joselito, la cual parecía que estaba bien. Habiendo comido con ellos, se sentía alimentada y llena de energía. Anita sentía que las cosas en su vida iban agradablemente. No podía explicarlo completamente, pero nadie se ocupaba de prepararlo. Ella estaba justamente disfrutando de cada momento. Las cartas que enviaba a casa parecían probarlo, especialmente la que escribió a Everett Vine. Incluyó en ella una de las fotos que se hizo en la calle. También le habló de un joven llamado Félix al que había conocido y de cuya compañía ella disfrutaba. Anita solo veía a Everett como un amigo que estaría interesado en lo que ella estaba haciendo. Nunca sabría que su corazón se había roto con esta carta. Él conservó esta foto hasta su muerte.

No pasó mucho tiempo desde que terminó de arreglarse, cuando oyó que golpeaban en su puerta y le decían que alguien estaba esperándola en el vestíbulo. Su boina estaba ya puesta, así que se puso el abrigo y cogió el bolso, poniéndose los guantes mientras bajaba las escaleras. Mirando abajo en el vestíbulo, se deshizo en sonrisas cuando vio a Félix paseando un poquito nervioso mientras la esperaba. Ella lo vio tan elegante con el sombrero en la mano, la bufanda alrededor de su cuello, envuelto en su abrigo largo.

Al oír pasos de alguien que bajaba la escalera, Félix se volvió y sonrió; fue hacia ella para saludarla y finalmente le ofreció un brazo para que ella se agarrara. Cuando lo hizo, dijeron adiós a su amigo y empujaron la puerta abriéndola al enérgico frío exterior. Félix preguntó si podrían caminar ya que realmente no tenían que ir muy lejos. Aceptando ella se apretó contra él con la excusa del frío.

Enseguida llegaron a casa de Félix y subieron las escaleras hasta el segundo piso, donde Aurora les recibió en la puerta. Les dio la bienvenida y abrazó ligeramente a Anita y le dio un beso afectuoso en cada mejilla, después abrazó a su hermano de manera similar. Cuando se estaban quitando los abrigos, Aurora les indicó que continuaran por el pasillo hasta el cuarto de sala donde se oía al resto de la familia.

Félix abrió la puerta que guardaba el calor de dentro e indicó a Anita que pasara primero, mientras sostenía su brazo para así presentarla a su familia. Ella se sentía un poco tímida al principio, al ver la habitación tan llena con toda la familia, pero volviéndose a Félix para su presentación, lentamente sintió su calor. Se dio cuanta de que esto era lo que ella había estado buscando. Al mismo tiempo se sentía viva e independiente, quizás incluso un poco enamorada de Félix y su familia.

El padre de Félix avanzó casi inmediatamente, Haci que su hijo pudo presentarle primero aunque ya se habían encontrado varias veces antes de las fiestas. Esta vez Anita vio un hombre elegante, alto y delgado que sonreía cálidamente y ella se dio cuenta rápidamente que el era el prototipo de un hombre con una riqueza familiar y satisfecho con su vida.

Después de acabar con las presentaciones, Vicente vino con su esposa Rosa, para hablar un poco mientras le enseñaba su nuevo bebé. Enseguida pudo ver que Luisito vivía regado de amor, muy mimado y hermoso.

Una vez hechas las preguntas sobre la familia de Anita, las cuales en su mayoría fueron respondidas por Félix, Luisa y Aurora llamaron a todos a la mesa para cenar. Don Eduardo mostró a Anita donde debía sentarse y Félix se sentó rápidamente a su lado antes de que su padre pudiera decir nada.

Félix le explicó lo que comían y quién lo había cocinado, así que cada hermana podía ser acreditada por su especialidad. Mientras tanto la familia charlaba y hacía preguntas a Anita mientras Félix estaba pendiente de recordarles que hablaran lentamente para que pudiera entenderles, y por favor, la dejaran comer. Todo el mundo rió, llenando la habitación de inconmensurable calor.

Después del postre, café y copa de jerez, para los que necesitaban arreglarse, Don Eduardo anunció que debían estar listos para la Misa del Gallo. Anita pensó que ella no debería ir, pero la familia insistió tanto que pensó que podría parecer grosera si no aceptaba. Así pues, salieron a una pequeña y adornada iglesia apenas a una manzana de allí. Al principio Anita estaba extrañada por la multitud de gente con niños pequeños que iban, desafiando el tiempo frío para acudir a misa. Aurora y Luisa estaban ahora a cada lado de ella cogiéndola de sus brazos y explicándole el ritual de colocar al Niño Jesús en su pesebre a medianoche. Félix quería explicarle todo pero se dio cuenta de que sus hermanas estaban disfrutando estando con ella y Anita estaba conquistada por su afecto y disfrutando cada momento de él. Ya llegaría su momento.

Anita estaba asombrada por las expresiones de fe de la gente, las voces del coro resonando en la nave de la iglesia, el silencio del coro de la congregación a la hora de que el sacerdote recitara la misma, y finalmente los sonidos felices, alegres, cuando el servicio terminó y la gente se disperso por la calle para irse a casa, satisfechos porque verdaderamente había llegado la Navidad.

Cuando salieron de la iglesia, la familia de Félix, todos besaron afectuosamente a Anita y le dieron las buenas noches, mientras Félix la cogía del brazo. Don Eduardo le pidió por favor que viniese mañana a comer, ya que la cena de hoy era solo una parte de las fiestas . . . . y Félix iría a buscarla. Félix que había estado mirando solo a Anita, rápidamente miró a su padre cuando dijo eso, como para decir: "!!!Desde luego, papá!!!"

Él le preguntó si no estaba demasiado cansada para caminar hasta la pensión, a lo que ella dijo que no. Se abotonaron sus abrigos, se tomaron del brazo y se apretaron uno contra el otro mientras caminaban y hablaban sobre el día.

Esta Navidad fue alegre para Anita. No fueron como el año anterior cuando su madre murió. Pero cuando se quedó sola en su habitación, con tiempo para pensar en todo lo que había ocurrido en solo un año, las lágrimas fluyeron y la soledad se deslizó Ella también pensó en la suerte que Félix tenía con su familia, él también tenía tristeza en su corazón por su madre que había muerto tan joven. En su mente podía ver la sonrisa valiosa de Don Eduardo y pensó que debía haber sido terrible cuando su esposa murió, aunque él sabía que todavía quedaba riqueza en su vida gracias a su familia. ¿Por qué su padre no podía haber sido así?

Al día siguiente fue igual, con Félix yendo a buscarla y caminando hasta su casa. La familia parecía feliz viendo de nuevo a Anita, con sus hermanas haciéndole preguntas sencillas y queriendo que ella se sintiera en casa y como una invitada especial al mismo tiempo. Ellos la llenaron de historias de su hermano cuando era pequeño, de lo guapo que se veía con su uniforme militar, de cuando deseaba ser químico aromático y de lo enamorado que estaba de ella. Con esto Anita sonrió con rubor y se preguntaba si se notaba lo mucho que ella estaba también enamorada con su presencia.

Después de la comida hubo más conversación, pero Anita se dio cuenta de que no había que entregar el regalo. Cautelosamente pidió que le explicasen las costumbres. La familia comenzó a explicarle que el 6 de Enero era el día de los Tres Reyes Magos y ese era el día para darse los regalos, especialmente a los niños. En vez de calcetines ponían zapatos, y si había carbón en ellos, era porque la persona no se había portado bien. No había árbol de Navidad, pero en cambio había representada una escena de la natividad (el Belén). No había coronas en las puertas ya que eso significaba muerte en la familia.

De nuevo la tarde pareció pasar muy rápidamente. Llegó el momento de despedirse y Félix caminó hacia su casa, esta vez más lentamente. Él ahora expresó su deseo de verse más a menudo y ella estuvo de acuerdo, pero le dijo que tenía que atender a sus clases particulares y a sus estudios, así que probablemente el único momento sería los fines de semana. A pesar de estar de acuerdo, Félix le preguntó si tendría tiempo durante las vacaciones de Navidad y por supuesto entre sus clases particulares. Él sugirió que podían ir juntos a pasear y podía enseñarle El Retiro, que era el parque de la ciudad. Eso le sonó bien a ella. Por supuesto Félix le sugirió que debería celebrar la Nochevieja con él en la Puerta del Sol, así podría ver como ellos decían adiós al Año Viejo y daban la bienvenida al Año Nuevo. Anita pensó que era una buena idea, así que ella estuvo de acuerdo en eso también. Por supuesto que también estaba el día de los Tres Reyes Magos el cual tenía que celebrarlo con su familia. Si ellos estaban de acuerdo, Anita también lo estaba. Oh, Félix le aseguró que estaría a gusto, entonces Anita se convenció de que todo estaría bien. Después de todo, pensó rápidamente, cuando estaba con él nada parecía molestarla. Hmmm, ¿estaba latiendo su corazón? Félix estaba seguro de que el suyo si.

CAPITULO ONCE

Serias Intenciones

Es el corazón
el que le lleva a uno a intenciones serias
si las intenciones serias son sinceras
entonces el corazón está allí para una vida de amor

Con las vacaciones de Navidad terminadas, las clases de Anita y Félix estaban en pleno apogeo y Anita seguía dando clases particulares. Permanecían juntos todo el tiempo libre que podían, o con los amigos de Félix por la tarde en la pensión hablando, jugando al parchéis, a los dados o bailando. A veces, paseando, Félix quizás hablaba de tomar una cerveza y un bocadillo justo por un duro, o de merendar con su familia. Parecían estar creciendo cada vez más en naturalidad el uno con el otro: Anita con Félix y su familia y Félix y su familia con Anita. Todas las veces que estaban juntos iban del brazo bajando la calle, o sentados muy cerca uno del otro en un café o en su casa. Estaban tan cómodos juntos compartiendo sus sueños.

Félix la animó a irse a un club al que él pertenecía, porque le daría la oportunidad de estar en contacto y tener amigos de buena posición, además una de las familias eran muy buenos amigos de Félix, él conocía a las dos hijas y pensó que ellas podían ser buenas amigas de Anita, así que ella se unió al club y enseguida llegó a ser buena amiga de la familia. Pronto ellos le preguntaron si le gustaría vivir con ellos en vez de vivir en una pensión. Tenían una preciosa casa en la mejor zona de la ciudad. El padre, el Señor Ordóñez, la apreciaba mucho, así que insistió en que podía usar su oficina para gestionar sus lecciones. Ella accedió y en un poco tiempo era tratada como una más de la familia. Tenía su propia habitación, amueblada modernamente y la gran casa parecía su hogar. Su habitación tenía la mejor cama en la que había dormido desde que dejó su hogar. Además de las dos chicas, había tres chicos. El mayor estaba casado y nunca estaba allí cuando estaba Anita. Pronto el señor y la señora Ordóñez la hicieron sentirse como uno de sus hijos. La señora Ordóñez no perdía de vista los anuncios de los periódicos buscando posibles alumnos para ella. El señor Ordóñez y sus hijas a menudo la invitaban al cine. Su padre era crítico de cine de películas españolas y traductor de subtítulos de películas americanas.

Transcurrió el invierno con Anita tomándose muy en serio sus clases particulares y sus estudios. Era 1935 y ella disfrutaba con la compañía de Félix, su familia y sus nuevos amigos. Como ella le escribió a su hermano Raymond, se sentía más feliz que nunca desde que estaba en el extranjero. Hasta ahora estaba acostumbrada a la incertidumbre de vivir con los obstáculos de la vida, los cuales antes, debido a su falta de experiencia, parecían tan difíciles de superar. No había que hacer ahora más que vivir y darse cuenta de que la vida es solo más interesante a causa de esos obstáculos. Ella encontró alumnos cuando era muy difícil para otros encontrarlos, era capaz de arreglárselas con lo suficiente y sentirse bien consigo misma. Así contenta con su nuevo desafió y sus nuevos amigos, estaba seriamente dispuesta a permanecer en Madrid y ver que podía traerle la vida.

Se acercaba el final de año escolar, en junio, sus deseos se convirtieron en realidad cuando Félix le preguntó si quería casarse con él. Sin pensarlo un segundo Anita dijo que si. Con eso, Félix la llevó a su casa y anunció a la familia que Anita era ahora su novia. Todo el mundo se alegró y Don Eduardo le dio la bienvenida a la familia, una familia de la que ella sabía que iba a gozar y que sería feliz siendo parte de ella. Félix comenzó a anunciar a sus amigos con orgullo que eran novios. Tenía un amigo en particular que era vecino y que le trataba como a un hijo, cuyo nombre era Antonio Cuyas, que había sido embajador de España en 1910. En sus visitas ocasionales a su casa, Anita se enteró también de que él había sido el autor del diccionario más completo Español-Inglés y lo sigue siendo incluso hoy. Él más tarde la presentó a varias familias adineradas que necesitaban ayuda para traducir al inglés y con clases particulares.

Una familia en particular vivía en una mansión en las afueras de Madrid. Ellos tenían cinco hijos y todos disfrutaban cazando conejos y aves de caza en sus extensas tierras. El señor Cuyas la presentó a ellos porque estaban buscando alguien que pudiera enseñar a uno de sus hijos inglés. Este hijo en particular era ciego debido a un accidente de caza. Los hermanos estaban siempre con él. Anita supo después por que; uno de ellos le disparo en su campo de tiro, y en la excitación de la caza, no se dio cuenta hasta que fue demasiado tarde. Ninguno de los hermanos le dijo cual de ellos disparó dejándole ciego, por el contrario siempre estaban cuidando de él. Parecía que el inglés era una de las cosas que él siempre había querido aprender.

A Anita le gustó la familia y les dijo que podría conseguir algún tipo de programa para aprenderlo. Inmediatamente fue de nuevo a pedir ayuda al señor Cuyas para preguntarle si sabía de alguna escuela para ciegos que pudieran enseñar inglés. Le sugirió escribir al Instituto Nacional para ciegos de Londres. Ella lo hizo y recibió una lista de los internados que existían por toda Inglaterra. Eso no era lo que la familia quería. Ellos no querían separarse de su hermano, de modo que Anita encontró una escuela en Madrid en la que enseñaban Braille. Esto lo convenía a la familia, pero Anita tendría que aprender Braille también si quería enseñarle inglés. Ellos querían también que les tradujera revistas como *Look* y *Life* para que su hermano y la familia se distrajeran. Pacientemente ella empezó a aprender Braille y compró el instrumento para imprimir sus traducciones de las revistas y las lecciones para el hijo ciego en papel especial. Le gustaba el trabajo porque la familia era amable y sinceramente atenta con su hermano, algo que a ella le gustaba siempre ver en la vida familiar. Eran generosos pagándole sus servicios. Con estos ingresos extra podía ahora comenzar a ahorrar dinero para ir amueblando el pequeño apartamento que Félix y ella estaban planeando alquilar.

Las cosas estaban empezando ahora a ir bien para su vida juntos. Félix había terminado la universidad a finales de la primavera y tenia un pequeño sueldo representando los negocios de su padre. Él pensaba que posiblemente haciendo esto, podría hacer contactos para establecerse como químico en perfumería como él soñaba siempre.

A finales de la primavera de 1935 la situación política empeoraba en toda España. Anita continuaba escribiendo a casa, a su tía, hermana, hermanos y a Everett contándoles lo que veía de primera mano. Agradecía a su tía los paquetes especiales que le mandaba, pero le dijo que los abrían y robaban de modo que no era buena idea enviar nada más que una carta. En una carta a su hermano Bob, le agradeció a él y a su esposa que le mandaran un poco de dinero. Estaba muy agradecida y les contó cuanto había sido capaz de estirarlo. Les habló de sus planes de casarse con Félix y con que cariño la estaba tratando su familia.

La boda fue una ceremonia civil, ya que no era necesaria una boda religiosa para probar que estaban casados. La verdad era que ninguno tenía mucho para salir adelante, pero de alguna manera, con las clases particulares que Anita tenía y el pequeño trabajo que el padre de Félix pudo conseguirle, sentían que podrían mantenerse. Lo importante es que se querían mucho y ambos estaban felices como nunca antes.

Mientras tanto Félix, ahorrando todo lo que podía, compró unos sencillos anillos de oro. La fecha fue fijada para el viernes 14 de Julio y Don Eduardo, Aurora, Victoria y Adolfo fueron los testigos de la ceremonia civil. Eduardo, Luisa, Rosa y Vicente, estaban en la casa después para la merienda. Después de eso los dos recién casados planearon escaparse y tranquilamente pasar su luna de miel en su acogedor apartamento durante algunos días antes de acudir de nuevo a su horario de trabajo.

El ritmo del día cambiaria ahora. Félix había completado sus estudios y su servicio militar. Su padre intentaba hacer contactos para él en la industria de la perfumería para que consiguiera ejercer su carrera. Félix también ayudaba a su padre con sus negocios al mismo tiempo. Mientras tanto Anita decidió parar sus estudios y concentrarse en obtener tanto dinero como le fuera posible de sus clases y traducciones.

Justo antes de que la ceremonia civil tuviera lugar, Anita había ido a la embajada americana para comunicarles su cambio de estado y su nueva dirección. Mientras tanto, el gobierno español le explicó que ella podía ser ciudadana española después de casarse con Félix. Ella estuvo de acuerdo de serlo, con la condición de no perder su ciudadanía americana. Ambos gobiernos estuvieron de acuerdo en que ella tuviera ambas nacionalidades. Anita se sentía honrada, única y que todo a su alrededor iba bien. Su dirección ahora estaba clara y sus intenciones eran seguir adelante con una actitud positiva. Ambos creían que sus corazones latían al unísono y eso sería el toque de tambor para marchar a cualquier sitio que quisieran, aunque no estuvieran seguros de lo que vendría. No tenían ni idea de como eso iba a ser probado una y otra vez a través de sus vidas juntos.

CAPITULO DOCE

Nuevos Desafíos de la Vida Comienzan

Respeta siempre los desafíos de la vida
y no temas
danzar con su ritmo

Después de que comenzara la merienda de celebración en casa de Félix, la familia les hizo un regalo de boda en el que habían colaborado todos. Las cosas eran difíciles de obtener en cualquier lugar, y el dinero estaba comenzando a escasear. Después de que todos pusieran lo que tenían, vieron que podían comprar algo especial, que fue un reloj de pared con carillón dentro de una caja preciosa de madera tallada y cristal. Además, con gran orgullo, Vicente se presentó con dos de sus acuarelas, cuyos temas eran escenas de la vida de dos pueblos españoles hace doscientos años. Uno había recibido el primer premio en arte de la Feria Mundial de Barcelona de 1932. Félix y Anita pensaron que sus regalos eran preciosos, pero que sería mejor recogerlos cuando volvieran de su luna de miel. Ellos habían decidido antes que no se lo dirían a la familia, que iban a permanecer unos cuantos días de luna de miel, privadamente en su nuevo pequeño apartamento. Era viernes, así que tenían el fin de semana por delante para disfrutar juntos.

Eran como una pareja de niños sin cuidado en el mundo durante unos pocos días. Gozaron del lujo de desayunar en la cama y de fundirse cariñosamente el uno con el otro. Anita disfrutaba ocupándose ella misma de hacer las cosas bien, pulcras y limpias. Decoró las paredes enmarcando cuadros procedentes de diferentes almacenes. Félix se relajaba leyendo el periódico o haciendo planes para se futuro inmediato. Por las tardes paseaban por los alrededores, los cuales eran un nuevo desarrollo de apartamentos en las afueras de la ciudad, cerca de la universidad. Anita estaba tratando de mejorar para llegar a ser mejor cocinera y aprender a cocinar al estilo español. Félix le ayudaba un poco con la promesa de que ella no le dijera a nadie que él estaba en la cocina haciendo trabajos de mujeres. ¡Eso no era una cosa que un hombre debiera hacer! Anita le dijo que siempre que él le pidiera que le prometiera algo, le diría que no a menos que él le diera un beso.

Así pasaron su tiempo: riendo, abrazándose y amándose. Antes de darse cuenta, el tiempo había pasado y la rutina comenzaba de nuevo. Para Anita cada día parecía ser una nueva aventura en la cocina cuando llegaba a casa después de las clases. Siempre que paraban en casa de la familia de Félix, o en *Belén 11*, como ellos decían, Anita siempre estaba preguntando a sus cuñadas como cocinar cosas sencillas que ellas supieran que le gustaban a Félix. Ella les explicó que la cocina que ella aprendió en su casa era simple y suave, nada comparado con la cocina española. Así que con gran orgullo y con la buena voluntad de admitirla en la familia, cada cuñada le enseñaba su especialidad de vez en cuando. Ella comprendía el amor y la confianza que le mostraron, ya que tradicionalmente cada mujer tenía su especialidad y normalmente se la enseñaría a sus hijas. Lo que se diría *uno de los secretos familiares*.

Félix se mantenía ocupado ganando lo que podía con los asuntos de su padre y mientras también tratando de hacer contactos para comenzar con su propio negocio de perfumes. Un día su padre le envió al norte de España para representarle en sus negocios. Iría por un par de semanas, así que la familia le pidió a Anita que por favor viniera a merendar después de sus clases. Ella dijo que iría cuando las clases fueran en el centro de Madrid, si no, ella iría derecha a su casa para ocuparse de las traducciones de Braille o preparar sus lecciones.

Las cosas parecían felices y tan normales como se podía esperar, especialmente en una ciudad en la que comenzaba a crecer la tensión con los problemas políticos brotando por el norte y extendiéndose por todo el país.

Habían pasado dos semanas y la familia recibió la noticia de que Félix tenía que permanecer allí más tiempo, quizás dos semanas más. Tenía que terminar con algunas perspectivas positivas para los negocios. Anita lo echaba de menos, pero comprendía que él tenia suerte por tener cualquier negocio y debía animarle.

Mientras tanto ella trabajaba más y más y no iba a menudo a ver la familia. Sus comidas eran rápidas y fáciles de hacer y ella calculó que necesitaría práctica. Las comidas eran huevos y jamón, su viejo seguro recurso, o tortillas españolas, que era la primera cosa que toda mujer española aprende a cocinar. Una tortilla española está hecha solo con huevos, patatas y cebollas. Eso significaba que estaba comiendo huevos tres veces al día, todos los días. Ella pensó que lo estaba haciendo bien. Primero, porque podía encontrar esas cosas incluso con la escasez de alimentos que empezaba a haber, y en segundo lugar, porque era económico. La única cosa era que ella estaba comenzando a enfermarse y no se ocupaba de sí misma.

Después de una semana sin tener noticias de Anita, la familia se preguntaba si estaría todo bien, de modo que Aurora y Adolfo decidieron ir a visitarla. Fue una buena cosa. Después de llamar y llamar a la puerta durante un rato, un vecino bajó al descansillo y les dijo que no había visto salir a su vecina desde hacía varios días. Preocupados fueron al administrador del apartamento y le preguntaron si podía ayudarles a abrir la puerta para ver si ella estaba allí y todo estaba correcto.

Después de muchas explicaciones sobre quienes eran ellos y de que comprobara que Anita no había recogido el correo durante varios días estuvo de acuerdo. Después de abrir la puerta, Aurora fue la primera en llamar a Anita cuando caminaba a través del ordenado apartamento de un dormitorio. Viendo la puerta del dormitorio entornada, ella y Adolfo se acercaron y vieron lo que parecía ser un bulto tapado en la cama con lo que parecía ser un brazo oscuro estirado colgando por un lado de la cama. El administrador estaba un poco asustado, así como los cuñados. Adolfo entonces empujó rápidamente le puerta y vio a Anita muy amarilla que estaba en coma. Adolfo era estudiante de medicina y podía reconocer la ictericia y el estado agudo en el que Anita se encontraba. Inmediatamente ordenó al administrador que llamase a un médico. Mientras el tomaba el pulso, Aurora fue al otro lado de la cama llamando a Anita. "Anita, Anita, despierta", dijo ella, pero no hubo repuesta.

El médico vino en un tiempo razonable y declaró que ella moriría de ictericia pronto, y dio instrucciones a la familia para que contactaran a su marido y que preparan todo para una muerte próxima. Sacudidos por la noticia, Aurora y Adolfo dijeron que así lo harían, pero que la cuidarían de día y de noche según las instrucciones del doctor.

Adolfo se ocupó de todas las diligencias yendo y viniendo del hospital, con las muestras de orina y sangre, y para conseguir todo lo necesario para una alimentación intravenosa. Mientras tanto Aurora la cuidaba constantemente dándole masajes en los brazos y piernas, para que los líquidos se movieran por su cuerpo, previniendo la hinchazón, lavándola para mantenerla limpia y para liberarla de la infección según las instrucciones del doctor.

Cuando el médico se enteró de que era americana, mandó a la familia a la embajada, para que notificasen lo que estaba ocurriendo y preguntar cual era el procedimiento que debía seguirse con los restos.

Don Eduardo consiguió contactar a Félix y le dijo lo que

había sucedido y que volviera a casa rápidamente; después fueron a la embajada para darles noticias de lo que estaba ocurriendo. Vinieron poco tiempo después a casa para medirla y mandar un ataúd a casa y luego se pusieron en contacto con su tía.

Con todo el amor y cuidado, Anita lentamente fue reviviendo, con Aurora hablándole constantemente si veía algún signo de cambio. Anita, finalmente salió completa—mente de su coma cuando llegó Félix. Él, inclinándose sobre ella, la cogió en sus brazos y la levantó lentamente susurrándole palabras de amor, rogándole que volviese a él. Despertando lentamente y no reconociendo que era Félix, todo lo que ella murmuraba era "déjame en paz Aurora, déjame en paz." Con esto Félix, su hermano y su hermana comenzaron a reír entre lágrimas de alegría. "Mi Anita bonita estará bien," dijo él meciéndola en sus brazos mientras permanecía a su lado en la cama. Dándose cuenta de quién la sostenía, ella murmuró, "Félix mío, Félix mío."

Aurora y Adolfo iban regularmente cada día para cocinar, limpiar y ayudar a Félix con Anita. Don Eduardo, felizmente, fue a la embajada a decirles que todo estaba mejor y que ella no necesitaría un ataúd después de todo y también que ¡ella estaría permanentemente en Madrid con su familia española!

Los médicos estaban extrañados de su recuperación, más aún cuando descubrieron que estaba embarazada. Desde luego, la familia daba saltos de alegría y Aurora estaba incluso más atenta que nunca. Anita también estaba nerviosa y se daba cuenta que tenía dos cosas que agradecer: su "Félixmío" y ahora su primer hijo.

Todo el mundo parecía feliz con la excitación del bebé en camino. Desafortunadamente las cosas no estaban bien en Madrid, o realmente en ninguna parte de España. La economía estaba empeorando y las Cortes estaban demostrando ser débiles e indecisas. Esto causaba un problema constante en cualquier simple necesidad diaria que pudieras tener. Caminar por la ciudad resultaba peligroso, y un gran malestar se acumulaba definitivamente.

Belén 11 tenía ahora menos bocas que alimentar. Eduardo fue llamado de nuevo al servicio militar y Juan se había ido él solo y se había casado más adelante. Pepe estaba en el norte de España y se casó con una mujer vasca de San Sebastian, llamada Ángela Garmendia, de modo que solo quedaba en casa Don Eduardo, Luisa, Aurora, Victoria y Adolfo.

Los negocios eran pocos o casi inexistentes para Don Eduardo. Era recomendable no viajar a causa de las diferentes manifestaciones y disturbios que aparecían por toda España. Por lo tanto, Félix no tenía mucho que hacer excepto tratar de encontrar algo que llevar a casa y eso estaba llegando a ser imposible.

Cuando Anita estuvo fuerte, intentó volver a conseguir tantos alumnos como le fuera posible, pero eso comenzaba a declinar. Mucho tenía que ver con la economía incierta y el clima político, también. Los que podían y deseaban sus servicios eran ricos y considerados clase alta o media alta. Los ricos se situaban generalmente en el lado Nacional, el cual estaba constituido por diferentes partidos o fuerzas que representaban la España conservadora. La clase trabajadora se situó del lado del Frente Popular, el cual comenzó a organizarse en sindicatos, que se fueron haciendo fuertes y ganando popularidad y voz en el gobierno y se unieron al bando republicano. Puesto que Madrid comenzaba a dar signos de que los nacionales estaban perdiendo fuerza, y los republicanos estaban haciéndose más fuertes, los conservadores ricos se retiraron de los Cortes o dejaron España para siempre.

Además de esto, el transporte público no era seguro, lo que se sumaba al estrés de la vida diaria. También había más demostraciones de desorganización ocurriendo en la ciudad. Don Eduardo, por la seguridad de Félix y Anita insistió en que vinieran a la casa de Belén 11. Al principio ellos no querían pero después de las elecciones de febrero de 1936, vieron que había más y más inseguridad donde ellos estaban, así que estuvieron de acuerdo en ir a la casa de Belen11 hasta que la guerra terminara.

Como las cosas llegaron a ponerse más reñidas en Madrid y claro está que en todo el país, la embajada Americana notificó a todos los ciudadanos americanos que vinieran a las oficinas del Consulado para obtener una banda para ponerse en el brazo que proclamara que ellos eran americanos. Deberían usarla siempre que salieran a la calle y especialmente cuando estuvieran haciendo cola para conseguir alimentos. Pretendía ser una medida de seguridad.

Era ahora mediado de Julio de 1936 y el bebé de Anita podía nacer en cualquier momento. Madrid estaba en su habitual verano caluroso. Todo el mundo estaba con los nervios de punta cualquiera que fuesen sus inclinaciones políticas. Había huelgas de los sindicados, manifestaciones de los diferentes partidos políticos compitiendo en importancia y a veces disparos fortuitos. Había definitivamente miedo a que algo grande estallara convirtiéndose en algo feo, lo que ya estaba comenzando a pasar por la mayor parte del norte y sur de España. Los comunicados de radio comunicaban que las cosas estaban bien, pero poco después llegaron los anuncios de una simple rebelión.

19 y 20 de Julio, cincuenta iglesias fueron quemadas en Madrid durante la noche. Los partidos de la clase trabajadora habían tomado el control. En la mañana del 20 de Julio, una asamblea multitudinaria en la Plaza de España gritaba "muerte al fascismo" y "todos a favor de la República." La Guardia Civil de Madrid fue confinada en sus cuarteles al mismo tiempo. La victoria de esta sublevación y otras por toda España por los trabajadores, marcaron un día de triunfo y el comienzo de la Revolución. Multitudes de gente se reunieron en la Puerta del Sol, llevando retratos de Lenin. En la noche del 20 de Julio comenzaron los asesinatos por parte de los milicianos, preparados para actuar. En este momento unos diez mil militares estaban reunidos en la ciudad dispuestos para la batalla.

Por la culpa de esos residentes en la ciudad, que no tenían lealtad política a ningún partido, la vida no era agradable. Primero, todo hombre joven que no llevara uniforme de una clase u otra, debía permanecer sin salir o se arriesgaba a ser detenido y llevado a una *checa* (local utilizado por la policía política, según el modelo del régimen soviético), en Madrid por las llamadas *patrullas del amanecer*, debido a las horas en las que actuaba; la *patrulla* era conocida por llevar a cabo las peores torturas.

Segundo, la escasez de alimentos estaba por todas partes de la ciudad. Las colas parecían ser cada vez más largas para cada vez menos artículos y menos lugares donde conseguirlos. Algunas veces, tiradores emboscados disparaban a la gente mientras esperaban en colas por tiempo interminable.

Cuando Anita no podía ir muy lejos y permanecer en la cola para conseguir comida y lo necesario, mandaba a Aurora y Victoria a hacer turnos llevando su brazalete. Ellas no tenían que hablar con nadie en la cola, ni con la persona que les entregaba las cosas, era suficiente un gesto y hablar entre dientes si era necesario; de esta manera nadie las molestaría y podían estar en diferentes colas y posiblemente conseguir más para la familia. Ya que la comida repartida procedía de los comunistas rusos que estaban ahora controlando Madrid, con la excusa de ayudar a la República, era improbable que les preguntaran algo en inglés o español. Por entonces se sabía que los americanos estaban a favor de la República, así que no les preguntarían nada.

El lunes 27 de Julio de 1936, temprano por la mañana, Anita anunció que tenía que ir al hospital rápidamente; el bebé venía. Aurora insistía en que tuviese el bebé en casa; ella podría ayudarla a dar a luz y sería más seguro para todos si permanecían en casa. Ella había aprendido recientemente como hacerlo mientras practicaba en el hospital, siempre había querido ser enfermera, de modo que su hermano Adolfo la había metido en el hospital para hacer prácticas como enfermera mientras él estaba haciéndolas para ser ayudante de médico. Adolfo estaba estudiando medicina cuando la guerra estalló y ahora tenía que contentarse con ser ayudante de médico para poder permanecer en el campo que había elegido.

De cualquier manera, con la insistencia de Anita, don Eduardo salió a toda prisa para traer un taxi mientras Félix y Aurora preparaban a Anita y metían en una pequeña maleta marrón, las cosas que el doctor le había dicho que llevara. Victoria nerviosa pero callada, estaba mirando por la ventana para ver la señal de su padre de que el taxi estaba allí. La señal llegó y Victoria fue rápidamente hacía ellos exclamando que se diesen prisa. Luisa estaba de pie preparada para ayudar en lo que pudiera, mientras Félix ayudaba a Anita a bajar los dos pisos de escaleras. El taxista estaba ansioso por partir. Anita fue instalada rápidamente en el taxi y Félix la siguió, sin dejar de agarrarla de la mano y del brazo. Don Eduardo ayudó con la maleta y cerró la puerta diciéndole al conductor donde tenía que ir.

Como el taxi salió a toda velocidad, Félix sostuvo a Anita de la mejor manera que pudo y trató de calmarla mientras pensaba en el modo de que estuviera cómoda. En poco tiempo, el conductor anunció que estaba preocupado por lo que había alrededor, así que sacó un revolver de su pistolera de entre sus piernas enfrente de su asiento y comenzó a disparar por la ventana a los francotiradores.

Tan pronto como Félix salió de la casa, Aurora estaba al teléfono tratando de localizar a Adolfo, el cual estaba en el hospital trabajando, para decirle que Anita estaba en camino, con Félix, para tener el bebé. El plan de Aurora era que él se reuniera con ellos y que si podía protegiera a su hermano, con el fin de que nadie

Le preguntara por qué no llevaba uniforme, mientras permanecía allí en el hospital esperando a que naciera el niño.

En un tiempo relativamente corto, llegaron a hospital donde Félix vio a su hermano esperándole. Cuando el taxi paró, Félix cuidadosamente bajó a Anita y se la paso a Adolfo mientras pagaba al taxista. Despúes rápidamente marchó adelante con su hermano y su esposa y la pequeña maleta de cuero marón en su mano. Una vez atravesadas las puertas del hospital, unas monjas, que era normal que estuviesen entre el personal, vinieron a ayudarles y cogieron a Anita para prepararla para el parto. Mientras tanto Adolfo acompañó a Félix a hacer el papeleo para el nacimiento del bebé y la semana de estancia de Anita en el hospital. Adolfo permaneció con él hasta que lo hizo y depuse le llevó donde estaban los padres que esperaban noticias sobre el nacimiento de los bebés. Adolfo le dijo a Félix que debía irse a trabajar pero que volvería en cuanto pudiera, para ver como iban marchando las cosas.

Unas horas más tarde, con medio paquete de cigarrillos consumidos, una monja se acercó a Félix para anunciarle que era el orgulloso padre de un chiquitín perfecto, con la cabeza llena de rizos rojo-marrones. Y, él podría ver a su esposa; ella estaba bien.

CAPITULO TRECE

**Prueba de Nervios, Amor
y Fuerza Interior**

Belén 11 estaba ahora en momentos felices, aunque difíciles. Al principio cuando Anita y el bebé llegaron a casa, había relativa calma en las batallas del lado norte y en las sierras Madrid. Las embajadas extranjeras en Madrid acogieron a varios miles de españoles de las clases alta y media alta. Las clases particulares habían cesado para Anita algunos meses antes, y la señora Washburn no estaba mucho tiempo en la embajada. Solo se contactaba con el señor Cuyas, el cual todavía vivía en la calle más abajo de ellos. Lentamente fue perdiendo contacto con el resto de sus amigos ricos a causa de la situación creada por el control republicano de Madrid. Eran tiempos insalubres para los ricos que no eran socialistas o comunistas. Ellos y sus familias eran generalmente asesinados y sus bienes tomados por la milicia campesina.

Al niño le pusieron un nombre justo antes de salir del hospital. Era Edward y Eduardito desde el momento en que llegó a casa. Se llamaba como sus dos abuelos, por eso es que se escribió en inglés en el certificado de nacimiento pero se decía en español: Eduardo o Eduardito en lugar de Edward. Anita también quiso que su suegro estuviera feliz y orgulloso de ella y de su nuevo nieto.

Debido a que Anita no tenía una dieta equilibrada, no pudo amamantar a su bebé. Con esa situación y a causa de que cada vez era más difícil encontrar cualquier clase de leche o comida, el bebé comenzó a estar mal nutrido. Don Eduardo caminaba por las calles y hacía colas día tras día, así como Aurora y Victoria. Luisa no lo seguía por miedo a tener un ataque epiléptico, así que ella permanecía en casa y ayudaba a Anita con el bebé y en los quehaceres domésticos. Adolfo podía salir de casa ya que estaba trabajando en el hospital, pero no era prudente que Félix lo hiciera, por miedo a ser llevado a la prisión política o forzado a unirse al ejército republicano, por el cual él no sentía ninguna inclinación.

Cuando Anita consiguió estar más fuerte, también contribuía a hacer colas con su brazalete americano, así podría posiblemente conseguir más para la despensa familiar. Una cola en la que permanecía regularmente era la del tabaco. Ella traía a casa y enrollaba los cigarrillos en papel de periódico para los hombres, así ellos podía *calmar sus nervios*. No importaba que los acontecimientos estuvieran estropeando todavía más a los hombres con tanto amor y preocupación.

El sindicato UGT (unión general de los trabajadores), era el responsable del suministro de alimentos y de los servicios esenciales, más tarde, llegarían a depender de los rusos para el suministro de alimentos. La escasez de comida fue debida realmente a la pérdida por parte de la Republica de la región de Castilla y por ser enviados al frente, para la milicia el resto de los alimentos.

A finales de Agosto, los Nacionales efectuaron ataques aéreos a Madrid. Desde finales de Octubre, el bombardeo pesado de Madrid comenzó. Eran siempre de noche. Cuando las sirenas que anunciaban un ataque aéreo sonaban, todos lo que vivían en Belén 11, recogían algunas cosas y corriendo escaleras abajo, iban hasta el sótano, donde tratarían de dormir durante la noche entre sus vecinos. Con el primer sonido de las sirenas, Aurora iría a través del piso diciendo a todos que fueran escaleras abajo. Varias veces Félix y Anita ignoraron su llamada porque ellos decidieron que justo permanecían en la cama, en un esfuerzo por olvidar su hambre y porque el bebé finalmente se había dormido, rendido después de haber estado llorando porque tenía hambre. Si Aurora no los oía moverse, entraría dentro y recogería al niño, llevándoselo con ella al sótano, diciendo por encima de sus hombros que se apresuraran y fueran al sótano, aunque solo fuera por la seguridad del bebé.

Anita observaba que cuando estaban en el sótano con sus vecinos, tu podías ver quienes eran los que ayudaban y los confiados y quienes eran los miedosos y egoístas. Por ejemplo, había un vecino en el primer piso que tenía algunas mantas orientales, que llevó hasta el sótano al comienzo de los ataques aéreos. Él las dejó en el sótano, pero dijo a todo el mundo que no las tacaran, que eran solo para él. Por la noche se envolvía en ellas y después se quedaba temblando y lloriqueando de miedo en una esquina cuando las bombas comenzaban a caer. Otros vecinos ayudaban a hacer un sitio a Félix y Anita con el bebé para que pudieran tenerle algo cómodo. La verdad, todo el mundo estaba con los nervios de punta, pero siempre son estas pequeñas cosas las que muestran, en momentos come estos, como eres realmente, pensaba Anita.

El principio de Septiembre trajo la derrota del gobierno de España. Los Nacionales comenzaron a llamar *rojos* a los republicanos. Los suministros de comida eran escasos, pero por Octubre o Noviembre, los militares rusos y la ayuda alimenticia a la República, comenzaron a llegar con más regularidad. A finales de Octubre, el sonido de las batallas en las afueras de la ciudad, podía oírse dentro de Madrid. El presidente del Gabinete en Madrid huyó a Barcelona sin comunicárselo a su Gabinete. El resto del Gobierno decidió irse a primeros de Noviembre, porque decían que la administración no podía continuar en una zona de guerra. Se llamó a un general para que tomase el mando. Esto, dio la salida al Partido Comunista para tomar ventaja en el sistema político, ajustándolo a la manera de un gobierno al estilo soviético. La milicia se organizó mejor y se entrenó. Una de las primeras cosas que se ordenó fue hacer salir a los prisioneros políticos de la ciudad.

A principios de Noviembre, se libraron batallas para conquistar Madrid, comenzando por el oeste de la ciudad. Don Eduardo había estado saliendo a pie durante el día largas jornadas para explorar las alrededores, buscando cualquier comida que pudiera encontrar. Pensó que estaría seguro porque le verían como un hombre de pelo gris, viejo e inútil. Algunas veces volvía a casa con garbanzos e incluso una vez con naranjas, pero ahora no era del todo seguro, así que la familia se puso en cualquier cola donde oían que estaba disponible, a cualquier hora del día o de la noche, para conseguir algo.

Eduardito iba creciendo lentamente y su médico le ayudaba cuando sabía de alguna medicina o leche en lata que estuviera disponible y donde ir por ella.

Un domingo luminoso a finales de verano, les pareció a Félix y Anita que podía ser seguro dar un pequeño paseo para que Félix pudiera estirarse un poco. Ya que todo parecía tranquilo en la ciudad por el momento, dejaron al bebé en su cuna durmiendo en el mirador, al cuidado de sus tías.

A las hermanas les encantaba cuidarle, así que salieron con todo arreglado, por media hora o una hora más o menos. Dieron la vuelta a la esquina y cuando estaban a dos bloques mas o menos de casa, ocurrió un inesperado ataque aéreo diurno. Se refugiaron en un profundo portal de un edificio cercano. Después de salir, de camino a casa, encontraron a un vecino que estaba llorando, diciendo que Belén había sido alcanzada y que no volviesen. Se apresuraron todo lo que pudieron y vieron humo y escombros todo alrededor. En el momento en que alcanzaron su bloque, un pelotón especial para bombas del departamento de bomberos salía de enfrente de su edificio. Cuando subieron las escaleras, Victoria les recibió, Aurora vino al vestíbulo con el bebé llorando en sus brazos, tratando de calmarlo. Todos se reunieron alrededor, mientras Anita cogía al bebé tranquilamente de los brazos de Aurora. Mientras tanto, cada uno comenzó a contar su versión de cómo una bomba cayó en el mirador, pero no estalló y el bebé no se despertó. Cuando llegaron los bomberos causaron tal conmoción desactivándola, que fue entonces cuando el niño se despertó, protestando por el ruido. Anita cogió a su bebé cerca de ella y lloró encima de su mantilla con alivio mientras Félix sostenía a ambos firmemente y dejaba caer sus lágrimas mientas besaba a Anita una y otra vez encima de su cabeza. Estuvieron de acuerdo en que nunca más volverían a hacerlo.

Las primeras unidades de las brigadas internacionales marcharon hacia el interior de Madrid la primera semana de Noviembre de 1936. Las tres brigadas que vinieron fueron reunidas en la Casa de Campo. En la tarde brumosa de día nueve, llevaron adelante un ataque que duró hasta la semana siguiente, terminando con la tercera parte, aproximadamente, de la brigada, de la muerte.

Los bombardeos comenzaban a aumentar en Madrid. Bombas incendiarias se usaban para crear pánico. La familia permanecía en casa con las persianas de las ventanas firmemente cerradas, sin saber que podría ocurrir después. Por la noche, cuando los bombardeos eran más intensos, permanecían en el sótano con sus vecinos. El invierno se acercaba y comenzaba a hacer un severo frío por las noches. Como no hacía calor en el sótano, ellos se envolvían en tantas capas de lana como podían. Madrid es conocido por sus gélidos inviernos. Durante el día cuando podían estar en los pisos, tenían un brasero. Esta era su única fuente de calor, lo colocaban en la chimenea de la habitación del frente por donde podían extraer los humos. La puerta de la habitación se mantenía cerrada, así ellos podían permanecer calientes y hacer cosas juntos como coser, leer y escuchar las noticias por la radio.

Entonces fue cuando Anita aprendió realmente a coser. Lo que más le gustaba era arreglar la ropa, y aplico las lecciones prácticas que le dio su tía Lena. A sus cuñadas no les gustaba, así que ella se sintió la más útil haciendo todos los arreglos y zurciendo calcetines. Tradicionalmente cada muchacha en una casa tiene su especialidad con la que contribuye al círculo familiar. Anita encontró la suya, haciéndola sentirse aún más una parte de la familia.

Cuando oían hablar de sitios donde podía haber colas para conseguir comida, cada uno cogía su turno en cualquier cola a través de la ciudad. Cualquier cosa que pudieran traer a casa era siempre una alegría. Si había bastante carbón para cocinar, entonces la merienda era como el día de Gracia. Incluso con todas las dificultades, ellos salían adelante. Anita estaba feliz porque tenía a su alrededor la única cosa que había deseado toda su vida: amor sincero de la familia con apenas algunos brotes de disputas que después terminaban siempre en risas.

El tiempo pasaba y también la guerra. Todo el mundo en Belén 11 intentaba levantar su ánimo, y el bebé era ciertamente una ayuda para ello. Estaban también constantemente buscando noticias de su hermano Eduardo que estaba en el ejército de los nacionales y de su hermano Pepe que estaba involucrado en el lado republicano.

Además de las preocupaciones de los miembros de la familia, había un joven del que Victoria se había enamorado y que había sido llevado a una pasión política con dos de sus hermanos, muy al principio de la guerra. Ellos vivían todos juntos con sus dos hermanas en un piso del centro de Madrid, cuando fueron sacados a la fuerza de su casa. Algunos colegios se habían convertido en prisiones, y los tres fueron llevados a un colegio llamado San Antón, en la calle Farmacia.

Lo interesante de la historia está en dos partes. Primera, el papel que Anita y Eduardito jugaron para ayudar a Victoria, para que pudiera visitar a su novio, Bonifacio Estévez o Boni. Al principio Victoria fue acompañada de Aurora a visitarle, y estaba permitido verle ciertos días a ciertas horas. Pero con el tiempo cambiaron las normas, porque había mucha gente que iba a ver a sus seres queridos. La nueva regla fue que solo la esposa podía verle. Cuando Victoria volvió a casa hecha un mar de lágrimas, Félix y Anita decidieron ayudarla permitiendo a Victoria llevar el anillo de casada de Anita a la prisión. Funcionó, pero al poco tiempo las reglas cambiaron otra vez, y la nueva regla decía que solo mujeres con niños podían entrar. De nuevo Félix y Anita se pusieron a pensar juntos y acordaron que Eduardito fuera a la prisión con Victoria. Después de esto, en la prisión decidieron dejar salir a algunos hombres, por cualquier razón que se les ocurriera. Ahora es cuando la segunda parte entra en juego.

Boni había conseguido conocer a los guardias a lo largo del tiempo, y con su sentido del humor y su jovialidad, se los había ganado. Generalmente la única manera de que te dejasen salir vivo, era si tu les convencías de que ibas a alistarte en el ejercito republicano, de otra manera ellos normalmente te fusilaban. Boni era inteligente, pensó y les convenció de que deberían dejarle ir por las buenas, para hacer *lo que debía hacer.* Los guardias se convencieron y Boni consiguió que los tres salieran de la prisión y se marcharan a *hacer lo que debían hacer.* Ellos inmediatamente se fueron a la embajada de Guatemala, y solicitaron refugio hasta el fin de la guerra. Unos pocos años después de la guerra Victoria y él se casaron y pronto tuvieron un hijo y más tarde una hija.

La historia de Aurora era un poco más triste. Ella había estado yendo al hospital con Adolfo para ayudar donde podía, al mismo tiempo cambiar de aire y también ver donde podía tener más contactos para conseguir comida para la familia. Mientras atendía a un joven soldado con tuberculosis, se enamoró de él. El prometió casarse con ella cuando estuviera bien. Lo hicieron pero no vivió mucho tiempo después de la boda. Ella volvió con la familia de Belén 11 a ayudar con Luisa, la cual necesitaba más atención a medida que iba siendo mayor. Fue una carga para su padre.

Adolfo terminó sus prácticas tratando de llegar a ser un ayudante de médico al final de la guerra. Volver a la universidad y terminar sus estudios de medicina fue imposible a causa de la situación familiar, así que él permaneció también en casa ayudando con los gastos de la familia. Algunos años después de la guerra encontró a alguien, pero solo llegaron a ser novios. Ella tenía que ocuparse de sus padres después de la guerra y puesto que entre los dos no ganaban suficiente como para poder sostener a ambas familias y a ellos mismos, decidieron continuar como novios. Después de que sus padres murieran, ella fue diagnosticada de un cáncer y murió poco tiempo después. Nunca tuvieron tiempo de disfrutar de una vida juntos.

En 1937 como la guerra intensificó y el sitio de Madrid se hizo más y más estrecho, las cosas más necesarias eran casi imposibles de conseguir. Se dijo que los extranjeros serían los únicos que podían comer carne y esta carne era de caballo. Puesto que la leche era imposible de conseguir, la leche en lata era todo lo que podían obtener y eso iba siendo también cada vez más difícil de conseguir. Esto significaba que Eduardito estaba cada vez más delgado y el raquitismo comenzó a desarrollarse definitivamente a mediados del año. El resto de la familia no estaba mejor tampoco, todos estaban delgados y demacrados. Cuando el frío comenzó a llegar ese año, no estaban realmente preparados debido a las carencias de suministro en todo Madrid, esa era una de las consecuencias de la guerra, lo que viene a ser un pecado contra los inocentes cogidos en su puño destructivo.

Las luchas callejeras y los francotiradores hacían difícil salir a la calle y buscar cualquier cosa regularmente. Solo los recados más necesarios hacían que alguien se aventurara a salir. Cuando lo hacían, eran generalmente las chicas y siempre iban por parejas. Don Eduardo salía para ver a sus amigos en ocasiones y solo cuando pensaba que era seguro. Eso hacía que trajera las últimas noticias de la guerra y de donde se podía encontrar comida. Adolfo conseguía ir al hospital a ayudar y esto permitía a la familia conseguir una información más de primera mano sobre lo que estaba ocurriendo alrededor de ellos. A veces había algunas sobras que podía traer a casa para uso de la familia, apenas cualquier cosa y todo ayudaba.

Debido a que el piso no podía ser calentado de manera uniforme y a que el poco combustible que tenían, era usado con moderación, todos comenzaron a tener sabañones en los pies. Las suelas de sus zapatos se fueron haciendo finas, además los suelos eran todos de baldosas, lo cual se sumó a su estado de miseria. Félix trató de ayudar forrando sus zapatos con cartulina procedente de cualquier sitio donde él o las chicas pudieran encontrarla. Adolfo traía del hospital lo que podía. Además ahora tenían que tener cuidado a su alrededor con los vecinos, por miedo a que alguien pudiera informar sobre Félix a la *patrulla del amanecer* y lo cogieran y lo llevaran a una prisión política.

Los ánimos estaban también bajos ya que podían ver que Eduardito estaba cada vez más delgado y más desganado. La familia había perdido ya al pequeño Vicente, el segundo hijo de su hermana Rosa, y no podían soportar pensar en perder a Eduardito.

Un día a últimos de Marzo de 1938, Anita y Aurora llegaron a casa desde la consulta del doctor, diciendo que el médico había dicho, que le daba a Eduardito entre cuatro y seis meses de vida si no empezaba a comer y beber leche entera muy pronto. Con la guerra constantemente alrededor y sin esperanza de un rápido final, como se propagaba, parecía no haber esperanza a la vista. Los suministros de comida que entraban en la ciudad, todavía continuaban siendo muy escasos.

Don Eduardo ahora intervino con un plan. Dijo a Anita que se contactara con su tía para ver cuales eran sus planes, y cuando y donde iba a venir en sus viajes europeos sobre los que había escrito a Anita recientemente. Quizás él pudiera hacer gestiones para conseguir que ella saliera de Madrid y conectara con su tía, la cual podía llevarlos, a ella y al niño, de vuelta a los Estados Unidos donde encontrarían la comida y las medicinas apropiadas. Anita no quería irse sin Félix, pero todo el mundo le dijo que no se preocupara, Félix estaría bien aquí. "Además," dijo Aurora, la guerra pronto terminará y probablemente no tendrás que dejar España del todo. Franco tiene la ciudad rodeada y es solo cuestión de días antes de que él venga marchando a través de la ciudad con comida para todos."

Félix y Anita hablaron de ello en privado y decidieron que se iría y se reunirían después de la guerra, la cual ciertamente no iba a durar mucho más. Félix quería ir a Lisboa cuando pudieran disfrutar la luna de miel que realmente nunca tuvieron y celebrar la vida de su hijo con alegría en vez de con preocupación. Con esta decisión tomada volvieron con Don Eduardo para que escuchara sus planes.

El plan era contactar primero a su tía por telegrama para ver donde podían encontrarse. Lo siguiente sería ir a la Embajada Americana y ver lo que ella necesitaba hacer para volver a casa con Eduardito. Finalmente Don Eduardo buscaría el medio de transporte para que Anita saliera de la ciudad a través de sus redes de amigos y sus contactos. No había transporte público en este tiempo.

Con esto, ella fue inmediatamente a la oficina de Western Unión, y envió un telegrama a su tía preguntándole sobre sus recorridos y si podía volver a casa con ella. Otro telegrama fue a su hermano Bob, explicándole brevemente la situación y si podía permanecer con ellos por un tiempo. Después de hacer esto fue a la Embajada Americana y pidió hablar con el cónsul, para conocer cuales eran los procedimientos para salir de España con su pequeño hijo.

Después de esperar algún tiempo, el cónsul la recibió y escuchó pacientemente sus planes para dejar España y por qué. Le habló de su tía a la cual acababa de enviar un telegrama. Pensaba que sería probable encontrarse con ella en Valencia, porque era lo que su tía le había escrito en una carta que había recibido recientemente. El entonces le explicó que debería tener un pasaporte para ambos, con una fotografía en la que estuvieran ella y su hijo juntos. Si ella tenía el medio de transporte hasta Valencia resuelto ya, estaría muy bien, pero que no lo demorase mucho porque tendrían que estar fuera del país antes de que el bebé tuviera dos años. La ley actual no permitía que los niños pequeños dejaran el país una vez cumplidos los dos años de edad.

Después de que Anita dijera con la cabeza que entendía y que no pensaba que fuera un problema, él le propuso que le hiciese un favor y al mismo tiempo le explicó que no tenía porque estar de acuerdo. El favor era llevar papeles importantes de Estado en una *bolsa diplomática* desde su embajada hasta la de Valencia, él lo notificaría antes de su llegada y una vez que los entregara no sería molestada de nuevo. Considerándolo su deber porque ella era también una ciudadana americana, dijo que si.

El cónsul estaba feliz y le dijo que ella sería la última ciudadana que dejaría Madrid, pero que no se preocupara, una mujer con un bebé estaba segura en España y no sería molestada. Él también le aconsejó que mantuviera los papeles guardados para no permitir que nadie viera lo que llevaba. Los documentos simplemente explican, dijo él, lo que está pasando exactamente en el Gobierno Republicano de España en este momento, así el Gobierno de los Estados Unidos estaría enterado de lo que realmente estaba ocurriendo. Parecía bastante sencillo pensó Anita en voz alta. El cónsul estaba encantado y le pidió que le llamase al menos con un par de días de antelación cuando se fuese a ir, así él podría tener todo listo para la fecha de su partida. La única cosa que él le advirtió fue si los nacionales, que ahora rodeaban Madrid, la encontraban con estos papeles mientras viajaba, la cogerían y la fusilarían con el bebé y todo.

Agradeciendo al cónsul esta ayuda, prometió notificárselo cuando tuviera todo listo y una respuesta de su tía sobre la fecha de partida.

Corriendo hacia casa, elaboró mentalmente una lista de todo lo que tenía que hacer y decirle a la familia. Cuando llegó Luisa vino a la puerta y ella rápidamente entró antes de decir nada. Preguntó donde estaban Félix y el niño. "Félix esta en la parte posterior de la casa, y el niño ha ido a la cárcel con Victoria. Para no preocuparla, Aurora fue hacia ellas. Oh, no, no, no," Luisa rápidamente y nerviosa dijo con su mano tapándose la boca, "quiero decir que Victoria llevó al niño con ella a visitar a Boni y Aurora fue delante para su seguridad."

Anita permaneció parada con su boca medio abierta, cuando Don Eduardo y Félix vinieron al vestíbulo desde la cocina. "? Cuándo salieron?" dijo Anita, "no mucho después de que tu te fuiste y volverán en cualquier momento," dijeron Don Eduardo y Félix, mirando con los ojos abiertos de par en par. "Bien," dijo Anita, "entonces déjame deciros rápidamente lo que he averiguado y lo que tengo que hacer."

Todos volvieron a la cocina donde hacía un poquito más de calor, gracias a un pequeño fuego de una estufa y donde los vecinos probablemente no oirían su conversación. Luisa había preparado un puchero de lo que llamaban café, pero que era realmente achicoria molida. Anita tenía frió pero ardía por contar lo que le pidieron hacer y lo que tenía que hacer. Preguntó a Don Eduardo si había hecho algún contacto para su partida, se sentó con el abrigo puesto y frotándose las manos para combatir el frío. Luisa le trajo una taza de café para que calentara sus manos blanquiazules poniéndolas alrededor. Mientras tanto Félix se puso detrás de ella para ayudarla a sacar un brazo de su abrigo y también a quitarse su boina. Ella dijo que quería dejarse la bufanda puesta, entonces hizo una pausa de un minuto para sorber un poco de líquido caliente.

Don Eduardo afectuosamente agitó su mano para calmarla un poco y al mismo tiempo preguntarle si había enviado el telegrama a su tía y hermano. Asintió con la cabeza mientras tomaba otro sorbo, con los ojos medio cerrados para expresar su agradecimiento a Luisa. Luisa sonrió y acarició su brazo mientras que una sonrisa de afecto se extendió a través de su cara.

Cuando Anita terminó de explicar lo que había hecho, todos permanecieron sentados en silencio reflexionando sobre los planes y la dirección que estos habían tomado ahora. Anita miró hacia arriba a Félix, preguntándose si ella podría hacer esto sin él y cuanto tiempo podría ella aguantar sin sus cariñosos abrazos.

CAPITULO CATORCE

No Hay Despedidas

La inocencia es quizás lo mejor
cuando realmente no tienes idea
de lo que tienes delante

En medio de una tarde de últimos de Marzo, la familia estaba reunida en su habitual pasatiempo de la tarde, juntos en la habitación del frente, donde el brasero estaba encendido con unos pocos carbones. Era el momento del día en el que todos podían estar seguros de tener un poco de comodidad durante un rato. Eduardito estaba sentado en el regazo de Don Eduardo mientras él le leía el periódico de vez en cuando, esperando su respuesta en cada pausa y besándole después de cada respuesta. Feliz miraba de vez en cuando mientras leía una sección del periódico, encantado con el calor de la familia y con la esperanza de que nunca terminara. Luisa estaba ayudando a Aurora a devanar unas sobras de lana para tejerlas en un futuro, mientras Victoria estaba cosiendo y Anita reparando ropa. De repente el teléfono sonó y envió una sacudida repentina a través de cada uno. Aurora se levantó rápidamente, dejando las manos de Luisa amarradas con la madeja a medias. Era la oficina de Western Unión preguntando por Anita. Ella vino inmediatamente al teléfono y escuchó que había un telegrama para ella que podía recogerlo a cualquier hora de la tarde. Mientras miraba a Aurora que estaba de pie cerca de ella, dijo que tenía que ir enseguida.

Las dos mujeres salieron del vestíbulo con Aurora a la cabeza anunciando que Anita tenía que ir a la oficina de Western Unión y recoger sus telegramas; ella iba acompañarla. Anita fue hacia Félix, que ahora estaba de pie y le abrazó sin decir nada. Ambos sabían que había llegado el siguiente paso y debían ahora seguir adelante.

Cuando volvieron con el telegrama, Anita y Aurora rápidamente fueron a la habitación del frente donde todos estaban reunidos incluyendo a Adolfo que acaba de llegar del hospital. La habitación se notaba caliente y el calor vivo de la familia la hacía aún más caliente para Anita. Ella sabía que esto sería la primera cosa que echaría de menos. Lo más importante que quería para su hijo era que creciera en ella, pero ahora debía concentrarse en como poner a su hijo a salvo de las tragedias de la guerra, en las cuales nadie piensa a menos que esté envuelto en ellas: hambre de los inocentes, especialmente niños.

Todo el mundo podía ver que el rostro de Anita mostraba determinación para el próximo paso, pero el de Aurora mostraba tristeza por lo que realmente iba a suceder. Anita iba a salir de España con Eduardito.

Fue Don Eduardo quién se levantó primero con Eduardito en sus brazos y dijo con un tono sombrío: "¿Qué ha dicho tu tía sobre donde encontraros y cuando?" Anita replicó que ella estaría viajando en barco y que vendría al puerto de Valencia a primeros de Abril. Ahora estábamos a finales de Marzo. Don Eduardo paso Eduardito a Félix y dijo que saldría rápidamente y comenzaría a hacer las gestiones.

Salió del cuarto y tan pronto como la puerta se cerró, se miraron todos unos a otros en silencio de manera sombría. Llegar a Valencia en este momento no era fácil. Todas las salidas por carretera o ferrocarril estaban amenazadas por ambas partes de la guerra. Ninguna era segura, lo que expongo más adelante, incluso aunque fuera posible hacer todo el camino a través de ella sin contratiempos causados por la guerra o por el tiempo.

Anita fue la primera en hablar diciendo que podía volver al día siguiente por la mañana temprano y conseguir tomar sus fotografías y tener listo el pasaporte.

Tan pronto como Don Eduardo, ahora llamado *papá Eduardo* por Anita, supiera cuando podría conseguir el pasaje para que ellos salieran de la ciudad, Anita telegrafiaría a su tía y hermano con la información. Todos indicaron con la cabeza que lo entendían. Eduardito se quejó e indicó con sus manos que quería estar en los brazos de su madre, así que Félix se lo pasó a ella y puso sus brazos alrededor de ambos y apoyó la frente en la cabeza rizada de ella mientras hubo un momento de silencio por parte de cada uno de ellos.

Luisa dijo que podía hacer algo caliente para beber. Aurora sugirió a Victoria que fuese con ella. La siempre paciente y silenciosa Victoria asintió con la cabeza y murmuró detrás de Luisa que iba a ayudarla. El resto se sentaron y Anita habló de nuevo explicando los planes que habían sido hechos, así como lo que podía llevar con ella.

Aurora frunció el ceño con un poco de preocupación mientras miraba a Eduardito diciéndole que viniera hacia ella. Anita viendo esto con el rabillo de sus ojos, automáticamente se lo pasó para que ella descansara. Aurora le regó de besos y le preguntó si sabía quién era ella. "Tata," dijo él. "Si, si, tu tata que te quiere tanto que no puede soportar que te tengas que ir," dijo su tía.

Don Eduardo volvió a casa después de un par de horas y reunió a su familia en la cocina donde la estufa les ofrecía un confortable calor mientras las chicas estaban ocupadas en sus cosas tratando de preparar algo para que la familia comiese. Todos escucharon mientras él explicó que era verdad, los trenes no salían de Madrid ahora. La carretera principal a Valencia estaba en su mayor parte cerrada, por lo que era necesario tener un carro privado para conducirlo. Así pues fue a ver a unos amigos que él sabía que ellos a su vez tenían un amigo suizo que tenía un camión, y le permitían pasar porque traía suministros a Madrid desde Valencia. Sin embargo el único idioma que él hablaba era el francés. También sus amigos se enteraron de que él iba a volver muy pronto a Valencia y le prometieron concertarle una entrevista con él tan pronto como fuera posible. No tardaría más de dos días en ir de Madrid a Valencia con la carretera como estaba, pero sería suficientemente segura ya que al suizo le estaba permitido salir. Anita llevaría la documentación que probara que era ciudadana americana por lo que le estaba permitido salir y volver a los Estados Unidos con su pequeño hijo. Anita hablaba francés con fluidez de modo que no sería difícil para ellos dos conversar y hacerse entender. Parecía que los planes iban encajando.

Justo, un mes antes, ocurrió que Boni y sus hermanos habían ido a la Embajada de Guatemala, esto significada que Victoria podía visitarlo casi en cualquier momento sin la necesidad de tener que llevar un bebé con ella. Victoria ahora estaba muy cercana a Félix y Anita. Ella les agradeció su generosidad por permitirla que hubiera sido posible ver a su Boni durante esos difíciles meses durante los que él estuvo en prisión, y por compartir con ella sus cosas más valiosas: el anillo de boda de Anita y su bebé. Anita y Félix estaban felices por ella y la abrazaron con alegría felicitándose por como estaban yendo las cosas para ella y Boni, así como para la familia de Boni, ya que él consiguió ponerse a salvo él mismo y a sus hermanos, mientras que sus hermanas permanecían en su casa.

Después de un par de días Don Eduardo tuvo noticias de sus amigos y quedaron para el día siguiente. Cuando él se encontró con ellos en su café favorito, estaba un poco nervioso a causa de que él no entendía el francés. Quería estar seguro de que el hombre entendiera que él tenía que dejar a Anita en la Embajada Americana en Valencia. Uno de sus amigos se lo tradujo y también le explicó que la nuera de Don Eduardo hablaba bien francés así que el idioma no sería un problema para ellos. El suizo pareció aliviado por eso y aceptó llevarla. Fueron acordados el día y un precio con la condición de que él debería recogerlos en Belén 11. El pago se haría un día antes de que salieran de Madrid. También se entendía que ellos debían salir con la ayuda de la oscuridad, lo que significaba horas muy tempranas de la mañana. Con todo esto acordado, Don Eduardo, se excusó explicando que tenía que volver a casa para estar seguro de que todo estaría listo para el momento de la partida. Todo el mundo parecía conforme en ambos lados cuando Don Eduardo salió.

De vuelta a casa la familia le saludó ansiosa por oír las noticias. Él explico que la fecha y la hora habían sido fijadas; ahora Anita tenía que enviar un telegrama a su tía y a su hermano, dándoles la fecha, así como notificárselo al cónsul americano tan pronto como fuese posible. De este modo si hubiera algunas cosas inesperadas que hacer en el último minuto, podrían tener un poco más de tiempo para hacerlas.

A la mañana siguiente Anita hizo exactamente eso y recogió su pasaporte también. El cónsul le dijo que fuese el día antes de su partida y él tendría la bolsa diplomática preparada para ella. Anita asintió.

El día antes de la partida, Félix embaló muy cuidadosamente unas cuantas cosas esenciales en una pequeña maleta que ella podía colgar fácilmente de su hombro y una pequeña maleta de cuero marrón en la que ella podía guardar la leche en lata y las cosas necesarias para ella y para el niño durante el viaje. También cortó un manojo de cartulinas para los zapatos y le dio un montón de dinero que ella podía utilizar en Valencia para comprarse unos zapatos nuevos y cualquier cosa que necesitara para el bebé. Él le explicó que era un regalo de su padre, así como el dinero que él le había dado al conductor suizo para su pasaje a Valencia.

Cuando la familia se reunió para cenar, Anita prometió a Don Eduardo que su nieto volvería a verle, como así fue. Don Eduardo dijo que ella tenía que volver también, porque él sabía que Félix no lo haría sin ella. Ella le aseguró que su intención era volver después de la guerra.

Ninguno durmió esa noche porque Anita y el niño debían partir muy temprano por la mañana ya que la oscuridad podía agregar mayor seguridad. Pronto llegó la hora y Don Eduardo esperaba en el vestíbulo del portal escaleras abajo la llegada del conductor suizo y su camión. Aurora estaba de pie al lado de la ventana de la habitación del frente, mirando también para ver al conductor e indicar a Anita cuando salir. Ella, Anita y Félix tenían sus abrigos esperando la señal que sabían que llegaría pronto. Antes de ponerse su abrigo, Anita había cogido el cuello de piel que había quitado días ántrax y dijo a Aurora que se lo pusiera en el suyo para calentarse. Ella estaba segura de que no lo necesitaría; Aurora le dio un abrazo.

Luisa tenía lágrimas en sus ojos y no quería preocupar a Anita y al bebé, pero en cambio les dio besos y abrazos a *su Anita y Eduardito*. Victoria y Adolfo estaban también de pie tratando de no mostrar sus lágrimas, pero no pudieron remediarlo. Todos estaban abrazados antes de que la señal llegara. Anita y las chicas no querían que Félix bajara, por miedo a que alguien le viera y le denunciara a la *patrulla del amanecer*, pero no le convencieron. Anita rápidamente levantó al niño y lo colocó encima del bulto en su abrigo donde estaba la bolsa diplomática, mientras las chicas cubrieron al bebé con una larga manta desde la cabeza a los pies. Él estaba demasiado cansado para quejarse.

Félix iba delante con la maleta y Aurora venía detrás de Anita llevando la pequeña maleta de cuero, mientras Anita sujetaba al bebé firmemente contra ella. Don Eduardo caminó hasta el camión cuando vio que ellos bajaban las escaleras y abrió la parte posterior, lista para colocar la pequeña maleta.

En voz baja Don Eduardo les urgió para que se apresurasen. Aurora permanecía cerca de Félix y Anita mientras ellos se abrazaban por última vez antes de la partida. En tono privado, Félix susurró en su oído, "adiós, Anita bonita, adiós." Con esto Anita se separó un poco y con el dedo índice de su mano derecha agitándolo de un lado a otro dijo, "no hay despedidas Félixmio, no hay despedidas." Se besaron una vez más y rápidamente Félix la ayudó a introducirse en el camión. Las lágrimas fluían de todos ellos mientras silenciosamente movían sus manos diciendo adiós. Don Eduardo y Aurora, se llevaron entonces rápidamente a Félix para adentro, por miedo a que alguien le viera.

CAPITULO QUINCE

Viaje De Sorpresas

Cuando el camión arrancó tan rápida y silenciosamente como fue posible, Anita decidió no mirar atrás. Sabía que ahora debía concentrarse solo en lo que había delante de ella y en sus responsabilidades con su bebé, la familia y la promesa al cónsul americano.

La madrugada no tenía luna y las estrellas estaban profundamente dormidas, así que no había luz natural para ayudarles a ver los montones de escombros causados por los destructivos bombarderos y las calles llenas de baches. Solo estaba el abatimiento de la guerra alrededor de ellos, así que hicieron su camino lentamente a través de la ciudad, sin tener siquiera las luces del camión para guiarles. El poquito de frío que hacía al principio, iba saliendo de la cabina del pequeño camión, de modo que Anita sentía el calor que venía de un pequeño calentador abrió una rendija de su ventana para que el parabrisas no se empañara tan rápidamente. Anita mientras tanto colocó al bebé en su regazo, donde él estaba cómodo apoyado en la bolsa diplomática que ella presionaba contra su fina figura. Ahora ella pesaba solo 40 Kg. cuando su peso normal era de 50 o 51 Kg.

El conductor, de vez en cuando, tenía que parar y enseñar la documentación en los varios controles existentes en Madrid. Algunas veces le preguntaran por Anita, pero la mayoría de las veces, suponían que era su esposa y rápidamente les preemitían continuar. Anita pensó que quizás reconocían quién era él y lo que hacía, de modo que no le preguntaban demasiado. Ella notó que él entendía lo que decían los guardias cuando les paraban, pero no podía responderles en español aunque decidió no aventurarse a ayudar por miedo a añadir más problemas a lo que estaba tan lejos de ser un paseo fácil a través de los varios controles fuera de la ciudad, que el conductor parecía conocer con facilidad. Cuanto más se acercaban a las afueras de la ciudad no podían ver nada más que la destrucción fea y sin sentido de la guerra.

Una vez pasados las afueras de la ciudad, había largas rectas en la carretera sin patrullas de control; había poco trafico en la carretera pero no podían viajar más deprisa ya que el conductor tenía que continuar conduciendo sin luces para no ser un blanco de los soldados que les gustaba disparar, los cuales podían estar cerca.

No había mucha conversación entre ellos dos y Anita de vez en cuando cerraba los ojos para descansar cuando el bebé no necesitaba su atención. El silencio a veces se rompía cuando el conductor hacía unas cuantas preguntas directas sobre ella, el bebé y la familia de Madrid; también sobre quién era esa tía con la que había quedado en Valencia. Ella trataba siempre de tener cuidado para no darle ninguna información real, por el contrario, trataba de responder con monosílabos si era posible. Ella también le devolvía preguntas para ver que podía averiguar sobre esta situación. Él solo decía que este sería su último viaje.

De vez en cuando el conductor miraba hacia abajo, al niño, cuando él protestaba un poco para acomodarse en el regazo de Anita. Cuando el bebé se movía el conductor preguntaba si lloraba mucho, porque no podía soportar los gritos de los bebés llorando. Anita le aseguró que no porque estaba demasiado débil a causa de su enfermedad para hacer eso. Todo lo que él quería, le explicó, era descansar en sus brazos. Él tenía que ser transportado a todas partes porque sus piernas estaban todavía demasiado débiles para soportarle durante mucho tiempo. El conductor dijo que sí con la cabeza y guardó silencio de nuevo con la excusa de que tenía que concentrarse en la carretera. Anita aflojó un poco la manta alrededor del bebé, porque la temperatura empezaba a ser más soportable dentro de la cabina del camión.

Eran bien pasadas seis horas y el amanecer estaba ahora sobre ellos, cuando subieron las laderas, bien en las afueras de Madrid, en la carretera de Valencia. Las cimas de las montañas lejanas tenían nieve y se podía sentir que la brisa fresca a través de la rendija de la ventana iba siendo más fría. La brisa parecía querer decir que era el final del invierno y la primavera estaba en camino. Mientras tanto Anita recogió la manta del bebé alrededor de él y se puso su cuello un poco más cerrado. Estaba agradecida por el calor de sus pies que se filtraba a través de las cartulinas que forraban sus zapatos de suela agujereada.

Retorciéndose un poquito para sentirse cómoda de nuevo, notó que el camión comenzaba a ir más lento y se ponía a un lado del camino, parando finalmente. El conductor sin mirarla, dijo que pensaba que algo malo le pasaba al motor. Él rápidamente se bajó y fue a la parte delantera del camión y abrió el cofre. A Anita le parecía que el motor sonaba bien pero no dijo nada. En segundos él vino a su lado del camión donde la ventana estaba en parte bajada y le dijo que tenía que hurgar en la parte de atrás para coger algunas herramientas. No teniendo un espejo retrovisor en su lado, Anita no pudo ver que estaba sacando su equipaje y dejándolo en la carretera. Él entonces, vino otra vez a su lado con herramientas en sus manos y le sugirió que lo mejor sería que saliera, porque se temía que malos humos entraran en la cabina mientras él estaba trabajando y les molestarían demasiado. No sabiendo nada de motores y al mismo tiempo, notando que él estaba un poquito nervioso, hizo lo que le pidió.

El conductor la miraba desde su lado mientras estaba de pie oculto en parte por el cofre del camión. Tan pronto como Anita bajó y cerró su puerta, él rápidamente cerró de golpe el cofre y saltó al asiento del conductor y arranco apresuradamente. Anita estaba de pie allí, sin poder creer lo que acababa de ocurrir.

Volviéndose un poco a su izquierda, vio que su equipaje había sido dejado a un lado de la carretera. Con esto ella abrazó fuertemente a Eduardito que gritó en su manta.

Controlando sus emociones cuando el niño empezó a quejarse con un fuerte grito, ella lo meció y tarareó una cancioncita que sus cuñadas le habían enseñado. Ella le calmó y su llanto se convirtió en un gemido. Acercándose a su equipaje, lo cogió y lo transportó a una pequeña distancia bajo el borde de la carretera. Hecho esto, se dio cuenta de que estaba muy cansada, quizás demasiado cansada para seguir adelante. Tampoco había manera de que pudiera llevar sus dos maletas y el bebé a su lado a cualquier distancia. Estaba en estado de conmoción. ¿Por qué el conductor la había dejado antes y no la había llevado por lo menos hasta la ciudad siguiente? Comenzó a reflexionar sobre posibles opciones, mientras estaba sentada encima de una gran roca cerca de las dos maletas y meciendo al bebé hasta que se tranquilizó de nuevo.

El amanecer había dado paso a un día soleado, en medio de una fría brisa temprana. El paisaje desde donde estaba sentada no mostraba señales de guerra, sino por el contrario, hileras de viñas deshojadas sobre las bellas y algo pronunciadas colinas. El viento puso su cabello rizado alrededor de su cabeza y frotó sus delgadas mejillas pálidas por el invierno. Se ajustó más su abrigo alrededor de ella y la manta alrededor del bebé, mientras se miraba los pies, ahora fríos.

Mientras contemplaba la opción a tomar, se dio cuenta de que el tiempo pasaba y que tendría que tomar una decisión pronto puesto que ambos, ella y el bebé, estaban cada vez más débiles y más cansados mientras estaban sentados allí.

De pronto le pareció oír un carro con un burro subiendo desde atrás. Demasiado cansada, fría y débil por el hambre, se quedó sentada allí hasta que el burro tirando de su carro estuvo a la vista.

Al principio no pudo ver a nadie mientras que el carro subía la colina, pero una vez allí, apareció un campesino de aspecto viejo, caminado en la parte trasera de su carro. Cuando estuvo más cerca, él se aproximó con precaución hasta que vio a una mujer que parecía sostener a un bebé en sus brazos. Rápidamente, examinando el campo alrededor de ellos, pudo ver que ella estaba sentada en una gran roca sola con sus maletas. Él la saludo en voz baja. Anita se dio la vuelta pero se dio cuenta de que no podía tirar de si misma, sin embargo le llamó pidiéndole por favor que la ayudase.

Oyendo sus débiles lamentos pidiendo ayuda, el granjero se adelantó y dijo a su burro que parase mientras se acercaba a ella.

Anita inmediatamente le contó su problema y que necesitaba ayuda para continuar su viaje para reunirse con su tía en Valencia. ¿Podría él ayudarles a ella y a su bebé? Mientras el campesino la alcanzaba para ayudarla, vio su cara y pudo ver a una persona extremadamente delgada sujetando a un bebé muy decaído. Él le dijo que primero la llevaría a su casa donde su esposa tenía una sencilla comida caliente esperando. Ellos estarían felices de compartirla, dijo él, mientras que le indicaba un camino para que fuera a Valencia. Casi se desmayó de alivio cuando él la ayudó en su tropezón al subir al carro y puso sus cosas en la parte trasera del carro.

Acurrucada en una esquina del carro y sosteniendo a Eduardito cerca como siempre, Anita descansó y el hombre caminó a su lado, mientras le decía a su burro que les llevase a casa. El burro hizo exactamente lo que le dijo el hombre. Su paso era tranquilo pero definido, y aunque el viaje no era tan suave como en el camión, era mejor que caminar y por alguna razón ella se sentía a gusto con el granjero. ¿Tenía otra opción?, pensó. No verdadera-mente, así que pensó que se dejaría en manos del Destino.

Acercándose a la casa, su mujer salió apresuradamente de su pequeña cabaña hogar de piedra cuando vio a su marido bajando la carretera con su carro un poco cargado. Anita estaba todavía un poco dormida, cuando salió de su atontamiento al ver a la esposa del granjero saludándolos. Cuando la mujer subió al carro parecía sorprendida de ver una figura acurrucada en una esquina sosteniendo a un bebé. Su marido rápidamente le dio una corta versión de la situación de Anita, mientras ambos ayudaban a ella y al niño a bajar del carro.

La esposa procedió a introducirla en el interior mientras su marido desenganchó al burro del carro y lo llevó a su refugio para comer algo de heno bien ganado.

La cabaña inmediatamente se notaba acogedora y caliente con su aroma de garbanzos cociendo lentamente encima de un pequeño fuego de leña. Anita sonrió agradecida a la mujer cuando ella la ayudó con el bebé y con su abrigo, entonces le pidió sentarse en una silla cerca del fuego. Agradeciéndoselo dijo que pondría el abrigo en su regazo y se sentó; lentamente le quitó la manta a Eduardito mientras él estaba colgado de ella.

La mujer vio ahora a una señora débil con un bebé decaído. Inmediatamente reunió unos tazones y fue a la chimenea donde su caldero de garbanzos estaba hirviendo. Mientras vaciaba el cucharón en el tazón para cada uno de los adultos, preguntó si el niño podía comer alguno. Anita contestó que quizás un pequeño tazón sería bueno. Esto hizo y enseguida su marido vino a reunirse con ellos. No entraba mucha luz dentro de la pequeña cabaña a través de las pocas ventanas que tenía, incluso en el momento de más luz del día, pero era reconfortante para Anita. El granjero encendió algunas velas para tener más luz y viendo que su esposa había puesto la mesa con cucharas y pan, preguntó a Anita si quería venir a la mesa y comer con ellos. Su esposa vino a ayudarla con el niño, por lo cual Anita le dio las gracias.

La mujer se disculpó por no tener café de verdad a mano, pero le ofreció agua fresca del pozo. Anita dijo que el agua del pozo era muy refrescante.

Mientras tomaba el caldo caliente con garbanzos con la cuchara y soplaba en ellos para enfriarlos, para comer ella y Eduardito, comentó a la mujer lo deliciosos que estaban y que era algo de lo que ella no había podido disfrutar durante algún tiempo. El granjero explico a su esposa con más detalle como había encontrado a Anita al borde de la carretera y ella le había contado su problema y por qué ella estaba intentando ir a Valencia.

Casi inmediatamente después de la comida, Anita se sintió mejor y el niño también; él estaba un poco más despierto. La esposa del granjero pensó que sería mejor para ella que descansara y permaneciera con ellos al menos durante la noche. El granjero estuvo de acuerdo con su esposa y dijo que él la llevaría por la mañana temprano a un pueblo cercano donde él podría ayudarla a encontrar un camino a Valencia. Hoy necesitaba tener las cosas listas para el viaje de mañana al pueblo. Él tenía algunas cosas que un empleado de una tienda podía usar y prometió llevárselas al día siguiente. Anita amablemente y agradecida aceptó. La mujer sonrió y parecía contenta con que ella se quedase, diciendo que sería estupendo tener alguna compañía y un bebé alrededor para variar. La mujer también sugirió que quizás a Anita le gustaría echarse una siesta mientras ella limpiaba arriba. Esto lo sonó tan bien a Anita que dijo que si. El granjero parecía contento y dijo que él prepararía un lecho limpio para ella y el bebé cerca del fuego para que pudieran estar calientes. Su esposa a toda prisa barrió el suelo y sacó sábanas y mantas limpias para ella. Anita preguntó al granjero si podía por favor traerle sus cosas adentro, las cuales él fue rápidamente a recuperar.

A la mañana siguiente temprano, todo el mundo se levantó cuando la primera luz entró a través de la ventana. No había viento, solo el sol con la promesa de que el día sería un poquito caluroso. La esposa del granjero mostró a Anita donde podían lavarse ella y el bebé, mientras ella preparaba una especie de gacha caliente de cereal para desayunar antes de salir. El granjero se puso un pesado abrigo y salió por la puerta a atender al burro y dejar listo el carro. El bebé estaba tranquilo pero observando a su alrededor. En poco tiempo todos estuvieron listos y se reunieron a tomar un desayuno caliente, incluido el bebé. Anita de nuevo expresó su gratitud por su generosa hospitalidad. Ellos dos sonrieron con mirada de sincera compasión y entonces el granjero dijo que debían salir enseguida.

La mujer ayudó a Anita con su abrigo y cubrió al niño con su manta una vez que Anita lo tenía en sus brazos.

Volviéndose al ir hacia la puerta, Anita buscó el bolso en su abrigo para buscar dinero para darle un poco al granjero y a su esposa. Ella lo colocó rápidamente en la mano de la mujer diciendo que era poco para lo mucho que ella y su marido habían hecho por ellos. La mujer se lo agradeció y le dio un abrazo mientras le deseaba un viaje seguro.

Después de viajar casi una hora bajando la carretera sin incidentes con las patrullas que les paraban, llegaron a un pequeño pueblo de edificios de piedra y paredes blanqueadas, que se agitaba con la actividad de hombres con boinas rojas que llevaban un fusil al hombro, los cuales parecían ser el ejército local. Los habitantes se movían por todas partes alrededor de la fuente de la plaza mayor, preparándose para vender cualquier mercancía que tuvieran. Nadie parecía feliz, sino por el contrario, impacientes por conseguir hacer sus negocios y apresurarse a marcharse.

No mucho tiempo antes, ellos habían sido parados por una pareja de boinas rojas que portaban rifles no lejos de la entrada de la ciudad. Ellos parecían ser los protectores de la entrada principal. Uno de ellos pidió ver sus documentos; el granjero le alcanzó los suyos mientras trataba de contestar a las preguntas dirigidas a él. El segundo hombre caminó alrededor del carro, mirando para ver que había dentro mientras pedía a Anita sus papeles, que ella ya tenía preparados.

Le dijeron al granjero que llevara el carro a un lugar que uno de ellos le señaló y que esperase allí hasta que él volviera. Hizo esto y al ratito el guardia volvió con alguien que parecía ser su superior.

El hombre de rango superior solo habló con Anita. Quería saber por qué y donde iba. Eduardito estaba tranquilo y despierto mientras estaba en brazos de su madre cuando ella explicaba su trance con el conductor al que había pagado para llevarla a Valencia a encontrarse con su tía, que se los iba a llevar para que su niño pudiera tener los cuidados apropiados. Ella entonces explicó que el granjero la había ayudado trayéndola al pueblo con el fin de encontrar alguna clase de transporte para llevarla el resto del viaje, y si ¿él sabía posiblemente de alguien que pudiera hacerlo?

Después de una leve pausa el hombre le dijo que esperara allí mientras él hablaba con alguien que pudiera ayudarla. Mientras el granjero y Anita esperaban su regreso, casi durante una hora, los dos boinas rojos originales continuaban de pie protegiéndoles. Ellos no decían nada a nadie. Eduardito ni siquiera emitía ningún sonido, él solo apoyaba su cabeza de vez en cuando en el hombro de su madre.

Cuando el hombre más viejo llegó, venía con otro hombre joven, de cara seria, caminando con un erguido paso militar. El hombre mayor le dijo que cogiera su equipaje y dijo a Anita que él podría llevarla a Valencia. Le explicó que un pequeño convoy de camiones militares iba a hacer ese camino para llevar suministros. Con esto, él le entregó sus papeles y le dijo que siguiera al hombre joven de *cara seria*. Volviéndose al granjero le dijo que podía irse a sus negocios al pueblo.

Anita dio las gracias al hombre mayor y al granjero por todo lo que habían hecho, dudando un momento mientras oía una humilde contestación por parte de ambos hombres; siguió al hombre, el cual le enseñó su nueva forma de transporte.

Al aproximarse al camión militar que le habían indicado, vio que estaban poniendo su maleta en la parte trasera de él. El hombre de cara seria abrió el lado del pasajero del camión y la ayudó a subir a la cabina delantera, mientras Anita apretaba al bebé contra la bolsa diplomática que ella todavía ocultaba en su abrigo; con el bebé siempre encima de ella nadie veía el bulto que hacía. El hombre entonces le pasó la pequeña maleta de cuero marrón, la cual habían inspeccionado los guardias, pero cuando vieron solo leche en lata y las cosas necesarias para un bebé se la devolvieron. *Cara seria* entonces, dio la vuelta hasta el lado del conductor y saltó adentro mientras que un hombre en tierra hizo una señal para que el convoy de dos camiones procediera a salir del pueblo.

Anita se sentó erguida tratando de estar alerta por cualquier sorpresa repentina. Puso al bebé en su regazo y aflojó la manta del niño y ella su abrigo. El bebé estaba sentado tranquilamente y de vez en cuando miraba a su madre y al conductor. No hacía calor en el camión y sus pobres pies fríos estaban sufriendo. El día estaba soleado, pero el aire era un poquito frío hasta que desapareció. Al principio el conductor mantuvo su ventana parcialmente abierta, pero a medida que bajaba la carretera él cerró su parte. Como Anita era tan frágil, cualquier corriente de aire le molestaba, pero no dijo nada.

Algunas horas más tarde alcanzaron un bloqueo en la carretera. Anita pudo ver que el guardia no era más que un adolescente. Actuaba de manera seria cuando le pidió la documentación. Al principio él no entendía por qué el conductor llevaba una mujer y un niño con él. El conductor indicó con su mano a Anita que no dijera nada mientras él explicaba al joven guardia, que tenía órdenes de su oficial jefe de hacer eso, porque ella tenía los papeles en regla y había sido abandonada por alguien que se suponía que debía llevarla con esas órdenes, pero que no lo hizo. El joven guardia les pidió que esperasen un minuto. Después de unos minutos, volvió con una bolsa de paño y se la dio a Anita, pidiéndole por favor que la cogiera. Le explicó que estaba llena de cartas de los hombres destinados allí que querían con estas cartas decirles a sus familias en Valencia que estaban bien. El conductor miró a Anita y su cara se ablandó un poquito mientras ella decía que si, con una sonrisa compasiva.

Así continuaron su viaje a través de caminos ventosos y montañosos, el conductor comenzaba a ser un poquito menos *cara seria* y le hizo algunas preguntas sobre Madrid y como estaba resistiendo. Pronto las tropas de Franco serían derrotadas y toda España sería liberada para un futuro más próspero y justo para todos, dijo él. Anita sonrió con una sonrisa ocasional y asintió con la cabeza, pero no dijo nada. El conductor la pinchó para que respondiera. Ella respondió diciendo que había estado de modo egoísta, solo preocupada de su bebé desde su nacimiento y realmente no estaba al tanto de nada excepto de saber donde había leche y comida, pero estaba segura, después de oír sus razones sobre la situación actual, que él debía tener razón.

El conductor continuó hablando sobre que buena madre y buena persona era, por llevar las cartas con ella cuando tenía otras cosas de importancia a considerar. Ella se lo agradeció y dijo que era lo menos que podía hacer para el esfuerzo de la guerra. Satisfecho con sus respuestas, le preguntó entonces que donde quería que la dejase cuando llegasen a Valencia; no se lo había dicho. En la oficina de la Embajada Americana, dijo ella explicándole rápidamente que tendrían alguna noticia para ella sobre donde reunirse con su tía; le aseguró que eso no tenía importancia para él, que no se preocupara, que primero irían a la oficina de correos para enviar las cartas. De nuevo le dio las gracias por su ayuda y cortesía y noto de nuevo una leve sonrisa en su cara. Anita se sentía un poquito más tranquila ya que podía ver que conseguir llegar a Valencia estaba más cerca.

Una vez que llegaron a Valencia, notaron que las calles no estaban llenas de gente yendo a sus ocupaciones habituales, pero había bastantes guardias a lo largo de algunas calles. Sin embargo los edificios no mostrabas señales de destrucción. Después de parar en la oficina de correos y de que el conductor rápidamente bajara y enviara la bolsa de cartas, los dos camiones se separaron. Uno fue donde tenía órdenes de ir, mientras Anita fue llevada a la Embajada Americana. Allí el conductor bajó y fue a llevar su equipaje dentro, cuando un guardia *Marine* Americano, le paró en la puerta. Anita entonces se adelantó y explicó su situación, diciendo que la esperaban y que tenía una cita con el cónsul. Ella se volvió entonces al conductor y deslizó unos pocos billetes dentro de una de sus manos, mientras le agradecía el recorrido seguro. A continuación colgó una bolsa sobre su hombro y cogió con la mano del mismo brazo la pequeña maleta marrón, mientras todavía sostenía firmemente a Eduardito con su otro brazo. El conductor la miró a la cara y se rompió en una sonrisa sincera mientras le daba las gracias y le deseaba suerte al mismo tiempo. Anita sonrió y se volvió alrededor para ver la cantidad de gente que estaba haciendo cola o sentada en el bancos esperando ser oídos o ayudados de alguna manera; todo parecía tenso.

El guardia permaneció de pie esperando mientras ella se despedía y después le pidió que le siguiera. La llevó directamente a la oficina del cónsul, preguntándole si podía ayudarla con sus maletas. Anita le dio las gracias y él las puso a su lado cuando se sentó.

Sentada con el cónsul, él le explicó que todos los barcos habían salido porque los submarinos italianos iban a protegerlos para entrar en sus puertos. Ella preguntó si había algún recado de su tía, la cual se suponía que se encontraba en uno de esos barcos. Él dijo que sí; Anita debía ir a la oficina de la compañía naviera en Barcelona y ellos podrían decirle que barco tenía que coger en Marsella, ya que, ahora mismo, no era posible que los barcos entraran en los puertos españoles de cualquier lugar de la costa este. Además le dijo que no deseaba tomar los papeles adicionales desde esta oficina hasta la oficina de la Embajada Americana en Barcelona. Él estaba seguro de que su tía le habría dejado algún recado, bien en le compañía naviera o en la Embajada, referente a donde se encontrarían para comenzar su viaje a casa.

Anita se sentó allí con Eduardito en su regazo, con la mirada cansada, pálida, hambrienta y un poquito desconcertada. El cónsul pudo ver eso, así que le ofreció una lista de hoteles en los cuales probablemente la tomarían por una noche; él haría que alguien de su personal llamara si ella quería. Tranquilamente dijo que si a todo. También le dijo que había un tren para ir a Barcelona en uno o dos días; podía coger el billete en la estación. Con esto el cónsul llamó a su secretaria, la cual vino casi inmediatamente y le explicó que quería que ayudase a la señora Rodríguez a conseguir un hotel y un taxi que la llevara allí. La secretaria dijo que si y salió de la habitación.

Anita estaba todavía sentada erguida e inmóvil, escuchando todo lo que estaba siendo organizado para ella. El bebé estaba en su regazo inclinado hacia ella con su manta a lo largo de él. El cónsul, entonces le habló en voz baja y le dijo que podría conseguir los papeles para que ella los llevara, ¿querría ponerlos en su bolsa diplomática? Ella dijo que si y entonces le dijo que notificaría a

Barcelona que ella llegaba.

Anita estaba agotada cuando consiguió llegar a su habitación del hotel con el bebé todavía en sus brazos, una maleta colgada en su hombro y la más pequeña en su mano. Primero, pensó, íban a lavarse ambos un poquito antes de ir a comer y hacer las reservas del tren.

Sintiéndose un poquito mejor después de lavarse, reviso que fondos tenía para cubrir todos estos gastos inesperados. Poniendo a Eduardito en la cama mientras miraba su monedero, le miró y vio sus grandes ojos mirándola hacia arriba. "No te preocupes Eduardito, mama hará que todo sea posible y estaremos bien . . . . de algún modo," murmuró en voz baja.

CAPITULO DIECISEIS

La Lucha Sigue

A menudo
son los desafíos de la vida
los que te hacen apreciar
las luchas

Fuera, en el calle, encontró enseguida un pequeño café donde
pudo conseguir un tazón caliente de sopa espesa para los dos. Anita
pensó que renovaría sus fuerzas un poquito antes de ir a la estación
de tren para ver el horario y sacar los billetes a Barcelona. Al entrar,
Eduardito se quejó un poco cuando vio tanta gente y comida
por todas partes. Le recordaba a sus tías siempre intentando que
comiera. Él no podía digerir las cosas fácilmente, lo cual le ponía
muy nervioso. Anita reconoció enseguida ese síntoma, y le calmó
explicándole lo que iban hacer. Se sentaron casi enseguida, pero
ella notó que la gente la miraba inquieta, incluso el camarero.
Suavemente sonrió al niño mientras le hablaba y entonces pidió al
camarero que le trajese un gran tazón de sopa. El camarero volvió
con la sopa casi antes de que Anita terminara de arreglar al bebé
sobre su abrigo, con la bolsa en el bolsillo y él sentado encima
mientras ella sacaba el abrigo de sus brazos.

Anita, mientras tanto, trataba de centrar su atención en
Eduardito, pero veía cosas alrededor de ella por el rabillo del ojo.
El lugar era cálido, pero en el ambiente se oía a la gente charlar
ansiosamente, preocupados sobre que iba a suceder próximamente
con la guerra y con el puerto cerrado. Valencia era una ciudad
importante para la República y los submarinos italianos que
ayudaron a los nacionales, estaban impidiendo que los barcos
alcanzasen sus puertos a lo largo del Mediterráneo; por lo tanto
el miedo constante era por si la comida y el material de guerra no
llegaban a tiempo para parar el avance de los nacionales. Por esto
los extranjeros les ponían nerviosos.

Una vez que terminaron con la sopa, Anita pagó al camarero
rápidamente y cogió un taxi para ir a la estación. De nuevo
Eduardito estaba aferrado a su madre mientras ayudaba a ocultar
la bolsa. Al llegar a la estación, Anita empujó las puertas con
renovada energía y fácilmente encontró la taquilla de los billetes. Si,
ella podía conseguir los billetes para el tren de Barcelona que salía
por la mañana temprano dos días más tarde.

Con todo convenido y pagado, tomó un taxi de vuelta al hotel y después de cambiar a Eduardito y arreglarse ella un poquito, cayó en la cama al lado de él, con la bolsa debajo de la almohada. Cansada de perseguir la pesadilla del día, quería tratar de encontrar a su *Félixmío* en sueños placenteros en un dormir tranquilo.

El día siguiente encontró a Anita y Eduardito tranquilos, pasando un día de descanso y de ocio. Dieron un paseo alrededor de su zona buscando un lugar para comer y mirando las tiendas para comprarse zapatos como le prometió a Félix que haría cuando llegase a Valencia. Ya que no iba a quedarse aquí decidió esperar hasta llegar a Barcelona para hacer las compras, puesto que podía ser que necesitase más dinero de lo que había planeado. Así lo podría estirar un poquito más. Además lo que ella necesitaba ahora era más descanso; volver al hotel y dormir. Que bien sonaba esto. Eduardito, de todos modos, iba relajado en sus cansados brazos.

A la mañana siguiente temprano, Anita se preparó y preparó al niño para el viaje en tren, y estaba fuera del hotel a la hora prevista. Llamó a un taxi para que les llevara a la estación. Como llegó a la estación con tiempo de sobra, tomó una taza de café y compró unos panecillos y un bote de leche. Sentándose, le dio a Eduardito un poco de leche junto con unos trozos de panecillo, poniendo los otros en la pequeña maleta marrón de cuero para más tarde. Sus grandes ojos miraban para arriba mientras Anita le decía lo divertido que sería el viaje en tren y si no le parecía bonita la estación con sus mosaicos de colores. Eduardito enseguida dijo, "?tren, mama', tren?" Cogiendo su niño cerca de ella y besándole su cabeza rizada, le contestó tranquilamente dándole seguridad y sintiendo lo feliz que era teniéndole a él y que toda esta lucha verdaderamente merecía la pena.

La llamada para subir al tren no tardo demasiado. Anita cogió a Eduardito, lanzando una maleta encima de su hombro mientras agarraba la pequeña maleta marrón casi al mismo tiempo. Con su billete en la mano, salió rápidamente a buscar el coche que le correspondía. Un mozo la vio venir y le indicó que le mostrase el billete, ella enseguida se lo enseñó y él le indicó la manera de llegar, mientras llamaba a otro mozo para que la ayudase a subir al tren.

Una vez en el buscó su departamento y asiento. Cuando lo encontró sentó a Eduardito al lado de la ventana y cogió las dos maletas y las colocó al lado de él. Se quito el abrigo y lo colocó formando una barrera para que Eduardito no se cayera del asiento, después le quitó su manta la dispuso alrededor de él para proteger su cabeza y para que estuviera cómodo.

La gente llegaba y se sentaba rápidamente después de colocar sus cosas en el estante de encima de ellos. Anita tomó asiento y explicó a Eduardito lo que ocurría alrededor de ellos mientras él miraba por la ventana. De repente el tren silbó ansiosamente para salir. Lanzando la última bocanada de vapor alrededor de sus ruedas, resopló lentamente y salió de la estación en un día soleado y brillante.

Anita sintió una punzada de alivio besando a su hijo mientras pasaba de un capitulo a otro de su vida. Su salida hacia la libertad desde las preocupaciones de la guerra y malnutrición, era lo que eso significaba. Al mismo tiempo, rezó para que la familia de Madrid estuviera bien y todos estos sufrimientos sin sentido pronto pasaran de todos ellos.

El movimiento del viaje estaba ya en curso rápidamente. Eduardito estaba ahora despierto sentado en el regazo de su madre, ocultando obedientemente la bolsa, sin darse cuenta de ello, mientras ambos disfrutaban del panorama a través de la ventanilla. Una pareja se sentó enfrente de ellos, observaban de vez en cuando movían la cabeza y sonreían. Anita después también movía la suya y sonreía levemente. Ahora estaba pensando que la charla ociosa no sería una buena idea. Ella había estado observando las suspicacias y los efectos de la guerra que se mostraban en las caras y en los ademanes de la gente. ¡Que vergüenza que tanta gente encantadora fuera lanzada dentro de este encolerizado y brutal desorden llamado guerra!

El vaivén rítmico del tren y el sonido del clic-clac al rodar lentamente por encima de los ríeles, la sumio en su hipnótico hechizo. Poco después la vista desde su ventana ayudaba a echar fuera los pensamientos de la guerra por unos momentos, ya que el paisaje del campo y del mar Mediterráneo abajo traían un sentimiento de paz a sus alrededores. La vista mostraba solo la serenidad de España. Razón por la que ella supo que debía hacer este viaje para salvar a su hijo y volverlo a traer como le prometió a Don Eduardo, a Félix y a ella misma. Eduardito representaba el futuro de España y también su orgullo. Quizás por esto ella notó un indefinible sentimiento de que nunca la dejaría. Este lugar al que ella ahora llamaba hogar, era donde sabía que la familia la estaría esperando siempre.

Las paradas ocasionales hechas a lo largo del camino trajeron a Anita de nuevo a la realidad, soldados subían al tren a comprobar papeles y billetes, de vez en cuando hacían unas cuantas preguntas. Cuando estaban satisfechos con las respuestas se iban al siguiente departamento. El soplo de frío que entraba al dejar la puerta abierta durante la inspección se notaba sobre todo en sus pies y enfriaba el departamento. Todo el mundo se ponían sus abrigos para calentarse. La primavera no había traído el calor todavía. A veces se detenían en una parada u otra durante largo rato. Esto era por causa de algún aviso de que los ríeles estaban mal debido a los intensos bombardeos que tenían lugar más adelante, en su camino, a causa de alguna escaramuza u otra cosa.

Cuando esto ocurría Anita se levantaba un rato teniendo oportunidad de estirarse mientras cambiaba o daba de comer al niño. Ofreció a la pareja de enfrente un panecillo, pero ellos se lo agradecieron y mientras decían que no, sacaban bocados de alguna cosa de sus bolsillos y los masticaban lentamente.

El día se alargó hasta una noche sin luna. Cuando amaneció Barcelona todavía parecía lejos. Solo podían ir despacio y sin luces cuando oscurecía. No había ningún pitido de llegada en las diferentes estaciones a lo largo del camino. Pocos se daban cuenta del verdadero peligro en el que se encontraban. De vez en cuando, veían edificios en construcción alrededor, pero hasta que se aproximaron a Barcelona. No pudieron ver porque tenían que ir tan despacio. Camiones retorcidos volcados alrededor de los ríeles recién puestos y edificios destrozados les hablaban de nuevo sobre la pesadilla de la guerra.

Todo el mundo estaba cansado cuando llegaron a la estación de Barcelona. Al bajarse del tren, los pasajeros pudieron ver que la estación estaba llena de gente con signos de preocupación en sus caras mientras buscaban a sus seres queridos o una dirección para salir de la estación.

Siguiendo las señales de salida de la estación y de parada de taxis, Anita empujada por la corriente de gente salió. Demasiado cansada, cargando las maletas y el frágil peso muerto de Eduardito constantemente colgando de un lado, mientras ocultaba la bolsa, la cual abultaba ahora un poquito más, decidió coger un taxi, ahora mismo, para ir al puerto.

Los taxis estaban fuera, justo enfrente esperando a los pasajeros y Anita rápidamente se puso en la cola y enseguida fue ayudada a subir a uno, cuyo conductor le pidió inmediatamente la dirección. Anita no podía evitar, pero vio que su cara tenía un gesto de interrogación y de comprensión por su viaje y al mismo tiempo por donde ella quería ir. Diciendo que si con la cabeza donde ella dijo que quería ir, saltó dentro y los llevó derechos a la compañía naviera que le había pedido. Eduardito estaba ahora despierto, sentado en el regazo de su madre mirando alrededor, primero a su madre y después al taxista.

En muy poco tiempo llegaron a su destino. El taxista bajó y ayudó a Anita con sus maletas, mientras ella le pagó y le dio las gracias. Después entró en la oficina. No había nadie excepto una mujer de mediana edad que parecía ser la recepcionista y que le preguntó si podía ayudarla. Ella le explicó quién era y que acababa de llegar de Valencia con instrucciones de venir aquí para saber si su tía había enviado un mensaje diciéndole desde donde saldrían para Nueva York.

La mujer comenzó a discutir con ella que no podía ser la señora Rodríguez procedente de Valencia, porque nadie podía tener la posibilidad de conseguir atravesar el camino estos días pasados debido a los recientes bombardeos, además todo el mundo sabía que ningún barco salía ahora mismo de los puertos españoles. Cansada y no queriendo discutir, Anita preguntó si podía ver a la persona encargada, estando segura de que podría saber lo que estaba hablando. La mujer se disculpó y atravesó una puerta de la oficina que estaba detrás de ella.

Anita puso su equipaje en el suelo, cerca de un banco y se sentó allí con Eduardito en su regazo esperando a que alguien volviera. Enseguida volvió la mujer con un hombre detrás de ella cuya cara le era familiar. No era otro que el hombre que solía verla mientras caminaba en Palma de Mallorca, del cual nunca tuvo ocasión de despedirse. Él parecía atontado cuando la vio y después vio al bebé. Ambos gritaron al mismo tiempo al verse el uno al otro. La mujer tuvo una sorpresa doble al ver que su jefe la conocía.

"No sabía donde había ido cuando fui a verla la ultima vez y de eso hace cerca de tres años", dijo él. "Fui trasladado aquí en 1936, cuando los nacionales tomaron el control de Mallorca, ¿y usted?" Anita le explicó que había ido a la Universidad de Madrid cuando termino de enseñar, encontrando a su marido y casándose en 1935, teniendo entonces un niño en 1936, ahora ella estaba tratando de reunirse con su tía y así volver a los Estados Unidos donde podría obtener la medicina y la comida que su hijo necesitaba, ya que los médicos le habían dicho que podría morir pronto de malnutrición si no lo hacía.

140

Dicho esto el caballero le pidió que entrara en su oficina y cogiendo sus maletas le señaló el camino. La mujer todavía caminaba detrás asombrada por las historias que había oído y sonrió levemente cundo Anita se levantó y pasó delante de ella.

Dentro de su oficina le explicó que ella necesitaba ir a la Embajada Americana, donde sus instrucciones, billetes y dinero estarían esperándola. Más tarde le explicó que no estaba permitido sacar dinero de España y que todos los barcos salían de Marsella o de Le Havre, en Francia.

Apenas una sensación abrumadora comenzó a arrastrarse sobre ella, el caballero dijo que la ayudaría porque no sería fácil salir de España ahora mismo. Nadie sabía cuando sería cerrada de nuevo la frontera y de todos modos tampoco había un verdadero transporte para cruzarla, a menos que conocieras a alguien. Anita miró su cara y vio una mirada comprensiva de amistad y supo que una vez más debía ponerse en manos del destino para seguir adelante. Mirando hacia abajo a Eduardito, el cual estaba casi al mismo tiempo mirando hacia arriba a ella, supo definitivamente que esto era lo correcto. "Yo tengo un coche", dijo, "así que puedo llevarla a la embajada, para empezar. Deberíamos ir ahora mismo". Anita se lo agradeció y él rodeó la mesa y cogió su equipaje una vez más y se adelantó para abrir la puerta.

Eduardito que había estado atento mirando a ambos, puso ahora su cabeza en el hombro de su madre acomodándose en él y ocultando de nuevo la bolsa sin saberlo.

Una vez en la embajada, el caballero la ayudó a bajar y a entrar. Él se sentó con las maletas mientras Anita explicaba quién era y que tenía que ver al cónsul. Mientras el guardia de la marina la ayudó para anunciarla en la oficina del cónsul, Anita se sentó al lado de su amigo, el caballero. Si alguna vez ella necesitó ayuda y paciencia de un amigo era ahora. Eduardito se durmió tranquilamente en sus brazos mientras esperaban.

Sentados allí, su amigo le dijo que ella necesitaba un lugar donde permanecer y que podría ayudarla con eso también. Él le explicó que no creía que ningún lugar de la ciudad fuese bastante seguro. Barcelona había sido fuertemente bombardeada en Marzo por los italianos, para los nacionales y aunque no lo había sido durante el pasado mes, aun no se sabía nada. Le dijo que tenía unos amigos que vivían en una villa en las colinas justo a las afueras de la ciudad.

Él sabía que no les importaría ayudarla mientras hacía los trámites para su salida a Francia.

Cuando estaba escuchando y agradeciéndoselo casi al mismo tiempo, Anita fue llamada para ver al cónsul. Su amigo se levantó y le aseguró que vigilaría sus maletas hasta que volviera. Mientras, sonriendo con aprecio una mujer joven vino hacia ellos y acompañó a Anita a la oficina del cónsul.

El cónsul la hizo sentirse cómoda y estaba encantado de que hubiera hecho el viaje con seguridad. Anita se sentó y después de colocar a Eduardito en su regazo, sacó la bolsa diplomática de su abrigo y se la dio.

Correspondiendo, él tomó la bolsa, la abrió y brevemente miró los papeles y los puso de nuevo en la bolsa. Él entonces le dijo que había recibido un mensaje de la embajada en Marsella. Ella tenía que ir y coger los billetes y el dinero que estaban esperándola allí, de parte de su tía.

Todo le sería explicado más a fondo cuando llegase a la embajada. También le dijo que tenía que estar en la embajada para el 20 de Abril. El único problema era como llegar allí. Como él estaba a punto de decir algo, Anita empezó a hablar diciendo que tenía un amigo esperando fuera que le había dicho que podría ayudarla con eso. Él sonrió y le dijo lo afortunada que era, pero ahora tenía un favor que pedirle. ¿Podía ella por favor llevar la bolsa diplomática con papeles adicionales a la embajada de Marsella? Cuando Anita dijo si, él le dijo que tenía que tener cuidado y no permitir que nadie la viera con ellos por razones de seguridad. De acuerdo con eso se relajó un poco y sonriendo un poquito le dijo que esos habían sido los deberes de Eduardito a lo largo del camino. Él los felicitó a ambos con una amplia sonrisa, mientras ponía los papeles adicionales dentro de la bolsa y se la entregaba de nuevo a Anita, la cual cuidadosamente volvió a meterlos dentro de su abrigo.

La acompañó hasta la puerta y después hasta afuera, donde su amigo estaba esperando; los dos hombres intercambiaron miraras familiares mientras avanzaban el uno hacia el otro, pero nada más. Su amigo entonces cogió el equipaje de Anita y dijo simplemente hola cuando ella le presentó. Con el equipaje en la mano, él inclinó la cabeza y dio la vuelta para salir con Anita detrás de él.

Una vez en el coche, Anita explicó que todo estaba correcto, que tenía que ir a Marsella a recoger sus billetes y dinero. El movió la cabeza y dijo que la ayudaría a encontrar un medio de transporte, pero que podría ser que tardase un par de días. Mientras tanto él ahora iba a llevarla a casa de sus amigos para que permaneciera con ellos mientras él lo conseguía. Todo lo que ella pudo decir fue que no quería molestar y que quizás sería mejor permanecer en la ciudad. Él insistió en que sería más seguro para ella permanecer fuera de la ciudad y de ese modo nadie podría verla yendo y viniendo ni levantar sospechas cuando fuera el momento de salir de España.

Actualmente había una sensación de inquietud en Barcelona desde el bombardeo, como ella seguramente podía comprender. Anita movió su cabeza y estuvo de acuerdo con sus planes.

Él se dio cuenta de que lo primero era que Anita no había comido durante largo tiempo y parecía muy cansada, igual que el bebé. Los llevó a un sitio no lejos de la embajada donde se relajaron comiendo algo. Eduardito estaba a punto de protestar y Anita preguntó si podrían conseguirle leche para el bebé y así él no se quejaría. El camarero volvió rápidamente con ella. Mientras los dos adultos charlaban sobre los viejos tiempos y lo que había ocurrido desde entonces. Eduardito se echó en los brazos de su madre, en una postura cómoda tomando leche de vez en cuando, mirándolos a los dos y alrededor de ellos a todo el mundo. Anita estaba disfrutando de la compañía, pero pudo ver que era hora de irse, de modo que de nuevo dio las gracias a su amigo mientras él pagaba la cuenta y levantó a Eduardito para estar listos para salir cuando él quisiera.

Mientras caminaban hacia el coche ella se sintió restablecida y comenzó a mirar las tiendas de zapatos y le explicó a su amigo lo que le había prometido a su marido. "Bien", dijo su amigo, "ya que no puede sacar el dinero fuera del país, ¿por qué no compra esos zapatos ahora?" Anita pensó que era una buena idea y además hacía un rato que había visto un par que le había gustado. Así que entraron al almacén y compró un par para ella y otro para Eduardito. Después de salir de allí, su amigo le sugirió que se comprara un bonito vestido para celebrar la primavera, así que ella lo hizo y compró algo para Eduardito también.

Con los ánimos renovados, hicieron el camino de vuelta al coche y ambos se dieron cuenta de que se habían relajado juntos y se habían olvidado de la guerra por un rato.

La subida por el camino ventoso a la villa de sus amigos era refrescante y con un poquito de aire primaveral revitalizante soplando ahora un poquito.

Él le explicó que donde iban era a casa de un amigo. Él y su esposa eran amigos desde mucho tiempo atrás y el hombre era como un hermano. Él sabía que su esposa la acogería con cariño y al niño también. Ellos no habían tenido hijos aún y por esa razón adorarían a Eduardito. Anita sonreía mientras le explicaba las cosas, pero no hacía preguntas, excepto cuanto le podía costar la estancia en casa de sus amigos y salir del país. Él dijo que no se preocupara por eso. Además ella ahora sería una gran ayuda para ellos.

En unos 30 minutos, llegaron a la villa con sus espléndidas vistas de las montañas y un poquito de la ciudad. Mientras que condujeron hacia arriba y pararon enfrente de la entrada, una criada salió a darles la bienvenida, con su amigo y su esposa saludándoles detrás de ella. Eduardito se despejó mirando alrededor con sus grandes ojos redondos.

Las mujeres abrieron la puerta y ayudaron a Anita a salir con el bebé mientras los hombres se daban uno a otro un abrazo de bienvenida. Una vez que Anita salió con el bebé en brazos, la criada caminó detrás y la esposa se adelantó dándole la bienvenida con un beso en cada mejilla, mientras le señalaba el camino de entrada a la casa. El aire era fresco y un poquito flojo, pero era agradable purificando la cara de Anita y también el bebé se sentía a gusto, como ella podía ver. Parecía que los revivía a ambos.

Pasaron un par de días, lo que dio a Anita y al bebé ocasión de descansar en un poco de lujo, tener sus ropas lavadas e incluso planchadas. La comida era buena y sus anfitriones le dijeron que no habían sufrido demasiado, después de todo, por lo que se refiere a la escasez de comida. Llovió un poco esos dos días, pero eso estaba bien en lo que concernía a Anita, significaba que tenía una excusa para descansar más. El bebé no parecía tan decaído y ella estaba agradecida por eso.

Al tercer día su amigo llegó diciendo que había encontrado un viaje para ella con dos médicos ingleses que volvían a Inglaterra por la frontera francesa. Él la pondría en contacto con ellos ahora, pero no saldrían hasta esta noche. Ella debería empaquetar sus cosas y debería permanecer con él en su oficina hasta el momento de la partida. Prometió explicarle todo con más detalle en el camino de vuelta a la ciudad.

Anita subió apresuradamente a empaquetar sus pocas cosas y cambiar al bebé por última vez antes de partir.

Hecho esto, rápidamente bajó las escaleras para encontrarse con sus anfitriones y con la criada esperando para decirles adiós a la entrada del vestíbulo. Buenos deseos y abrazos se extendieron por todo el camino hasta el coche donde su amigo estaba esperando con el motor en marcha y diciendo adiós. Anita se detuvo un momento con la anfitriona para decirle que quería darle algo por la amabilidad de tenerlos allí. La mujer dijo que no absolutamente e indicó a la criada que la ayudara a poner el equipaje en el coche mientras ella ayudaba a Anita y al bebé y cerraba la puerta, después le deseo un viaje seguro. Anita lanzó besos mientras sostenía al bebé con un brazo.

Había un aire frío que subía serpenteando desde la hondonada hasta la villa y el cielo tenía aspecto de traer más lluvia. Al salir, todo el mundo dijo adiós con la mano por última vez. Anita comenzó a decirle a su amigo que había pasado unos días maravillosos y los simpáticos que eran sus anfitriones. Él respondió que sabía le gustarían, después comenzó a describir a los hombres y la situación con la que se iba a encontrar pronto. Anita escuchó atentamente, mientras que el bebé estaba tranquilo sentado en su regazo. Le explicó que los dos médicos eran parte de un grupo de Inglaterra a los que se les permitió traer medicinas para ayudar en la guerra. Eran simpatizantes del movimiento republicano y esa era la única cosa permitida como supuesto acto de no intervención. El acuerdo entre las naciones circundantes era permitir que las medicinas y los médicos entraran. Mientras tanto los médicos querían ayudar a los refugiados que por alguna razón deseaban huir de la situación política actual. Su misión era dejarlos en la ciudad fronteriza de Port Bou. Por esa razón, necesitaban viajar por la noche para no ser vistos al dejarlos allí. Anita permanecería con ellos cuando cruzaran la frontera, ya que tenía la documentación legítima para atravesarla. Su amigo también sabía que ella llevaba una bolsa diplomática para los Estados Unidos y estaba preocupado por ella, así que se fió de los doctores y se lo contó, puesto que también eran amigos suyos. Ellos le dijeron que tendrían un plan alternativo preparado para el momento en que se reunieron por la tarde.

Anita estaba aturdida de nuevo con su destino tratando de ayudarla para salir de España y conseguir llegar a su destino a tiempo. Se dio cuenta también de que todo lo que podía decir era, "bien, y entonces, qué?"

Enseguida llegaron a su oficina y vieron un camión militar estacionado enfrente de ella. Su amigo estaba encantado de que los doctores hubiesen llegado y le dijo a Anita que ese era el vehiculo en el que viajarían. Ella preguntó si los refugiados estaban esperando ya. Él dijo que no, que los recogerían esta noche en su camino de salida de la ciudad.

Dentro, su secretaria/recepcionista saludó casi con frialdad y le dijo que tenía visita esperándole dentro de la oficina. Ella advirtió que Anita y el bebé le seguían. Apenas entraron en la oficina, los dos médicos se pusieron de pie y les saludaron sonriendo entusiasmados. Cuando vieron la mirada de Eduardito hacia fuera de su manta, se rieron de lo adorable que estaba con sus rizos rojo-castaños. Pensaron que parecía un bebé inglés de modo que le llamaron "el inglesito", el pequeño muchacho inglés. Todos asintieron con sonrisas y carcajadas, pero Eduardito miró hacia arriba a su madre con semblante serio y apoyó su cabeza en su hombro.

Después de las presentaciones y detrás de las puertas cerradas, los doctores fueron derechos a explicar el plan de viaje, el cual era parecido al de su amigo. Cubrieron ligeramente el hecho de que sabían que ella llevaba una bolsa diplomática de Estados Unidos para ser entregada en la embajada en Marsella, donde ellos estaban de acuerdo en dejarla. No tenían interés en los papeles, de modo que ella no tenía que preocuparse, pero tenían un plan para su seguridad, en caso de que algo fuese mal. Estaba ya organizado con los cuáqueros francés que ayudaban a los refugiados con los problemas que les pudieran surgir mientras los llevaban a un sitio seguro. Los médicos sabían que podían acudir a ellos siempre que los necesitaran, porque ya habían probado en el pasado ser de confianza y útiles. Básicamente ellos tenían montado un servicio clandestino de ayuda en la guerra. Los médicos dijeron que era posible que se separaran en la frontera y le preguntaron si ella podía hablar francés. Si replicó Anita, y les explicó que había estado enseñando francés en España, de modo que lo tenía fresco y fluido. Excelente, exclamaron y continuaron dándole una contraseña que ellos tenían ya establecida para ella. Anita la repitió varias veces para fijarla firmemente en su cabeza. Los médicos y su amigo estaban impresionados y lo demostraban con sus sonrisas y movimientos de cabeza aprobatorios, mientras sonreían levemente.

Después de esto, los médicos preguntaron a su amigo si podía llevarlos al lugar de salida alrededor de las nueve de esa noche. A continuación dijeron adiós alegremente, se despidieron del *inglesito* y se fueron. El amigo de Anita los acompañó hasta la mitad del camino hacia la salida y después se despidió. Dijo a la secretaria en la oficina delantera que podía irse a casa. Ella se levantó mientras miraba de soslayo a la oficina de su jefe y rápidamente cogió su sombrero, abrigo y bolso. Se volvió mientras se los ponía cerrando la puerta detrás de ella.

El amigo de Anita permaneció parado allí pensando durante un rato después de su partida y luego entró en su oficina y dijo que deberían ir a comer algo a un lugar que tenía en mente. Anita accedió pero con algún extraño sentimiento. Le observaba mientras cogía al bebé, como él cerraba la oficina y la acompañaba a su coche.

La cena era buena y la conversación despreocupada. Anita estaba empezando a preguntarse si su amigo posiblemente tenía conexiones, como las que tuvo para ayudarla, porque estaba conectado con alguien de las varias organizaciones dentro del bando republicano. No es momento de pararse a pensar en eso, debería concentrarse en los asuntos que se traía entre manos, pensó. Además estaba empezando a cansarse un poco y todavía quedaba mucho, por ejemplo, cuanto le iba a costar el viaje. Haciendo esta pregunta en una pausa de la conversación, su amigo respondió rápidamente que si ella pudiera dar solo algo, se lo agradecerían, ya que ayudaría a los doctores a pagar el gas y suministros para la vuelta. Le dio instrucciones de que se lo diera cuando ellos la dejaran a salvo en Marsella. Anita asintió con la cabeza y de nuevo le dio las gracias.

Llegando al lugar de la cita, en las colinas, Anita vio un grupo de unas ocho personas llevando una bolsa o un paquete cada uno en sus manos. El camión tenía ahora una lona sobre la parte trasera, detrás de la cabina de tal manera que nadie podía ver lo que había dentro. Respirando profundamente, Anita cogió a Eduardito, mientras su amigo cogió sus bolsas. Parecía extrañamente oscuro, como si la luna y las estrellas estuvieran escondiéndose en el gran firmamento y solo el destino sabía donde guiarles.

Su amigo se le había acercado y la ayudó poniendo la bolsa más grande sobre el hombro opuesto al bebé y dándole la bolsa marrón pequeña para que la sujetara con la mano de ese brazo. Mientras él se agachó para darle un beso cariñoso en una de sus mejillas, le susurró que le diría a los doctores que ella estaba allí y que sería mejor que él se fuera para no despertar muchas sospechas sobre la reunión. Anita dijo que si y se acercó donde los refugiados empezaban a subirse, en la parte trasera del camión. Uno de los doctores corrió para reunirse con ellos a la vez que se despedía del amigo. Puso su brazo alrededor de sus hombros mientras la guiaba, diciéndole que no era refugiada y que subiera delante con ellos.

Mientras le ayudaba a subir al centro de la cabina, le puso las bolsas detrás de las piernas, delante del asiento; mientras tanto el otro doctor se daba prisa subiendo a los refugiados en la parte trasera y atando la lona. Todo se hizo tan rápida y silenciosamente como fue posible y en un rato relativamente corto salieron.

El viaje fue silencioso en su mayor parte con Eduardito recostado sobre su madre, en una postura medio encorvada y siempre sentado encima de la bolsa. Anita y los médicos hablaban en tonos suaves en medio del zumbido del motor mientras buscaban por la ventana el alivio del amanecer que les guiaría con más seguridad por su camino. Anita musitaba como se estaba acostumbrando al hecho de que se condujera sin luces y sin luna o estrellas que los guiaran.

Los médicos hablaban más que nada de lo que hacían en España para ayudar a la causa socialista en la que ellos creían y de cómo las uniones organizadas eran el principio para cambiar las mentalidades actuales sobre economía y política. Sentían que era lo correcto y ellos tenían que ser parte de ello. Su interés era estrictamente humanitario. Anita asentía la mayor parte del tiempo; sus ojos y cuerpo estaban cansados y su mente ocupada constantemente intentando ser consciente de las cosas que ocurrían a su alrededor.

Ocasionalmente Eduardito se movía y siempre miraba primero a su madre en busca de esa sonrisa reconfortante que le aseguraba que todo iba a salir bien, entonces les dedicaba su atención a los médicos, los cuales explicaban a Anita que él estaría bien una vez que estuviera en America con toda la comida y medicinas necesarias. Ellos continuaron diciéndole como se daban cuenta de lo que echaban de menos atender a los niños ingleses, y Eduardito les recordaba todo lo que temporalmente habían dejado atrás. Eduardito provocaba sonrisas a los doctores y expresiones tranquilas de gratitud a la cara cansada de Anita.

Después de bajar las colinas, estaban ahora sobre caminos estrechos al borde del mar, con pequeños pueblos aquí y allá, pero todavía no había luces por ninguna parte. A Anita todo le parecía un poco irreal y notaba que circulaban un poco más despacio. Todos se preguntaban si los pueblos habían sido abandonados, o si todo el mundo sabía que tenían que tener las luces apagadas porque si no serían un blanco fácil desde el mar. De cualquier manera no podían pararse a averiguarlo, ya que su destino era el pueblo fronterizo de Port Bou.

Dentro de la cabina todos estaban callados y Anita se dio cuenta de que no había oído ningún ruido en la parte trasera del camión durante todo el viaje.

Enseguida empezaron a subir y continuaron por caminos serpenteantes y llenos de baches. Otra vez no iban a poder ir un poquito más rápido, sin embargo se decidió que habían llegado a un lugar suficientemente seguro para que todos pudieran salir y descansar. El amanecer lentamente empujaba a la oscuridad y ya había algo de luz para poder tener un alivio personal. El conductor fue rápidamente a la parte trasera y mientras abría la lona y explicaba lo que acontecía, el otro doctor ayudó a Anita a salir con el bebé y le dijo que él sujetaría al bebé un rato mientras ella se refrescaba. Anita rápidamente dijo que no a la vez que intentaba parecer amable.

Había susurros de preocupación de los que estaban atrás, pero los médicos les aseguraron que todo iba bien y que no les iban a abandonar allí, que solo paraban un rato para descansar. No totalmente confiados, algunos de ellos llevaron sus pertenencias con ellos, mientras otros se apresuraron con sus asuntos agradecidos por la parada rápida de alivio. A causa del bebé Anita tardó un poco más, tenía la bolsa marrón con ella que el doctor le había dado cuando se le había pedido. A estas alturas ella tenía establecida una rutina para cambiar a Eduardito en un tiempo récord.

Todo el mundo volvió a la parte trasera del camión y cerraron la lona. Todo esto en una media hora. Los médicos cambiaron el turno de conducir.

Ahora a la luz del día pudieron ver que el mar Mediterráneo estaba por debajo de ellos y no había más que caminos de tierra serpenteantes con las rodadas de un tráfico antiguo que había pasado durante las nieves de invierno y las lluvias fuertes. Los médicos intentaban minimizar las sacudidas causadas por al mal estado de la carretera; ellos obviamente habían estado anteriormente y parecían conocer donde estaba cada bache.

Mientras la carretera parecía empujarles hacía delante, los que estaban en la cabina podían disfrutar de las magníficas vistas de los Montes Pirineos delante y a la izquierda de ellos y al mar Mediterráneo a la derecha y abajo. ¡Que belleza!, dijo Anita a los médicos cuando le preguntaron que le parecía la vista. Ella compartió su opinión con ellos de que no había otro azul como el del Mediterráneo y ¡que tranquila le hacía sentirse el mar!. Los médicos rieron abiertamente y comentaron lo contentos que estaban de haberla hecho feliz aunque fuera solo por un momento durante este periodo de desorden.

No mucho después pudieron ver un pueblo montañoso delante de ellos. Los doctores dijeron que ese sería el destino final para los refugiados. Le explicaron que el pueblo estaba dividido en dos partes. La parte superior que estaba cerca de la estación de tren es donde los refugiados saldrían, el resto del pueblo estaba en la parte inferior cerca de la entrada a una bahía. Solo barcos pequeños podían entrar y salir ya que no era suficientemente profundo para barcos más grandes. Cuando se fueron, tendrían que bajar allí, solo porque el camino bajaba antes de volver a subir donde estaba el cruce de la frontera. Anita asintió esperando instrucciones adicionales acerca de cuando sería y donde esperarían ella y Eduardito mientras tanto.

Los médicos le explicaron que ellos estacionarían en una calle trasera que llevaba a la estación de tren que estaba por encima y a la que se accedía por una escalera muy larga y lo que lo mejor era que saliera con los refugiados y subiera con ellos a la estación como si fuera a coger el tren. Debería esperar dentro hasta que uno de ellos fuera por ella y se la llevara como si hubiera estado esperando para que la recogieran con el niño.

Anita asintió y cuando llegaron al punto designado, salió con el doctor por el lado del pasajero y él la ayudó con su maleta y le indicó la dirección hacia las escaleras. El otro médico salió y ayudó rápidamente a los refugiados a salir. Anita no se volvió y fue directamente a las escaleras como estaba planeado. El sol ya había salido, pero había una brisa fría por la calle que la seguía hasta la estación de tren.

La brisa parecía dar vueltas alrededor suyo otra vez mientras se dirigía a las escaleras. Ella lo comparó con su suerte poniendo el brazo alrededor suyo, guiándola hasta el siguiente punto de su cita con el destino.

CAPITULO DIECISIETE

**Por la Gracia de Dios
Voy Yo**

Anita y Eduardito habían estado sentados durante un rato en
la estación de tren. Los dos habían tomado un poco de leche y lo
último de un pedazo de panecillo que había guardado en la pequeña
bolsa marrón para un momento como ese. Había unas cuantas
personas que salían y entraban, pero ninguno del grupo que había
venido con ellos. Lo que no sabía Anita era como cruzaban a
Francia los refugiados, una vez que habían llegado allí.

Los refugiados tenían dos posibilidades. Una era coger un
camino que les llevaba serpenteando alrededor de la montaña y
al otro lado de los Pirineos. Ya había pasado la mitad de Abril;
el último de los vientos del invierno soplaba por las cimas, a
través de las hendiduras y dentro de los ventosos valles estrechos.
Lluvias ocasionales empezaban a derretir la nieve, de modo que
los caminos estaban llenos de barro resbaladizo, ventosos, fríos y
simplemente miserables. La mayoría de los refugiados no estaban
equipados para un viaje así y no tenían suficiente comida ni agua
para alimentarse durante la odisea.

La segunda opción era atravesar el túnel del tren. Esto se hacía
normalmente durante la noche para que nadie les viera entrar. No
importaba la hora del día a la que entrabas en el túnel, porque no se
podía ver ninguna luz de ninguna de las dos entradas. La razón era
que el túnel era largo y que tenía una curva, así que no se podía ver
la luz de ninguna de las dos bocas ni de día ni de noche, hasta que
estuviera bien pasada le curva. Dentro del túnel había sitio para que
pasara un tren, pero nada más. Esto quería decir que si tu no habías
atravesado el túnel antes de que el tren entrara, te atropellaba.
Familias enteras murieron de esta manera.

Justo cuando Anita empezaba a preguntarse si la habían
abandonado, uno de los médicos entró saludándola como si fuera
familia que llegaba tarde a recogerla y llevarla a casa. Anita le siguió
el juego. Eduardito se espabiló y le miró sin decir ni una palabra,
luego miró a su madre mientras saludaba al doctor. El médico

cogió las bolsas rápidamente y le pidió que le siguiera mientras se disculpaba por haberla hecho esperar tanto tiempo. Anita simplemente sonrió y dijo que estaba todo bien y que sabía que había estado ocupado esos días.

El médico la adelantó al final de la escalera y le indicó que se cogiera de los pasamanos mientras dirigió tranquilamente la bajada de las escaleras para que ella y el bebé no se cayeran.

El camión les estaba esperando, pero esta vez la lona estaba recogida. Él la ayudó a subir a la cabina y colocó sus bolsas otra vez debajo de sus piernas. Saltando a la cabina, cerró la puerta, mientras el otro médico se disculpó por tenerles esperando. Le explicó que habían estado buscando un lugar donde se pudieran quedar hasta el anochecer. Sería en casa de una familia que conocían y la esposa les estaba preparando algo de comer para cuando llegaran. Anita les preguntó por que no podían continuar el viaje ahora mismo. Los médicos le explicaron que estaban cansados y que necesitaban comer y dormir primero. Ella dijo que si con la cabeza, no dijo ni una palabra más, mientras que Eduardito había estado moviendo la cabeza, mirando a uno y a otro mientras hablaban.

Al rato estacionaron enfrente de un edificio de dos plantas, pintado de blanco, adosado a otros edificios parecidos en una calle en cuesta. Nadie salió a recibirles y los médicos no hablaron. Uno de ellos le cogió sus cosas y le ayudó a bajar, mientras el otro se adelantó y tocó el timbre de la entrada. La puerta se abrió casi inmediatamente, unos simples saludos se intercambiaron mientras acompañaban a Anita a entrar. Una vez dentro del vestíbulo, Anita vio a una mujer mayor subiendo las escaleras, mirándoles mientras entraban y que continuaba subiendo hasta el segundo piso. Todos la siguieron sin decir una palabra.

La mujer cerró la puerta y les saludó sin una sonrisa hasta que vio a Eduardito. Una sonrisa fresca y suave cruzó su cara y una bienvenida calurosa se extendió hasta Anita y el bebé. Ella replicó con una sonrisa. Era fácil adivinar que ella y el bebé estaban cansados y hambrientos. Al entrar al salón principal Anita notó que la habitación estaba mal iluminada y las cortinas estaban echadas sobre las ventanas que escondían la vista de la ensenada a la derecha y de las colinas puntiagudas que ellos estarían cruzando pronto.

El olor de una comida caldosa vino desde la habitación de atrás. La mujer ahora les ofició asientos y comenzó a estar un poco más relajada con todos ellos. Anita pudo ver que los médicos conocían a la mujer, de modo que ella misma se sintió más relajada. Uno de los médicos olfateó el aire antes de sentarse y preguntó que estaba cocinado con una sonrisa traviesa en su cara, mientras el otro hacía el mismo gesto y preguntó si era su sopa especial. La mujer sonrío con orgullo y bromeó con ellos mientras al mismo tiempo les indicaba que la siguieran a la habitación contigua y que se sentaran en las sillas que ella les señalaba alrededor de la mesa.

Eran las últimas horas de la tarde y el sol estaba empezando a encontrar un lugar para descansar detrás de uno de los picos de las montañas. La casa estaba caliente y parecía vieja pero cuidada. Podía verse fácilmente que la mujer había vivido allí durante años. Por las fotografías que había colgadas en las paredes del pasillo que conducía a la cocina, parecía que ella tenía marido y varios hijos. Anita supo más tarde que ellos habían ido a luchar por la República un par de años antes y la madre no había tenido noticias de ninguno desde hacía casi un año.

Eduardito estaba despierto en los brazos de su madre cuando entraron en la cocina. La mujer les invitó a sentarse e hizo una indicación al bebé para que se viniese con ella, pero el niño se volvió y puso la cabeza en el hombro de su madre, como si quisiera dormir. Anita se disculpó pero la mujer dijo que lo entendía y volvió a sonreírle. Anita dio las gracias y se sentó al final de la mesa y colocó a Eduardito en su regazo. Él comenzó a protestar inmediatamente cuando vio toda la comida, pero Anita rápidamente le giró poniéndole lejos de la vista de la mesa y mirando hacia la mujer que ahora estaba haciendo gestos y sonriendo para hacerle olvidar lo que le preocupaba. Eduardito la miró y entonces silenciosamente puso su cabeza en el hombro de su madre.

Anita sopló lentamente a las cucharadas de sopa caliente para enfriarlas lo suficiente para tragarlas sin quemarse la boca, de vez en cuando conseguía engatusar a Eduardito para que tomara alguna también. De esta manera ambos tenían algo que les reconfortara y a la vez les nutriera. Mientras tanto la conversación alrededor de la mesa giraba en torno a la parte del viaje que iban a realizar a continuación.

Después de la comida, la mujer mostró a Anita donde podían asearse un poco y donde ella y el bebé podían estirarse un poco afuera, antes de que se hiciera de noche. Anita aceptó agradecida su oferta, cogiendo su pequeña bolsa marrón antes de que le mostrara donde podían estirarse ella y el bebé entraron al cuarto de baño a asearse. Después de que la mujer le enseñara todo alrededor, los dejó y volvió a la cocina para continuar su conversación con los doctores. Esta vez ella estaba deseosa de preguntar si ellos habían visto u oído algo sobre su marido y sus hijos.

Estaba oscuro afuera cuando la mujer vino a despertar a Anita y decirle que debía levantarse y estar lista porque los médicos querían salir pronto. Levantándose inmediatamente, pasó rápidamente al cuarto de baño a lavarse mientras Eduardito estaba todavía durmiendo. Cuando terminó vio que él acababa de despertarse, de modo que rápidamente le cambió, recogió sus cosas y estaba ya preparada cuando los médicos subieron las escaleras para recogerlos, diciendo que el camión estaba listo.

Anita sintió un escalofrío cuando salió fuera al aire de la noche. Sostener a Eduardito cerca de ella hacía que ambos se sintieran un poquito más calientes. Vio que el cielo de la noche estaba nublado y que había un rayo de luna tratando de ser visto entre las brillantes estrellas.

De repente se levantó un viento fuerte empujando las nubes que tapaban la poca luz que había. Entraron en el camión sin pensárselo dos veces y bajaron la cuesta acercándose a un pequeño y estrecho camino de tierra que les llevó al otro lado, a la frontera francesa. Uno de los doctores comentó que seguramente llovería.

Mientras hacían el camino por la estrecha y serpenteante carretera, todos oyeron de repente francotiradores a pesar de que llevaban las luces apagadas. Todos estaban tensos. Ninguno hablaba y todos ellos contenían la respiración. Mirando hacia abajo, Anita pudo descubrir el borde del pequeño puerto y las colinas en el lado opuesto. Le recordaban unas manos huecas en forma de taza, tratando de proteger la pequeña ciudad que asomaba por el horizonte desde donde ellos acababan de venir. Fue también entonces cuando pudo ver la destrucción que había en la zona debido a los constantes bombardeos habidos durante el mes de Marzo.

Cuando se aproximaron a la frontera pudieron ver luces en determinadas esquinas de le valla de metal con alambre de púas en la parte alta. El viento rugía a través del estrecho pasaje que estaba a la entrada de la frontera y dos guardias vinieron con los rifles encima de lo hombros y con bufandas alrededor de sus caras para mantenerlas calientes. Abrieron las puertas y les indicaron donde podían estacionar el camión.

El médico que iba conduciendo saltó hacia fuera con la documentación en la mano, mientras el otro puso su mano delante de Anita indicándole que no se moviera todavía. Uno de los guardias les ordenó a todos que salieran del vehículo y entraran en la oficina con sus papeles. El conductor trató de explicarles que sus papeles estaban en regla y les preguntó que porque les habían parado. El guardia no dijo nada mientras que señalaba a Anita. El médico que estaba sentado al lado de ella la ayudó a salir con sus maletas mientras ella se deslizaba fuera con el niño. Doblada contra el viento con el bebé cogido muy cerca de ella, caminó hacia el pequeño edificio. El doctor que la ayudó con el equipaje se inclinó hacia ella y le recordó la contraseña a usar si los separaban. Anita le dijo que sí y entraron al edificio de los guardias.

Nadie hablaba al principio, mientras, un guardia les señaló donde podían sentarse. Cuando los guardias se quitaron las bufandas, Anita vio que ambos eran bastante jóvenes. Ella dejó que los médicos hablasen por todos. Después de que los guardias escucharan y revisaran todos sus papeles, dijeron a los médicos que podían irse, pero sin Anita ni Eduardito. Los doctores insistieron en que debían ir con ellos porque no tenían otra posibilidad de llegar a la ciudad de Cerbere, la cual estaba justo al otro lado de la frontera, donde unos amigos estaban esperándoles. La discusión iba hacia atrás y hacia delante y Anita ahora estaba tratando de decir algo que la hiciera avanzar.

Los médicos fueron casi empujados hacia la puerta por uno de los guardias que movía su rifle y apuntaba en la dirección del camión. Cuando los médicos entraron al camión, el guardia fue a la puerta y la abrió por el lado francés y con su rifle les indicó que se fueran. Mientras tanto el otro guardia sostenía el pasaporte de Anita en su mano y le indicó que se sentara hasta que su compañero volviera. Eduardito estaba mientras tanto muy atento con el miedo bien visible en su cara a causa de las voces y de los gestos de todos los hombres. Anita se lo acercó y le besó los rizos de lo alto de su cabeza mientras lo mecía suavemente en sus brazos.

Cuando el otro guardia volvió, tomó el pasaporte de Anita y le dijo que él no podía permitir que saliera el niño, pero ella si. Continuó diciendo que las leyes actuales no permitían a ningún niño varón salir del país. Anita le respondió que ella conocía la ley y que se refería solamente a los niños de dos o más años. Además la única razón por la que se iba era para salvar su vida. El único lugar para hacerlo eran los Estados Unidos donde ella tenía familia que les ayudaría a ambos. Después de todo, ¿no querría él que este niño viviera y tuviera la posibilidad de participar en la reconstrucción de España?. Los dos guardias hablaron entre ellos mientras Anita pacientemente repetía la misma información de tantas maneras diferentes como podía pensar, sintiéndose más y más desperada a medida que pasaban las horas.

Los guardias escuchaban de vez en cuando pero luego volvían a su conversación privada. Anita estaba exhausta, tratando de razonar con ellos, de modo que se sentó. Mirando a su alrededor y tratando de escuchar lo que decían, se dio cuenta de que el viento había dejado de gemir fuera, pero podía ver que las nubes todavía formaban un velo del cual colgaban las primeras luces del día que podían verse.

Eduardito estaba sentado en su regazo, envuelto en su manta y enroscado en los brazos de su madre descansando. Ambos estaban cansados y hambrientos. Anita no tenía nada que darle. ¿Sería posible que ellos hubiesen venido desde tan lejos para darse la vuelta? ¿Perdería ella a su hijo a causa de la estupidez de la guerra? Una guerra estupita que había surgido nada más que de los obstinados deseos de ambos lados, y que continuaban luchando solo por ganar, porque la causa original estaba siendo erosionada por los interés de otros gobiernos.

Justo cuando estaba amaneciendo los guardias vinieron a decirle que podían irse. Efectivamente, ella estaba en lo cierto; ya que el niño tenía menos de dos años de edad y además como era también ciudadano americano, ellos no podían retenerlo. Con esto uno de los guardias la ayudó con el equipaje, mientras ella salía sin decir nada. El otro guardia salió para abrir la puerta hacia Francia.

Con los guardias diciendo adiós y deseándole buena suerte, ella caminó hacia la puerta y a través de un patio de hormigón. Su dirección hacia la salida estaba indicada por vallas de dura tela metálica con alambres de púas por arriba. Ella se sentía como si estuviese saliendo de una prisión después de haber sido parte en un crimen, ella, su marido y su familia que no habían cometido, y ahora debía seguir adelante sin ellos. Los postes sostenían focos deslumbrantes que la conducían a la salida, a lo que y a donde ella no conocía, pero *"Por la Gracia de Dios voy yo"*, ella murmuraba y apretaba a su niño muy cerca de ella besándole en lo alto de su cabeza y deseando el consuelo del abrazo de su "Félixmío".

CAPITULO DIECIOCHO

Confianza Como Nunca Antes

La confianza puede ser inquietante
cuando debes continuar
poniéndola en manos del destino

El último rayo de luz procedente de los focos, deslumbraba a Anita, impidiéndole ver cualquier cosa y a cualquier persona. Mientras caminaba más allá del último resplandor, oyó el motor de un coche grande arrancando, y antes de que pudiera ver quién era, mirando por encima de la cabeza del bebé, paró casi enfrente de ella.

Desde ambos lados de los asientos traseros dos hombres salieron y se acercaron. Llevaban largos abrigos de cuero negro, casi hasta los tobillos y sombreros negros estilo fedora. Mientras se acercaban le hicieron un gesto de saludo como si fueran a quitarse el sombrero, sin embargo inclinaron la cabeza y se presentaron a si mismos.

Antes de que Anita pudiera decir algo, le dieron la contraseña debida para que supiera que eran las personas que venían a ayudarla. Oyendo la frase correcta, se adelantó y dijo la suya para asegurarles que era la persona que esperaban. Cada una de las partes satisfecha con la respuesta de la otra sonrió aliviada. Los hombres entonces la ayudaron con sus maletas mientras la acompañaban a la parte trasera del coche. Ella vio un conductor que vestía casi igual, mirando hacia delante cuando los hombres la pusieron en la parte de atrás entre ellos. El conductor la saludó y ella le devolvió el saludo. Se recordó a sí misma que de ahora en adelante la conversación sería nada más que en francés.

Incluso arrancando no se sentía totalmente tranquila. Los hombres de atrás procedieron a explicarle los pasos siguientes mientras ella colocaba a Eduardito en su regazo.

Bajaban por una carretera estrecha que no era mucho mejor que la de subida, pero ahora podían ver la pequeña ciudad de Cerbere debajo de ellos, alrededor de una bahía más abierta que la de Port Bou. La primera luz completa del día esparció sus rayos a través de las granjas y de los viñedos que se extendían sobre los bancales mientras ellos descendían donde la cálida luz de primavera continuaba difundiéndose por el mar.

Los hombres le dijeron que no se preocupara; ellos habían oído decir a los médicos que necesitaba ayuda para llegar a la Embajada Americana en Marsella. Ellos eran cuáqueros y trataban de ayudar en lo que podían dentro de esta terrible situación llamada guerra. Nadie sabía cuánto tiempo estaría abierta la frontera, por eso era que trataban de dar ayuda inmediata a quién fuera posible.

Anita tranquilamente se los agradeció y les explicó que solo tenía un poquito de dinero español y había oído que no tenía valor en Francia. Le aseguraron que no se preocupara, ellos no lo hacían por dinero. Trabajaban con las contribuciones de varias fundaciones. Les prometió que si la llevaban a Marsella, podría ver que dinero estaba esperándola allí y contribuiría en algo. De nuevo le dijeron que no se preocupara. Ella continuaba diciendo que si podía llegar a la oficina de telégrafos de la Western Unión, podría conseguir al menos el dinero necesario para ir desde Cerbere a Marsella. De nuevo le contestaron que todo estaba arreglado y que por favor no se preocupara.

La conversación giró en torno a donde iban a ir y a quién encontrarían, así que Anita escuchó atentamente. La iban a llevar durante el día a casa de una pareja donde también podría pasar la noche. Recibiría una nueva contraseña a usar. La pareja le diría cual era y donde debía usarla. En caso de que fueran observados a distancia, ellos la saludarían como si ella y el bebé fueran unos amigos a los que estaban esperando. De esta manera no se levantarían sospechas sobre que pudieran ser refugiados judíos que huyeran del régimen de Hitler. También le dijeron que estaban ayudando a escapar a muchos judíos que sabían que quizás estaban siendo observados para ser entregados a cambio de las recompensas ofrecidas por todos los refugiados que atraparan y entregaran. Anita prometió cooperar con sus planes.

Enseguida entraron a una granja que estaba abajo, en la última curva de la carretera, justo antes de la entrada de la ciudad. Tal como le habían explicado, la pareja salió y la recibieron felices y entusiasmados. Después de los besos de bienvenida en ambas mejillas, la esposa mostró a Anita, con Eduardito aún en sus brazos, el camino de entrada a su casa, de dos pisos de piedra, mientras cogía primero sus maletas de uno de los hombres. Su marido escuchaba a los tres hombres antes de que se introdujeran de nuevo en su coche y condujeran hacia abajo de la colina para dirigirse al este a través de la ciudad. Después se reunió con ellas y puso un brazo alrededor de los hombros de Anita para conducirla detrás de su esposa. La escena estaba completa.

Dentro, Anita pudo ver un hogar acogedor de las personas de mediana edad que obviamente habían vivido allí por algún tiempo. Por la ojeada que había dado al patio de la entrada, a las huertas y a los bancales de viñedos pudo ver que trabajaban duro y que disfrutaban con ello.

La esposa estaba deseosa de hacerla sentirse bienvenida y quería hacer todo lo que podía para que se sintieran cómodos. El marido, orgulloso de su esposa y de su hogar, quería hacer que Anita se sintiera tranquila y contenta y que no tuviera que preocuparse de nada mientras estuviera con ellos. Anita les comentó lo amables que eran ambos por darle una bienvenida tan calurosa a ella y a Eduardito y que no quería ser una molestia. Tenía que pedirles un favor, ¿podían llevarla a una oficina de telégrafos de Western Unión?. Allí ella podría conectarse con la embajada de Marsella para comunicarles que estaba en camino, pero necesitaba dinero para el billete de tren. Le dijeron que sí, que había una en la ciudad y podrían ayudarla. Anita dio un suspiro de alivio, mientras la pareja trataba de tranquilizarla para que no se preocupara.

Mientras el marido la ayudaba con sus cosas, la esposa hacía gestos a Eduardito para que viniese a sus brazos. Al principio él la miraba y se daba la vuelta y escondía su cabeza en el hombro de su madre. Anita se disculpó pero le explicó que él estaba muy cansado y ahora necesitaba estar con ella durante un rato. La esposa dijo que comprendía lo nervioso que debía estar con tantos cambios. Anita dijo si con su cabeza con una sonrisa de agradecimiento por comprender la estuación, mientras sostenía a su hijo muy cerca de ella y le mecía en sus brazos.

La esposa entonces le ofreció enseñarle donde podía asearse antes de comer algo con ellos. El marido comentó que su esposa era una buena cocinera y que él estaba hambriento y ansioso por probarlo. Las señoras rieron y se dieron la vuelta para ir a asearse y prometieron estar de vuelta enseguida.

De nuevo allí y sentados alrededor de una cómoda mesa de cocina, con olores de varias comidas calientes y el delicioso aroma del café, Eduardito comenzó a protestar cuando vio la comida mientras estaba sentado encima de su madre. Anita rápidamente le dio la vuelta para que no viese la comida, mientras explicaba a la pareja por que protestaba y se ponía nervioso cuando veía tanta comida a su alrededor. La pareja le miraba con compasión y tranquilamente dijeron que podían comprenderlo.

Anita estaba tan hambrienta que tenía que recordarse a si misma constantemente que debía guardar las formas y no comer demasiado rápido. Le dio a Eduardito migas de pan caliente para que las masticara mientras trataba de conseguir que bebiera leche también. La pareja miraba con ojos compasivos pero no decía nada.

Casi al final de la comida, el marido comenzó a hablar en un tono más serio sobre los planes para hacerla llegar a Marsella. Primero, él la llevaría a la oficina de telégrafos de la ciudad y después volverían para que ella y el niño pudieran permanecer allí por el día y pasar la noche. Por la mañana la llevarían a la estación de tren donde podría coger un tren a Marsella donde la estaría esperando un matrimonio. Cada uno de ellos llevaría puesto un sombrero negro y abrigos negros. La mujer llevaría un abrigo negro como el que su mujer había cogido de una percha cerca de la puerta delantera y lo había traído para que ella lo viera. Le comentó que todas las mujeres cuáqueras llevan este tipo de sombrero y abrigo. Los hombres llevan sombreros negros tipo fedora, tal como los hombres que la habían traído aquí. Ellos no tienen una fotografía de usted, dijo el marido, pero saben que lleva un niño en sus brazos y dos maletas. Le dijo que ella debería acercarse a la pareja descrita y procedió a decirle la nueva contraseña que ella debería usar.

Anita estaba sentada en la mesa atenta, con Eduardito sentado delante mirando a cada persona que hablaba. Cuando el marido terminó y todos callaron por un momento, él miró a su madre. Anita dijo que ella comprendía y después preguntó si la pareja con la que se iba a encontrar la iba a llevar a la embajada después de saludarla. Ambos le dijeron que si.

Anita explicó que sabía que una vez que fuera a la embajada, ellos tendrían noticias de su tía para darle. En Barcelona le dijeron que su tía le tendría listo todo lo que necesitarían ella y el bebé para dar el siguiente paso para volver a los Estados Unidos; por eso era tan importante conseguir llegar a la embajada. La pareja le dijo que lo único que podían decirle era lo que le habían explicado ahora y que la próxima pareja sabía el siguiente paso o pasos para ayudarla. El marido le dijo que este plan era el mejor para la seguridad de ella y del bebé, ya que era más seguro viajar de día. En este momento había mucha gente viajando a causa del régimen de Hitler y debido a la expulsión de los judíos de Alemania y de otras partes de Europa. Nadie sabía lo que le podía esperar, ni por que razones desde que él estaba también ayudando a Franco y al bando Nacional en España.

Anita respiró profundamente y se inclinó para besar el pelo rizado de la cabeza de Eduardito, mientras miraba fijamente hacía delante pensando en lo que acababa de oír. Con esto, la esposa preguntó con voz animada, si quería algo más de comer. Volviéndose rápidamente hacia ella con una ligera sonrisa, dijo no gracias, comentando lo bueno que estaba todo.

El marido se levantó de la mesa mostrando un poco más de alegría en su cara y ofreciéndose a enseñarle la parte trasera del patio. Quizás también pudieran disfrutar algo del calor del primer sol primaveral que ahora estaba empezando a llegar. Anita pensó que era una buena idea y le siguió afuera, mientras la esposa decía que iba a limpiar un poco antes de reunirse con ellos.

El sol era agradable. Al darse la vuelta, Anita se dio cuenta apenas con una mirada que el Mediterráneo se veía a ambos lados de la casa. Que hermoso, que azul tan especial y como deseaba que su Félixmío estuviera con ella ahora paras disfrutarlo y disfrutar de su hijo, ahora que parecía preguntar por él.

No llevaban allí mucho tiempo cuando salió la esposa diciendo que ya había terminado de poner todo en orden y que podían ir a la oficina de telégrafos; Anita asintió.

En la oficina de telégrafos, la esposa dijo que iría con ella para así observar todo a su alrededor, mientras Anita enviaba el telegrama. De acuerdo con el plan, se apresuraron mientras Anita explicaba que pediría una respuesta inmediata para no tener que volver otra vez. La esposa pensó que eso era una buena idea y que en cuanto ella lo enviara iría a decírselo a su esposo.

Hecho esto, las dos mujeres se sentaron con Eduardito en el vestíbulo, mientras que el marido se sentó en el coche y esperó. De esta manera si había alguna sospecha de que alguien estaba mirando, cada uno avisaría al otro. Anita se sentó esperando sentir que el destino le había traído la confianza a su lado.

Alrededor de una hora depuse, llegó la respuesta. Ella tenía dinero esperándola en la embajada y le enviarían 500 francos a *Transportes Mitjaville* a su nombre para los billetes a Marsella para ella y para el niño. Podría recogerlos de un represente de la compañía de allí en la estación de tren al día siguiente y estar a tiempo para tomar el último tren de la mañana.

Aliviados una vez más, los tres volvieron al coche donde el marido estaba fumando un cigarrillo, mientras permanecía de pie frente al coche, disfrutando del aire primaveral. Viéndoles venir, apagó al cigarrillo en la grava de la estación de coches y fue al lado del pasajero y les abrió la puerta. Una vez dentro, la esposa le explicó todo mientras el marido conducía de vuelta al hogar. Había un sentimiento de alivio en todos ellos, incluso en Eduardito cuando vio a su madre sonreírle.

A la mañana siguiente, el día se presentó a todos brillante y soleado. Anita tenía una taza de delicioso café, que tenía más de achicoria que de verdaderos granos de café, pero era todavía un lujo que le hizo pensar inmediatamente en la familia de Madrid. Se sentía un poquito culpable por ellos, así que no tomó una segunda taza que le ofrecieron. El desayuno encontró al bebé hambriento de leche y pan mojado en ella. La pareja parecía encantada porque también estaban más descansados y contentos con el ambiente. Anita había tostado pan igual que el resto y ella también estaba contenta con el ambiente.

Después de recoger sus cosas arriba, Anita se despidió de la pareja con un abrazo y les dijo que les mandaría dinero cuando estuviera de vuelta en casa. Ellos le dijeron que no, casi un poco sorprendidos. "Déselo al grupo de cuáqueros más cercano a usted", dijo el hombre, "y ellos lo pondrán donde más falta haga de las varias causas a las que tratan de ayudar". Anita dijo que si y cogió su abrigo y lo puso encima de su brazo antes de poner al bebé en él. La pareja llevó, cada uno de ellos, una bolsa y la colocaron en el coche.

La mujer dijo que se quedaría allí y deseándole buen viaje se despidió diciéndole adiós con la mano, mientras ellos lentamente bajaban hacia el pueblo, desapareciendo después de su vista.

Eduardito estaba especialmente despierto mientras estaba sentado encima de ella y el hombre dijo que él pensaba que debía de haberse puesto mejor con la buena comida de su esposa. Anita le aseguró que así debía ser porque estaba volviendo a tener color.

No tardaron mucho en llegar a la estación de tren. El hombre estaciono y le indicó donde tenía que ir. Saliendo rápidamente, dio la vuelta para ayudar a Anita a salir y cogió sus maletas. Una vez dentro de la estación buscaron al hombre que debía tener sus billetes. De repente apareció un hombre joven de apariencia tranquila de pie a su lado, diciendo el nombre de Anita en un tono reposado. Anita respondió inmediatamente y el hombre joven le dijo que tenía sus billetes, pero que por favor le mostrase alguna identificación. Anita tomó su pasaporte del bolsillo interior de su abrigo y se lo enseñó; satisfecho, sonrió saludándola con la cabeza, mientras le pedía que le firmara un recibo. Sosteniendo

Sujeto los papeles para que le fuese más fácil la firma, ella firmó y tomó los billetes. El hombre diciendo adiós se volvió y se fue y Anita se dirigió hacia la taquilla con el hombre cuáquero a su lado con las maletas.

Llegaron a la taquilla en la que no había cola de gente esperando. Ella le dio los billetes al hombre que estaba detrás de la ventanilla, el cual después de sellarlos y comprobar que todo estaba en orden se los devolvió y todos se fueron a un banco a esperar el tren.

"Este le llevará a Marsella pronto y sus amigos estarán ansioso por verla, estoy seguro." "Si", respondió ella al hombre mientras buscaba su cara. Casi susurrando le preguntó si había olvidado algo y si necesitaba su ayuda para algo antes de que los dejara. Anita respondió tranquilizándole que tenía todo lo que necesitaba y que había estado muy bien con él y con su esposa. Ambos hicieron un movimiento de cabeza al tiempo que sonrieron sabiendo lo que el otro realmente quería decir; Eduardito miró a ambos tranquilamente.

El tren entró silbando al llegar hasta que finalmente se paró con un pitido que parecía de agotamiento. Parecía estar jadeando mientras se apoyaba sobre los ríeles haciendo sonidos metálicos rítmicos de pausa y de marcha al mismo tiempo. El hombre entonces se aproximó dándole en la mejilla un afectuoso beso de despedida a Anita y un gesto especial a Eduardito cuando ellos iban a partir. Él entonces le ayudó con las maletas y con el bebé mientras ella sacaba los billetes. Esperó un momento antes de irse a que ella se volviera y él se volvió también y se fue.

Una vez fuera en el andén, el interventor la vio venir y rápidamente miró su billete y le indicó la puerta por la que debía entrar para embarcar. Una vez en el tren, puso a Eduardito en el asiento, sujetándole con su abrigo, mientras ella permanecía de pie, colocando su equipaje arriba. Al sentarse buscó al hombre a través de la ventana, pero se dio cuenta de que se debía de haber ido. El tren silbó y estaba listo para partir cuando pensó que todo el mundo estaba a bordo. El maquinista dio el visto bueno y saltó adentro. Empezaron el camino con un gran resoplido, bocanadas de vapor y un pitido del maquinista.

Anita dio un gran suspiro de alivio al disfrutar del confort de estar viajando otra vez. Se acomodó al lado de Eduardito que estaba otra vez sentado al lado de la ventana y encima del abrigo de Anita y de la bolsa diplomática cumpliendo con su misión.

Reclinándose en su asiento y con su mano sobre las piernas de Eduardito, Anita empezó a pensar de nuevo en su *Félixmío* y en lo que debía estar haciendo. Estarían sus hermanas haciendo cola para conseguir tabaco para cigarrillos, estaría la familia junta cosiendo y leyendo. ¿Habrían podido conseguir suficiente comida? ¿Qué tal estarían los otros hermanos? ¿Qué tal estarían con su bebé?

Alejándose de sus pensamientos miró a Eduardito y vio que el ritmo del tren había capturado su atención y ahora estaba dormido. La luz a través de la ventana dejó ver que su delicada cara estaba pálida y delgada. Esto le recordó que este viaje merecía la pena para salvar la cosa más preciada que Félix y ella tenían en común.

Después de unas cuantas paradas llegaron a Marsella. Habían recogido a más pasajeros durante el trayecto y los billetes se revisaban constantemente sin ninguna sonrisa por parte de nadie, notó Anita. Cuando finalmente el tren paró, ella no se dio prisa como antes. Fue más pausadamente mientras miraba constantemente por la ventana para ver si veía a la pareja que debía encontrar. Mientras estaba esperando en la cola para salir, miró por la ventana una vez más y creyó verles. Eduardito miró hacia arriba e indicó que quería ser levantado. Anita sonrió a la vez que le dijo que viajero tan experimentado era y que iba a estar bien.

Cuando bajó las escaleras con ambas manos ocupadas, mirando alrededor vio subiendo a la pareja que había observado antes. Ellos se adelantaron, con las palabras de bienvenida acordadas; ella respondió con las suyas y todos parecían aliviados y comenzaron ayudándola con sus maletas y haciendo gestos de bienvenida dirigidos a Eduardito, mientras la acompañaban a su coche. Anita no tuvo un sentimiento de entusiasmo, pero más tarde se sintió tan cómoda con la situación que creyó que, de nuevo, podida confiar en cualquier cosa que el destino le tuviera preparado.

Mientras conducían hacia la embajada, le preguntaron como había ido el viaje y si había notado que alguien estuviera vigilándola. Anita dijo que fue bien y que no parecía que estuvieron vigilándola, ni siquiera que estuvieran haciendo despreocupados gestos de conversación al bebé. El marido parecía aliviado y la esposa se volvió hacia el asiento de atrás diciéndole que la esperarían en la embajada y la llevarían a donde tuviera que ir después. Ella se lo agradeció y dijo que no sabía que dinero podría estar esperándole para poder darles algo por todo la ayuda obtenida a su alrededor.

La pareja le dijo lo mismo que la pareja anterior. Anita se sintió un poco más segura con ellos desde que las cosas que le contaban coincidían con las de la pareja anterior.

No tardaron mucho en llegar a la embajada. El trayecto atravesaba la ciudad y la vista del Mediterráneo resultaba relajante para Anita. Además no veía ninguna destrucción debida a la guerra, solo eso ya tenía un efecto relajante, permitiéndole concentrarse en lo siguiente que tenía que hacer.

La pareja le dijo que podía dejar sus maletas con ellos, pero ella amablemente dijo que no, con la excusa de que era posible que necesitase alguna cosa de alguna de ellas mientras estaban dentro.

Sin más preguntas estuvieron de acuerdo y cuando Anita salió la mujer las cogió diciendo que ella la ayudaría dentro del edificio ya que iba a permanecer allí esperándola. Anita no discutió y continuó hacia delante.

Una vez en la embajada un Marino fue derecho hacia ellos. Anita le explicó por que estaba allí y a quién quería ver y que su amiga iba a esperarles allí. Él inmediatamente les indicó donde podían sentarse y fue a hacer los trámites necesarios para que ella pudiera ver al cónsul.

Después de esperar durante una media hora, una mujer vino, pidiéndole que la siguiera hasta la oficina del cónsul. Ella le ayudó con sus cosas mientras Anita sujetaba al bebé.

El cónsul estaba de pie cuando ella entró y se presentó él mismo. Anita se disculpó por no haberle sido posible concertar una cita antes de venir. Pero no sabía exactamente cuando iba a poder llegar. El cónsul la tranquilizó diciéndole que sabía los problemas que tenía que haber tenido para conseguir llegar allí y que había sido informado por Barcelona de su llegada. Además cuando ella telegrafió ayer, él se figuró que vendría derecha a la embajada hoy. El cónsul entonces dio las gracias a su asistente la cual salió cerrando la puerta detrás de ella.

Cuando Anita vio esto, inmediatamente buscó la bolsa, ya que el cónsul se la había pedido. Él le dio las gracias y brevemente hurgó en ellos y después le dio un sobre con una copia de una carta que mostraba el recibo de los fondos dados ya por el precio del tren a Marsella y ahora los fondos restantes por los billetes del tren a Le Havre y el precio del buque de vapor de Le Havre a Nueva York. Había también un poco de dinero en efectivo para su uso inmediato en dinero francés y menos de $80 en moneda de Estados Unidos.

Cuando Anita lo reviso, no había más que este sobre con su contenido, pero debería haber una carta de su tía. Él le dijo que no, pero que debía de haber una esperándola en la oficina de telégrafos de la Western Unión en la ciudad; le daría la dirección antes de irse.

Recogiendo sus cosas del escritorio y poniéndose de pie para salir, él le pidió si podía, por favor, sentarse mientras trataba de algo más con ella. Diciendo que si, se sentó con el bebé pacientemente sentado en su regazo y mirando hacia arriba al cónsul con grandes ojos.

Parecía ser que él quería que llevase la bolsa diplomática todo el camino hasta Nueva York. Los cuáqueros que estaban ayudándole ahora, podían continuar haciéndolo con su red de contactos. Ellos constituían un servicio subterráneo y estaban de acuerdo en ayudarles a estar seguros de que ella conseguiría embarcarse sin problemas. Al alcanzar la nave en Le Havre ella solo tenía que darle la bolsa al capitán del barco, que estaría advertido de ponerla en la caja fuerte hasta el final del viaje. Cuando llegase a Nueva York, dos hombres del Departamento de Estado subirían a bordo del barco y se encontrarían con ella en el camarote del capitán. Estos dos hombres dirían una frase solo conocida por ella, pero no por el capitán. Ella alternativamente pronunciaría una frase a los dos hombres, la cual, de nuevo, el capitán no conocía. Si ambas partes estaban de acuerdo con las contraseñas dadas, entonces daría instrucciones al capitán para que sacara los documentos de la caja fuerte. Después la escoltarían al muelle y no volvería a ser molestada por nadie.

Anita preguntó entonces, si la pareja que la estaba esperando sabía esto. Si, pero la habrían ayudado llevara la bolsa o no. Ellos estaban encargados de ella y querían cerciorarse de que ella y el niño estuvieran seguros todo el camino hasta Le Havre. Sabían que no le había sido posible salir desde Marsella a causa de las actuales actividades de Hitler.

Anita sentada allí con Eduardito tranquilo de nuevo mirándola, pensó: ¡Que dilema realmente!. Acordando tomar la bolsa o no, ella todavía tenía el mismo problema de tratar de alcanzar Le Havre a tiempo para embarcarse en el barco. Era ciudadana de los Estados Unidos y quizás estaría haciendo algo para que los Estados Unidos entendieran lo que estaba sucediendo en España. Después de todo, España era muy importante para ella ahora. Si España iba a ser su hogar para vivir y ella estaba también orgullosa de ser ciudadana de EEUU., entonces sería posible ayudar a ambas partes de una manera constructiva. Convencida por este razonamiento, dijo que si.

Mirando sus documentos un poco más a fondo, vio que debía estar en Le Havre antes de jueves 21 de Abril y así podría estar a bordo no más tarde de la media noche del mismo día. El barco S.S. Washington, salía el viernes 22 de Abril a la 1:21 de la mañana.

Miró bruscamente hacia arriba al darse cuenta de que hoy era miércoles 20 de Abril y era ya media tarde. El cónsul la miró tratando de no parecer demasiado preocupado, diciéndole que sabía que el horario era un poquito ajustado.

Rápidamente mirando hacia abajo, abrió un cajón de su escritorio que estaba cerrado con llave y sacó unos documentos adicionales, los puso en la bolsa y se la dio. Ambos se levantaron al mismo tiempo, el cogió su equipaje, mientras ella ponía la bolsa en su abrigo y colocaba al bebé sobre ella.

En la puerta de la oficina, el cónsul solicitó la ayuda de un hombre que estaba de pie cerca y le ordenó que acompañara a ella y a su amiga a su coche que estaba esperando fuera.

La mujer que la había estado esperando, se levantó cuando vio a Anita y a un hombre llevando sus maletas aproximarse a ella y noto un gesto de urgencia en los ademanes del hombre que estaba al lado de ella. Anita tenía una mirada de preocupación mientras que parecía agarrar al bebé cerca de ella con una apariencia muy resuelta en su cara.

Cuando Anita y el hombre de aspecto sombrío se reunieron con la mujer, ella preguntó si todo iba bien. Anita dijo que iría todo bien si conseguía llegar a la estación de tren enseguida, porque necesitaba estar en Le Havre en un día y medio para poder coger su barco. Lo primero que pensó fue que tenía que ir a la oficina de la Western Unión a recoger una carta que estaría esperándole.

La mujer parecía sorprendida y con pocas palabras se dirigió al coche. Su marido saltó del coche, viéndolas venir con tanta prisa y no se movió hasta que oyó decir a su esposa que tenía que ir a la oficina de telégrafos y después a la estación de tren enseguida. Ayudándolas a subir al coche, metiendo el equipaje, el hombre de aspecto sombrío se despidió brevemente con un gesto serio y agitando su brazo.

En el coche, el marido escuchaba mientras Anita le contaba a ambos brevemente que tenía que estar embarcada en menos de dos días. Ellos le dijeron que ya lo sabían y que el tren tenía parada primero en Paris donde ella tenía que cambiar de tren para continuar. No tenía que preocuparse, había otra pareja esperándola en Paris. Ellos ahora le darían una nueva contraseña de saludo y le explicaron que la nueva pareja iría vestida como ellos y la llevarían a un lugar donde pasar la noche. Al día siguiente en algún momento recogería y la llevaría directamente a su barco para embarcarse.

Anita asintió mientras miraba de frente a la mujer que se había dado la vuelta para hablar con ella. La mujer dijo que debía saludar a la pareja con el mismo entusiasmo que lo había hecho con ellos y ya le explicarían los siguientes pasos.

De momento ella sabía que tenía que confiar más que nunca en la ayuda que estaba recibiendo con el fin de alcanzar su destino. Eduardito era la razón y la suerte no iba a cambiar su destino.

CAPITULO DIECINUEVE

Preguntas Ansiosas Respondidas

Sencillas preguntas respondidas
pueden traer alivio rápido
y renovado sentido de la dirección
pero no más

En la oficina de telégrafos Anita recibió las noticias que estaba esperando de su tía. Viajaría en primera clase y sola, porque ella no podría recogerlos a tiempo. Continuaba diciendo: "Bob estará esperándoos en Nueva York. Te llevará a su casa a vivir con ellos. Te veré cuando vuelva". Eso era todo lo que el telegrama decía, pero suficiente para que ella ahora supiera un poco mejor lo que le esperaba.

Sin un momento que perder, la pareja la condujo a la estación de tren. Mientras escuchaba las instrucciones de último minuto y repitiendo su nueva contraseña de saludo para dar a la siguiente pareja, Anita sacó sus billetes, así podía ganar tiempo y no usar un tiempo precioso que podría hacerle falta más tarde. Eduardito estaba sentado despierto y escuchando atentamente a la mujer cuando hablaba rápidamente con su madre.

Llegando a la estación de tren, se dieron cuenta de que tenían solo media hora para tomar el tren; la mujer la ayudó a salir del coche y la ayudó con sus maletas mientras apresurándose le decía en voz alta las direcciones para llegar al andén correcto.

Cuando se acercaron a la entrada la mujer la paró y le dijo que tenían unos pocos momentos más y necesitaba decirle algo. Anita dijo que estaba bien e indicó que la ayudara a poner la bolsa en el hombro y la pequeña maleta marrón en el mismo brazo.

La mujer se acercó a ella como si fuese a darle un beso de despidida en la mejilla, pero en vez de eso le susurró que su marido pensaba que la estaban siguiendo. Continuó explicándole que el tren haría una parada en Lyon; le aconsejaba que se bajara como si fuera a coger otro tren, o a encontrarse con alguien. Se encontraría con otra pareja que se apresuraría a saludarla, caminarían un poco con ella y después la dejarían en la parte trasera del tren. Ellos simplemente le dirían si o no cuando se despidieran. Si, significaba que han visto a alguien siguiéndola; y no, significa que todo esta bien. Anita miraba un poco sorprendida mientras le decía gracias y adiós. La mujer agitó su brazo despidiéndose desde lejos.

Eduardito estuvo dormido en sus brazos la mayor parte del viaje hasta Lyon. Ella pensó intensamente en lo que le había dicho la mujer justo antes de decirle adiós.

El tren estaba abarrotado cuando lo cogieron y ella se preguntaba si más de una persona estaría observándola. Quizás Lyon tenía la respuesta.

El tren entró lentamente en la estación, lo que le dio un poco de tiempo para observar a través de la ventanilla. No vio a nadie que correspondiera con la *normal descripción* de la pareja a encontrar, pero recogió sus cosas y a Eduardito y lentamente salió hacia fuera. Justo antes de bajar las escaleras, dudo y una vez más, rápidamente examino la zona, donde no pudo ver nada más que acumulaciones de gente yendo afanosamente a sus destinos.

Al fondo de las escaleras, mientras que miraba a ambos lados, una pareja subió y saludo con la contraseña de bienvenida. Volviéndose y con cierto alivio contestó con el saludo acordado. La mujer afectuosamente la condujo lejos del tren, con su marido señalándoles el camino hacia un lugar donde pudieron hablar un momento. Se reunieron armando un poco de jaleo alrededor del bebé, mientras el marido le dijo que todo parecía estar correcto y que en París otra pareja se encontraría con ella. La tranquilizaron diciéndole que estaría segura y que su red de gente la ayudaría hasta el final del viaje. Anita se lo agradeció al tiempo que oyó la llamada para subir al tren de París. La pareja les acompañó al andén y los despidieron afectuosamente, mientras que subían al tren de nuevo. Encontrando su asiento, Anita miró por la ventanilla para despedirse de la pareja una última vez mientras colocaba a Eduardito en el asiento en su manera usual de viajar. Ella se sintió bien viéndolos decirle adiós con sus caras sonrientes.

Arreglando las cosas antes de sentarse, notó caras nuevas sentadas enfrente de ella. Cuando el tren se puso en marcha, se preguntaba si todas sus preguntas estaban contestadas.

El viaje se hace largo cuando te das cuenta de que tienes hambre y no has tenido tiempo de comer nada desde muy temprano por la mañana. Le dio a Eduardito pequeños sorbos de leche, que era lo único que tenía embalado en la pequeña maleta marrón, pero no tenía más pan. Mientras que su hijo tomaba algo de leche, ella sabía que podría comprar más en París donde seguramente encontrarían buenas cosas para comer.

Era de noche cuando llegaron a París. Demasiado cansada y hambrienta para hacer algo más que coger sus cosas y a Eduardito de nuevo y lentamente salir del tren. La pareja acordada la localizó y vinieron hacia ella inmediatamente haciendo el usual jaleo del saludo codificado, al cual Anita trató de dar la mejor respuesta en su usual manera entusiasta. El marido cogió sus maletas mientras su esposa la cogía por el brazo para dirigirla a su coche, fuera de allí. Anita sintió el frío del aire nocturno y se ajustó más el abrigo, mientras ponía la manta del bebé más apretada alrededor del él. Soldados y otra gente parecían moverse por todas partes. Unos caminaban con algún propósito, mientras que otros paseaban dando la impresión de estar buscando a alguien. Unos pocos tenían expresiones felices. Solo los que se encontraban con sus personas amadas parecían felices, pero con alivio más que otra cosa.

Una vez en el coche, la mujer volteo para hablar con Anita, le explicó que la llevarían a un apartamento que tenían para ayudar a gente como ella durante estos duros tiempos. Se quedaría allí sola por la noche y volverían por ella a media tarde para llevarla de vuelta a la estación. Ella sacó entonces un trozo de papel con algunos números escritos en él y le dijo que era un número de teléfono al que podía llamar si se sentía insegura o si necesitaba algo. Tomando el trozo de papel, Anita lo puso a continuación en el bolsillo de su abrigo y se lo agradeció.

En poco tiempo llegaron al edificio del apartamento y la pareja salió a ayudarle mientras mostraban tranquilos y amigables gestos de bienvenida de nuevo por si acaso alguien estaba mirando y se extrañaba de algo. Anita siguió el juego y una vez recordaba la hora en que la recogerían al día siguiente, le dijeron donde ir a comer y después se fueron.

Mirando alrededor encontró el sitio equipado con lo básico, pero había jabón suficiente para bañarse y para lavar las cosas más necesarias. Había también una hilera de ropa colgada en cuerdas, fuera, en la ventana de la cocina entre un apartamento y el de enfrente en un patio para ventilación y luz ubicado en el centro de los apartamentos. Ella sonrió y se sorprendió a si misma pensando en Félix y su primer apartamento juntos. Que felices fueron construyendo su hogar juntos. De repente Eduardito vino arrastrándose demandando su atención. Pensando que ella le había dejado en la cama, al principio dio un grito, se podía haber caído, pero no, el bebé solo estaba un poquito asustado de estar solo en un sitio desconocido y obviamente hambriento.

Después de cambiar a Eduardito y refrescarse ambos un poco, salieron a buscar algo de comer, ella sabía que su dinero francés era adecuado.

Era bien entrada la tarde pero la gente todavía estaba disfrutando de sus cafés, así que se introdujeron en uno que estaba justo en la esquina debajo de donde estaban alojados. Ella se sentó y preguntó al camarero si tenían alguna sopa a esa hora. "Ciertamente", oyó decir al camarero, así que pidió un tazón. Mientras estaba esperando comió los panecillos que estaban en el centro de la mesa, dándole a Eduardito pequeños trozos para que los masticara. El camarero volvió con la sopa y se quedó sorprendido al ver cuantos panecillos se había comido ya. Anita entonces preguntó si podía, por favor, traer algunos más. Diciendo que si con su cabeza baja después de ver su cara flaca y frágil en la luz, desapareció rápidamente. Ella tuvo que recordarse otra vez que no debía comer tan deprisa. Estaba tan atenta a ellos dos mismos que la gente los miraba con compasión y con ojos sospechosos a la vez.

Después de comer bien, ella se sentía con sueño y Eduardito estaba inclinado en sus brazos así que lentamente caminaron de vuelta a su apartamento. Miró a su alrededor a la vecindad mientras que caminaba y deseó que fuera Madrid y que hubiese paz de nuevo. ¡Como echaba de menos a la familia y su cariño para Eduardito!. "Oh Félixmío, Félixmío, cuanto te añoro". Llorando comenzó a subir los tres tramos de escaleras hasta su apartamento.

Al entrar ella sabía que tenía que lavar unas pocas cosas antes de irse a la cama, ya que debían estar secas al día siguiente a mediodía. Lo primero que hizo fue acostar a Eduardito, después lavó y entonces se hundió en la cama a su lado. El ruido de la calle abajo y de las familias en los apartamentos de alrededor, extrañamente confortaba a Anita y no tuvo problema para dormirse rápidamente.

La mañana siguiente los encontró a ambos perezosos en responder a la luz del día entrando en su habitación, la cual les hacía señas para que se levantaran. Anita vio en el reloj de la mesilla de su lado que iban bien de tiempo, pero tenía que levantarse para atender a las necesidades de Eduardito.

Como Anita protestaba porque tenía que levantarse y estar ambos listos para afrontar el día, trató de contestar a Eduardito simplemente con frases de una o dos palabras, mientras le informaba de donde estaban, donde estaba papá y la familia, donde iba a ir y con quién iba a vivir. Ambos rieron mientras ella comenzó a hacerle un juego cantándole una canción. Eduardito estaba despierto y oyendo todo el tiempo a su madre decir papá o papá Eduardo, él preguntaba con alegría. ¿Papá, papá?.

Caminando ahora calle abajo buscando un sitio diferente para desayunar, Anita vio tiendas que tenían ropa de mujer en una y de niños en otra. Después de desayunar volverían y se comprarían algo cada uno para el viaje. Ella dijo esto en alto mirando a Eduardito como buscando su aprobación. Después de todo, no tenían mucha ropa y ellos iban a viajar en primera clase. Era necesario guardar las apariencias, pensó, con una restablecida sonrisa de tranquilidad. Eduardito miró para arriba, a su madre y se movió un poquito en sus brazos.

El desayuno fue un plato lleno de ligeros panecillos dulces, tan buenos como solo los franceses saben hacerlos, junto con café y leche para Eduardito. El camarero estaba atónito de cuántos panecillos podía consumir Anita, pero a estas alturas, a ella no le importaba que la mirasen. Esta era la última vez que podría disfrutar algo especial al aire libre en un café de París. ¡Que lujo!.

Volvieron al apartamento después del desayuno y comprando algunas cosas para cada uno de ellos que estaban bien para la etapa final de su viaje a casa a los Estados Unidos, Anita se sentía más tranquila sobre su aspecto. No quería que los mirasen como refugiados viniendo a Nueva York.

Mirando el reloj, se dio cuenta de que tenía tiempo para que los dos se echaran una siesta rápida, así que lo hicieron, pero puso la alarma primero.

Casi ignorando el tono urgente de la alarma del reloj, Anita se despertó rápidamente cuando oyó a Eduardito llorando. Mirando la hora, apago la alarma, se dio cuenta de que necesitaba darse prisa si quería estar lista a tiempo.

Empaquetando sus últimas cosas dentro de la maleta de su forzado hombro y en la pequeña maleta marrón, oyó una llamada a la puerta. Fue rápidamente y preguntó quién era y satisfecha con la respuesta, abrió para permitir entrar a la habitación a la esposa de la pareja. Dijo que ya estaba lista y que solo tenía que recoger un par de calcetines de Eduardito que estaban tendidos secándose. "Rápido, rápido", dijo la mujer amigablemente, mirando a Eduardito y aplaudiendo con sus manos delante de ella tratando de hacer reír al bebé. Mientras él lo hacía, Anita fue a recoger los calcetines, pero uno de ellos cayó abajo. "No hay tiempo, no hay tiempo", dijo la mujer mientras gesticulaba todavía con el bebé haciéndole reír nerviosamente ahora. Anita se dio prisa, pero rápidamente puso el otro calcetín en la maleta. Quizás de recuerdo, pensó.

Corriendo escaleras abajo, se introdujeron en el coche. Una vez dentro e intercambiando saludos con el esposo, la mujer le explicó que el tren la llevaría directamente a la pasarela que le correspondía por la clase de su billete. Ella no tenía nada que hacer ahora salvo relajarse y disfrutar del viaje. Anita les dio las gracias y dijo que no sabía lo que habría hecho sin la generosa ayuda de los cuáqueros. También prometió enviar algo de ayuda a su organización cuando estuviera en casa. Ellos inclinando la cabeza se lo agradecieron y continuaron diciendo que estaban encantados de poder ayudar en tiempos como estos.

El tren parecía tener un sonido y ritmo de urgencia cuando se dirigieron a Le Havre. Las expresiones en las caras de la gente de alrededor revelaban también prisa, pensó Anita. No eran tiempos felices, sino tiempos de ansiedad y desesperación. Más adelante, la Historia no estaría orgullosa de estos tiempos.

Sus pensamientos la llevaron de nuevo a la familia en Madrid y preguntándose constantemente si Félix estaría bien.

Había solo una parada antes de llegar a su destino. Después de subirse, no pasó mucho tiempo antes de que el tren insistiera con dos cortas ráfagas de pitidos que debían apresurarse.

Anita decidió no bajarse para buscar algo de comer, a pesar de que el desayuno había sido la última comida para ambos. Ella decidió esperar hasta que estuviera a bordo de la nave, así nada iría mal en este último paseo ansioso sobre los ríeles de la libertad para Eduardito y para ella.

CAPITULO VEINTE

El Lujo Tiene Sus Momentos Ansiosos

Su vagón de tren los llevó directamente donde debían embarcar. ¡Que bendición!, pensó Anita mientras cogía todos sus cosas y a Eduardito y sostenía los billetes en la mano para enseñarlos rápidamente.

El aire le pareció un poquito frío cuando dio los primeros pasos abajo y dentro de su zona de llegada. El paso por la aduana y los trámites para embarcar fueron fáciles, así que siguió camino de su camarote. No debía olvidarse de decirle al camarero que quería ver al capitán, así podría poner a salvo la bolsa y estar completamente relajada durante la larga semana de viaje a casa. La comida era lo primero que debía atender en el orden de cosas a hacer.

Un camarero estuvo a su servicio casi inmediatamente después de encontrar su camarote. Sí él podría traer leche y bocadillos primero y después haría saber al capitán que había llegado y tenía ordenes de verle inmediatamente. Él salió mientras que Anita puso cómodo a Eduardito y colocó sus pocas cosas.

La noticia llegó primero que el capitán quería verla ahora mismo. Cogiendo al niño con la bolsa diplomática debajo de él, se fue detrás del camarero.

El capitán estaba muy tranquilo y encantado de saludarla, pero esperó a que el camarero saliera para explicarle que él sabía que traía una bolsa diplomática con ella y que él tenía que ponerlo en su caja fuerte hasta que llegaran a Nueva York. Anita estaba encantada de no tener que dar muchas explicaciones. Asintiendo, le entregó la bolsa y observó como él la ponía en la caja fuerte delante de ella. Volviéndose le dijo que viniera a sentarse a su mesa, al menos una de las cenas de a bordo, de este modo los pasajeros no tendrían que hacerse ninguna pregunta sobre ella. También le dijo que si alguien se acercaba a ella y le hablaba sobre su paradero antes de embarcarse y sobre cual era su destino, que lo contactara inmediatamente. Anita asintió, pero a la vez estaba un poco sorprendida de que le dijera eso.

Poco después de volver a su camarote hubo una llamada a la puerta y ella dio la bienvenida al camarero con los bocadillos. Eduardito estaba en la cama pero se sentó cuando el hombre vino y colocó la bandeja en la mesa cercana. "Mama, mama", dijo con placer en su voz y sus grandes ojos mirándola. "Si hijo, si", ahora comeremos algo por fin". Anita dio una propina al camarero con una sonrisa y dándole las gracias cerró la puerta.

El resto del día lo pasaron descansando y caminando alrededor para familiares con el barco y todos sus atractivos. Había un comedor para cenas, cubierta de paseo y una guardaría para niños pequeños. Eduardito estaba tranquilo pero muy despierto, con sus grandes ojos sorprendidos con todo lo que estaba viendo. Anita se paró un momento cerca de la barandilla donde estaban paseando y le preguntó que pensaba de todo esto mientras le señalaba el océano. "Mucha agua mama, mucha agua", dijo mientras estudiaba la vista. Anita lo abrazó muy cerca de ella y mientras sonería a su respuesta, le besaba en su mejilla o encima de sus rizos. Eduardito puso sus brazos alrededor de ella disfrutando de un momento privado de bienestar con su madre.

Después de la última de las paradas del día y recogiendo los últimos pasajeros del viaje en Southampton Inglaterra y Cobh, Irlanda, estaban definitivamente en su camino a Nueva York sin mas interrupciones. Estaba nublado con el viento apacible del este peinando el pelo de Anita y haciendo ondas en los rizos del bebé como las que hacía el barco a través de las lisas aguas. Ambos estaban reconfortados por el aire del océano que entrando por los poros de la nariz parecía limpiar su interior de los recuerdos de los temores de la guerra y del hambre.

Esa noche el programa del barco mostraba que Anita iba a estar sentada en la mesa del capitán para cenar. Ella sabía que Eduardito no podía sentarse en la mesa sin protestar, pero al mismo tiempo recordó que el capitán la había invitado. Decidió que lo mejor era estar allí y que todo el mundo la viera porque ella no volvería a sentarse allí otra vez. Ataviándose ambos fueron al comedor.

Eduardito en los brazos de su madre, estuvo atento, con sus grandes ojos examinándolo todo cuando entraron al comedor que se encontraba engalanado para la fiesta. Amablemente recibida por el camarero, Anita le siguió mientras la acompañaba a la mesa después de haberle dado su nombre. Saludó a todos los que estaban allí y se sentó con Eduardito en su regazo. Las señoras se sentaron primero con la ayuda de sus maridos y después el capitán. La comida comenzó a ser colocada en la mesa y los grandes ojos de Eduardito se abrieron de par en par y comenzó a llorar. Anita rápidamente le dio la vuelta, pero eso no pareció ayudar porque vio venir más alimentos en abundancia y continuó llorando. Ella rápidamente se levantó y se excusó mientras que casi al mismo tiempo explicaba por que su hijo lloraba. Los hombres estaban de pie y todos dijeron que lo comprendían, en un tono compasivo. El capitán le dijo que no se preocupara y que le enviarían la comida a su camarote. Aliviada, Anita salió besando a Eduardito a un lado de su cabeza para calmarlo, pero al mismo tiempo agradecida porque tenía una excusa para estar sola en su camarote y descansar a su antojo los próximos cinco días. El océano y su ritmo era lo único que necesitaba ahora mismo.

El día siguiente encontró a los dos paseando a lo largo de la cubierta, con Anita diciéndole a quién iba a encontrar y lo que le esperaba, pero finalmente ella le diría que iba a contarle a su papá de todo lo que estaba viendo. El pensaría un minuto y después contaría las cosas que ella no pensaba que había observado con la profundidad que se lo contaba a ella.

Cuando pasaron por la guardería vio a unos cuantos niños jugando en el suelo con grandes juguetes. Decidió entrar cuando Eduardito señalo a los juguetes. Al entrar, una niñera joven de unos veinte años aproximadamente, sonrió primero a Eduardito y luego miró a Anita para preguntar si quería dejar a su hijo mientras ella se ocupaba de otras cosas. Eduardito con gestos indicó que quería sentarse en el suelo y jugar con los juguetes, así que Anita le sentó mientras decía que si a la joven y que volvería enseguida. Ella se agachó para decirle a Eduardito que mama estaría cerca, pero él estaba absorto en el juego con un gran camión.

Se fue, pero solo para permanecer en la barandilla justo fuera de la zona de la guardería. Estaba claro y el océano rodaba ligeramente mientras que un viento del sureste enviaba sus rizos haciendo ondas en la dirección en la que ellos se movían. Mientras permanecía absorta con la admiración y el suave movimiento, un hombre se acercó a ella cautelosamente, hablando inglés con un acento que no estaba segura de reconocer. Después de intercambiar simples saludos, el hombre comenzó una conversación sobre el viaje, cual era el puerto en el que había embarcado; quizás Hamburgo, el primer puerto del viaje. De repente, se acordó de las advertencias del capitán. Mientras vacilaba con una sonrisa antes de contestar, él continuaba y lentamente enunció las palabras "?ha estado usted alguna vez antes en los Estados Unidos?" Aforrándose a su sonrisa un poquito más, finalmente dijo: "si, una vez". Excusándose se dio la vuelta y entró en la guardaría a buscar a Eduardito. Esperó un rato antes de convencerle de que volverían de nuevo, pero ahora debían irse.

Lo recogió y buscó al camarero para que le consiguiera una entrevista enseguida con el capitán. Cuando le encontró le dijo que le esperara en el salón que él iría inmediatamente. Se sentó en un confortable sillón desde donde se podían ver las olas del océano. Eduardito empezaba a estar un poquito cansado y necesitaba una siesta. Le besó en la cabeza y le dijo que no tardaría mucho. En un tiempo razonable el camarero volvió pidiéndole que le siguiera.

El capitán la saludó con una ligera sonrisa y la miró seriamente. Anita le explicó su encuentro y describió al hombre con facilidad. El capitán se lo agradeció y le dijo que él tendría cuidado de todo y que ella continuara como si no hubiese sucedido nada, pero que se acordara de volver si sucedía de nuevo. Ambos satisfechos, ella salió y fue al comedor a preguntar si tenían algo de leche para el bebé para que ella se la llevase al camarote. El joven camarero dijo que si, pero que si no prefería que se la llevasen a su camarote con algunos sándwiches, puesto que el almuerzo comenzaba dentro de media hora. Anita dijo que era lo mejor, le dio el número de camarote y se fue.

La tía Lena cruzó por su mente mientras volvía con Eduardito cansado en sus brazos. "Gracias, tita", murmuró otra vez.

El resto del viaje transcurrió sin acontecimientos en lo que se refiera a los pasajeros. Anita no volvió a ver al hombre de nuevo durante el viaje ni después de llegar a tierra, por el contrario, ambos se relajaron con el viaje, y el moderado balanceo y el cabeceo causado por los vientos que les empujaban mientras insuflaban aire dentro de sus pulmones en sus paseos diarios. Ambos habían recuperado su apetito normal de antes y Eduardito estaba más despierto a causa de la leche entera y las comidas equilibradas que Anita podía conseguir para él. El aire del océano y los rayos del sol devolvieron el color a sus hundidas mejillas y fueron perdiendo su aspecto de refugiados.

Un poco después del mediodía del jueves 28 de Abril de 1938, un océano tranquilo los arrojó más allá de la Estatua de la Libertad a la entrada del puerto de Nueva York, mientras los pasajeros estaban todos en la cubierta saludando con la mano con lágrimas rodando por las mejillas de casi todos. Anita sostuvo a Eduardito en sus brazos firmemente y le dijo que saludase al que sería su nuevo hogar hasta que volvieran con su papá. Una puñalada de soledad la atravesó cuando pensó por un momento en su Félixmió. Él debería estar aquí con ellos gozando de este símbolo único de bienvenida a la libertad después de tanta carencia de las cosas más simples de la vida; las cosas no se aprecian hasta que no se pierden. Anita miró a su alrededor y se dio cuenta de que hacía un día claro y brillante y que el viento parecía estar soplando en cualquier dirección como si estuviera también diciendo hola a Nueva York.

Le pareció que pasó una eternidad antes de ser convocada al camarote del capitán. Allí le encontró con dos hombres vestidos con trajes de negocios, con caras casi inexpresivas. Su saludo fue el mensaje codificado que le dijeron que tenían que darle. Después de un momento mientras les echaba una mirada rápida a ambos, contestó con su saludo codificado. Cada una de las partes satisfecha con la otra, miraron al capitán y le hicieron un gesto de aprobación con la cabeza. Eduardito miró primero a los dos hombres desconocidos y después a su madre mientras continuaba todavía en sus brazos. Los dos hombres entonces, le enseñaron a ella sus credenciales como empleados del Departamento de Estado.

El capitán hizo una inclinación de cabeza como si estuviera satisfecho con los saludos y las identificaciones de los hombres. Después se volvió a su caja de seguridad y recuperó la bolsa diplomática dándosela primero a Anita para que diera su aprobación de que todo estaba tal como ella se lo había dado cuando se embarcó. Rápidamente hurgando en los papeles, ella estuvo de acuerdo en que todo estaba en orden y le dio la bolsa al hombre que la saludó primero. Cogiéndola, el segundo hombre abrió una cartera para ponerla. Después de cerrarla con llave le dieron la bienvenida a Anita de vuelta a los Estados Unidos, agradeciéndole haber cumplido con su deber como ciudadana, y diciéndole que no la molestarían más y se fueron.

El capitán le deseó buena suerte y se despidió ordenando a un camarero que la ayudase a bajar con sus maletas para reunirse con su hermano.

Bob estaba esperando pacientemente pero mirando también nervioso en la dirección de desembarco de pasajeros, mientras los veía venir hacia él, algunas veces ayudados por hombres con boinas rojas y trajes azul oscuro empujando sus carros de mano de madera negro con su equipaje apilado.

Anita vio la figura familiar de Bob, agitando sus brazos con el sombrero en su mano. Se volvió rápidamente al mozo que la ayudaba y le dio una propina pidiéndole que le ayudase a poner la maleta en su hombro y cogió la otra con el mismo brazo. Él inclinó la cabeza como agradecimiento y se despidió dándose la vuelta.

Bob se apresuró a ir hacia ella mientras ponía su sombrero y estiró sus brazos para ayudarla con sus maletas. Ambos se fundieron en un fuerte abrazo mientras Anita sostenía a Eduardito a su lado y se lo presentaba con gran orgullo. Anita estaba feliz de estar en casa y se sentía segura con su hermano. El dijo que estaba feliz de que estuviera a salvo y que estaba ansioso por llevarla a su hogar con él.

Mientras iban en el coche, Anita y Bob hablaron de todas las cosas sin parar. Primero sobre el viaje que acababan de hacer, de donde estaba la tía Lena, como estaba la guerra, lo que él y Pete estaban haciendo, y sobre el resto de la familia. Bob paró un par de veces para preguntar por la salud de Eduardito y como él la iba a llevar a su médico, el cual esperaba que la ayudara a conseguir que el niño mejorara enseguida.

Al llegar a casa muy avanzada la tarde fueron saludados por Pete que les dio la bienvenida e inmediatamente enseño a Anita donde estaba su habitación, mientras Bob le seguía con las maletas. Pete entonces les dijo que bajaran para comer algo y charlar. Anita se sintió feliz y accedió. Echando una ojeada a su nueva habitación, Anita explicó a Eduardito que este sería su hogar por un tiempo. Bob puso las maletas en el suelo y Anita alcanzó la pequeña bolsa marrón de donde sacó un pequeño regalo que ella les había comprado en París. Se lo dio a Pete que parecía encantada mientras iban a la cocina al lugar destinado para comer.

No llevaban demasiado tiempo sentados cuando llegó Raymond, Pete explicó que él tenía una habitación en la calle abajo y venía aquí a comer después del trabajo. Tenía un empleo en la compañía de tabaco Phillip Morris como mensajero y estaba intentando ir a la escuela de Hiram College en Ohio este otoño.

Anita estaba encantada de cómo había conseguido que Eduardito estuviese tranquilo y de que fuera capaz de sentarse delante de una mesa con comida sin llorar. Él ahora sabía que nadie iba a forzarle a comer, y además estaba empezando a tener apetito como un niño normal.

Pete inmediatamente comentó el hecho de que el niño no sabía inglés. Anita explicó que habría tiempo para ello y que no quería que olvidara el español lo que sería una dificultad para su integración cuando volvieran a Madrid. No hubo más comentarios sobre eso, pero cuando ellos le hablaran lo harían en inglés. Anita no se incomodó por eso, por el contrario, pensó que estaría bien que ellos le hablaran en inglés y ella podía continuar hablándole en español. De esta manera estaba segura de que él aprendería fácilmente ambos idiomas mientras crecía.

La conversación pronto giró en torno a la guerra y a los problemas de España. Le preguntaron sobre su opinión y que punto de vista tenía su familia política. Ellos rápidamente interpusieron que pensaban que conseguir involucrarse en la guerra que comenzaba en Europa ayudarla a su economía y conseguiría sacarles de esta temida depresión. Empujaron a Anita a dar su opinión sobre eso y Anita pensó por un momento y entonces hablando desde una perspectiva de primera mano, dijo:

"La verdad acerca de la guerra, es que no hay verdad ni razón de ser. La guerra es simplemente una expresión repugnante del hombre que aflora por sus poros acechando de una manera auto destructiva; listo para ser manipulado por los planes diabólicos de destrucción total. Con el tiempo se intenta callar esta horripilante acciones buscando héroes para justificar la guerra y hacernos pensar que los pecados intolerables pueden ser sanados por estos 'héroes'".

Con todos escuchando y Anita exaltada, continuo con sus opiniones. "Cuando el hombre se convierte irracional, después se despreocupa de la verdad, haciéndolo vagar entre sus verdades distorsionadas. Estas verdades distorsionadas comienzan a romper promesas por empezar y las argumentan con la familia, amigos y conocidos".

"Entonces ellos reúnen a extraños a escuchar sus pensamientos convirtiéndolos razonables de una manera diabólica. Su función es destruir los preciosos conceptos que el entiende muy poco los cuales son: la verdad y la razón. La verdad acerca de la guerra es", dijo ella finalmente, "no hay verdad en su razón de ser".

CAPITULO VEINTIUNO

Familia, la Economía
y Expectativa

La primera semana de vuelta fue de mucho trabajo. Pete llevó a Anita a su médico y con algo del último dinero que tía Lena le había dado, Anita le pagó. No había más dinero a menos que encontrara un trabajo, y pronto. De modo que Pete la llevó a los servicios sociales para que la ayudaran a encontrar trabajo y un lugar para dejar a Eduardito mientras ella estaba trabajando. Después de sus diferentes salidas para resolver los asuntos de Anita y para comprar los comestibles necesarios para la casa, las dos mujeres, cuando llegaron al hogar, se sentaron alrededor de una taza de té para hablar de las finanzas de todos ellos.

Bob trabajaba para una compañía de neumáticos y con lo que ganaba se podía pagar la renta y los principales gastos, mientras que Pete administraba su edificio y el de al lado para el propietario actual. Ella se ocupaba del alquiler de habitaciones en cada uno de los edificios, lo cual les daba un poco de dinero extra para los gastos. Raymond contribuía ayudando en los gastos de los comestibles. Anita tendría que empezar a pagar una renta pronto porque ellos no podían mantenerla por mucho tiempo. Anita le aseguró que lo haría y que no pasaría mucho tiempo de que ella se ocupara de hacerlo.

Consiguió un empleo en Schnellenberger, un gran almacén de Philadelphia. Tenía de todo incluyendo un bonito restaurante. Anita trabajó allí como la persona principal que recibía a los clientes, los sentaba, se aseguraba de que las comidas estuvieran bien presentadas, cocinadas como habían sido requeridas y cuidando de que los camareros estuviesen atentos a sus necesidades. Esto significó conocer bastante a una muestra representativa de gente de diferentes partes del mundo. A causa del lugar del que procedía obtuvo respeto de la gente con la que trabajó y viceversa. Muchos de ellos también tenían una historia que contar por haberlas cogido el horror de la agitación de Europa con los ideales de Hitler o Mussolini. Dos personas en particular se dieron cuenta de que podían hablar con Anita sobre esto, y en poco tiempo, llegaron a ser sus amigos más provechosos y confiados.

Una de ellas era el cocinero y panadero en el restaurante del almacén, cuya esposa trabajaba en la sección de ropa de mujeres. A la hora de comer, se permitió a Anita que comiera en la cocina con la excusa de que probara los menús propuestos para la semana siguiente. Esto le vino bien porque no tenía que pagar por el almuerzo y le daba la oportunidad de hacer nuevos amigos. El cocinero y su esposa eran judíos alemanes que afortunadamente habían podido huir de Alemania, pero habían dejado a su familia atrás y ellos pensaban que ahora debían haber sido barridos por Hitler ya que no tenían noticias de ellos desde hacía algún tiempo. Anita, él y su esposa podían tener conversaciones sobre los acontecimientos que ocurrían en Europa, bien durante la comida u ocasionalmente cuando la invitaban a su hogar para cenar los fines de semana. Ellos disfrutaban teniendo a Eduardito alrededor y le llevaban a pasear por los alrededores cercanos a la casa de Anita y disfrutaban en el parque donde había un tío vivo que le gustaba a Eduardito. Él ahora caminaba y había conseguido estar mucho más fuerte en poco tiempo debido a una dieta a base de aceite de hígado de bacalao y leche entera. La mejor medicina para echar fuera el raquitismo.

La segunda persona era una mujer siciliana llamada Charlotte Busergi que realmente había nacido en los Estados Unidos, pero tenía parientes en Sicilia, Italia. Ella era tan fuerte como sus hermanos y dominaba la situación dondequiera que iba, parecía. Anita y ella enseguida se llevaron bien y Charlotte estaba siempre cuidándola en el almacén para estar segura de que nadie la molestara. Ella también invitaba a Anita y Eduardito a las cenas de los domingos. Estilo muy italiano. A Eduardito le encantaban y disfrutaba ir a su casa.

Por las noches después de ayudar a recoger los platos y de tener alguna conversación sobre cualquier noticia sobre la familia de Madrid, Anita acostaba a Eduardito y se sentaba a escribir cartas a la familia de Madrid para permitirles saber que ella y Eduardito estaban bien y esperando el final de la guerra para poder volver a casa. Otras cartas iban dirigidas a su hermana Mary, a su hermano Jim y a su tía Lena.

Al mes de su estancia en Philadelphia, recibió una carta escrita por Victoria con las firmas de la familia incluidas, explicando que la *patrulla del amanecer* se había llevado a Félix la misma mañana de su partida. Aurora y Victoria iban casi todos los días, reclamando fuera de la prisión que querían ver a Félix. Algunas veces le traían a la ventana, así ellos podían ver que él todavía estaba allí, y otras veces les permitían visitarle y darle alguna carta o cualquier comida que podían introducir a escondidas para él. No tenían buenas noticias sobre la guerra y su final. Sus cartas eran leídas y comentadas antes de que la familia o Félix pudieran tenerlas, así que mejor no hacer ninguna pregunta sobre la situación política ahora mismo, continuó diciendo Victoria.

Ahora Anita estaba preocupada. Rezaba y rezaba y pensaba con determinación que nada malo la pasaría a su Félixmío. Mantenía la cabeza de Eduardito llena de historias de su papá y de lo que ellos harían cuando volvieran a encontrarse. Ahora había una guerra y tan pronto como se terminara volverían a verle, también a su papá Eduardo y a sus tías y tíos. Siempre que cobraba se sentaba a planear como podía ahorrar dinero como nunca antes. Sus planes era tener lo más posible cuando volviera a casa, así podría ayudar a la familia.

Un día al final del verano, Anita recibió una carta del profesor Scott y su mujer, preguntándole si quería venir a pasar un fin de semana con ellos en su casa de German Town, Pennsylvania. Encantada de saber de ellos y apeteciéndole un cambio, dijo que si.

Anita se vistió y vistió a Eduardito con las ropas y los zapatos que había comprado en Barcelona, y se sintió bien consigo misma cuando vio esas cosas. Los Scott estaban encantados de que hubieran llegado salvos y estaban seguros de que su familia en Madrid estaba bien también. "¿ Quieres una fotografía tuya con el niño para podérsela enviar?" "Oh, si", dijo Anita con gran placer; ¡hecho!. Después de que los Scott la revelaran, mandaron un par de copias, así ella también podía quedarse con una. En cuanto la recibió la mandó a Madrid para que la familia viera que estaba bien y ¿podrían, por favor dársela a Félix, si era posible?.

Las cosas continuaron día a día a su ritmo usual: trabajo, tiempo para Eduardito, disfrutando ocasionalmente algún domingo con amigos y ayudando a Pete tanto como podía con los gastos, mientras ahorraba dinero para volver a España al final de la guerra. Todos los días por la tarde escribía a Félix contándole sobre Eduardito, así él no se perdería su crecimiento y cuando estuvieran juntos de nuevo no tendría la sensación de habérselo perdido. Ella las enviaba una vez por semana con la fecha en cada página, de modo que él podía sentirse como si estuviera allí con ellos.

Era otoño de 1938 y Raymond se había ido a la escuela de Hiram College en Ohio. Eduardito echaba de menos a su tío Raymond jugando con él regularmente, pero tenía el hombre de cartón de Phillip Morris que de pie era más alto que él y que le recordaba lo que se divertía con su tío.

La tía Lena había venido a verles justo antes de que él se fuera y vio a Eduardito por primera vez. Él estaba alto para su edad y se mantenía derecho como un niño normal. "? Quién podía creer que había estado tan enfermo no mucho tiempo atrás?", dijo ella.

El invierno y la Navidad llego con su frío y para Anita con una tristeza que siempre sentía en este tiempo del año recordando las últimas de su madre. La ausencia de Félix era quizás peor, pero trataba guardársela para si misma y permanecer ocupada con Eduardito y sus amigos que habían venido a celebrar las Fiestas y el Año Nuevo. La continuada Depresión no ayudaba a arreglar las cosas, pero al menos ellos estaban todos trabajando. El cocinero alemán hizo dulces de Navidad para que ella llevara a su casa, así podía traer una pequeña alegría extra para Bob y Pete, pensó ella.

Se dijo más adelante que el invierno de 1938/1939 encontró alrededor de 500,000 personas en Madrid subsistiendo con una ración diaria de 57 gramos (2onzas) de lentejas, judías o arroz, con una ración ocasional de azúcar o de bacalao en salazón. En febrero de 1939 la Comisión Internacional de Cuáqueros informó que no había suficientes suministros de comida para más de dos o tres meses. Tampoco había medicinas ni vendas y además no había calefacción ni agua caliente. Anita lloró por su familia con estas noticias.

A principios de marzo, todas las entradas a Madrid estaban cerradas y se libraron fuertes batallas. Pero casi al final del mes la guerra estaba terminada en Madrid. El último día de marzo de 1939 los Nacionales firmaron los pactos del final de la guerra y a primeras horas de la tarde ocuparon las últimas tres ciudades: Almería, Murcia y Cartagena.

El 1 de abril, los Estados Unidos reconocieron a los Nacionales como el gobierno actual de España; el generalísimo Franco sería su nuevo líder. El 19 de mayo los Nacionales realizaron el "Desfile de la Victoria" en Madrid, capital de España. A finales de junio las fuerzas militares de Alemania e Italia fueron evacuadas de España.

Anita estaba entusiasmada, la guerra había terminado y pronto iría a casa con Eduardito y finalmente a estar con su Félixmío. Ella lloró de alegría y se sentó a escribir. La primera carta fue para el

Consulado Español en Nueva York pidiendo permiso para volver a casa con su hijo. La segunda fue para la familia en Madrid diciéndoles que estaba preparando los papeles para que Eduardito y ella pudieran volver a casa y les telegrafiaría cuando supiera la fecha.

Recibió una respuesta del Cónsul General, Miguel Espinos, el 12 de junio, diciéndole que había recibido su carta del 10 de junio pidiendo su vuelta a España con su hijo. Ella primero tenía que llenar los papeles que le incluía, explicando el objeto de su retorno y donde iba a residir y con quién. También debería incluir tres fotografías de ella y de su hijo.

El 15 de junio ella se lo envió junto con las fotos tal como se lo habían pedido. Una de las preguntas en el formulario preguntaba cuanto tiempo pensaba permanecer en España, y ella escribió: *indefinidamente.*

CAPITULO VEINTIDOS

Cambios Sobre El Hogar

Raymond vino a verlos en las vacaciones de verano y se sorprendió de oír a Anita que estaba preparada para volver tan pronto como la guerra dejase a España. Bob y Pete decían que ellos tampoco podían entenderlo. Raymond le advirtió sobre la salud de Eduardito, y de cualquier manera, ¿le había preguntando a su marido si él quería venir aquí por un tiempo y volver cuando las cosas estuvieran mejor en España?.

Anita insistió en que tenía todo listo para salir incluyendo el permiso del Consulado Español para volver con Eduardito. Había comprado un nuevo baúl y tenía todo embalado. Ella y su marido habían hecho planes antes de que ella se fuera sobre donde se encontrarían después de la guerra y ella estaba segura de que él no los quería cambiar.

Los dos estuvieron dándole vueltas y vueltas durante bastante tiempo cada día hasta que finalmente Anita accedió a hacerles caso a ambos enviando a Félix un telegrama para ver si él quería venir. Raymond estaba encantado cuando ella le prometió que lo primero que haría al día siguiente sería enviarlo.

No tardó mucho en recibir una respuesta de Félix diciendo que quería venir. Raymond estaba feliz; Bob y Pete parecían estarlo también. Anita no sabía exactamente que trabajo iba a poder hacer Félix, ya que no sabía inglés y ellos estaban todavía en medio de una depresión aquí en los Estados Unidos. Mientras tanto el siguiente paso era escribir al Departamento de Estado para pedir los papeles necesarios para que Félix entrara legalmente. Quizás no sería muy difícil ya que ella era ciudadana norteamericana; también, él era legalmente su marido y un hombre culto, además.

Los papeles fueron y vinieron entre Anita y el Departamento de Estado. Finalmente le dijeron que Félix podía entrar y tener la residencia permanente porque estaba casado con una ciudadana americana. Sin embargo, había dos condiciones. Primera: para ser ciudadano americano tendría que hacer el servicio militar. Segunda: si él no quería hacerlo, podría salir del país dos veces, pero la segunda vez él no podría volver como residente permanente.

Todo estaba establecido y ahora ellos tenían que hacer los preparativos para conseguir traerle. Fue en una línea italiana saliendo de Lisboa el 29 de noviembre y que llegaría a Nueva York el 6 de diciembre. El 24 de noviembre Félix compró un billete de tercera clase y envió un telegrama a Anita diciendo que sería en el barco *Vulcania*. Iba a llegar temprano por la noche. Que curioso, ese era el barco en el cual ella zarpó hacia Europa.

Con la fecha confirmada, a con excitación comenzó a contarle los cambios a Eduardito, diciéndole que él y su papá podrirán estar pronto jugando juntos. Eduardito escuchaba atentamente y parecía nervioso también y dijo a su madre que él iba a llevarlo al tiovivo y además podían columpiar en los columpiados adultos. Anita sonrió contenta y se estaba imaginando su habitación y como los tres podrían vivir en ella. Tendrían que hacerlo por ahora hasta que tuvieran más ingresos. Además no importaba porque estarían bien, juntos los tres.

Hizo las gestiones oportunas en el trabajo para tomarse un par de días libres, así ella y Eduardito podría disfrutar de él. El cocinero, su esposa y Charlotte estaban especialmente felices por ella. Otros compañeros de trabajo la felicitaron porque su marido iba a venir y porque él había conseguido estar bien después de la guerra. Anita parecía estar más alegre y su sonrisa más ancha que nunca. Se sentía como si caminara varios pies por encima de la tierra y finalmente, pronto iba a tener a su familia con ella.

Después del trabajo escribió a sus hermanos, hermana y tia Lena, para contarles las noticias. La tía Lena le contestó cuanto le gustaría que fueron a Cleveland a visitarla, así podría conocerle; ella le enviaría el dinero para los billetes para que vinieran después de las Fiestas.

Llegaron los últimos papeles para que Anita se los diese a un empleado del Departamento de Estado cuando Félix llegara. Ella debía subir a la nave solo después de que la llamasen. Félix estaría sujeto por un empleado del Departamento de Estado en la cubierta del capitán, con el capitán delante. Ella le daría los papeles al empleado y el capitán del barco daría los papeles de Félix al empleado. Cuando el empleado estuviera satisfecho, Félix podría ir hacia ella y ambos podrían irse a casa. En una semana la tarjeta de residente de Félix llegaría por correo.

Todo parecía estar en orden. Ella reviso sus ahorros y pensó que podrían permanecer una noche en un hotel de Nueva York y tomar el tren a Philadelphia la tarde siguiente. Excitada, compartió sus planes con sus amigos del trabajo y todos ellos parecían entusiasmados por ella. Poco sabía ella que Charlotte haría una colecta en secreto para conseguir dinero suficiente para que Anita y Félix pudieran ir a un hotel de lujo para celebrar su primera noche juntos. Alrededor de una semana antes, le dieron una comida, en la que recibió el regalo de una reservación para dos personas en primera clase en el hotel *Waldorf Autoría* de Nueva York. Además el cocinero dijo que su regalo sería conducirla al muelle, porque estaría oscuro a la hora de llegada de Félix, y después les llevaría al hotel.

Anita estaba muy nerviosa y Bob y Pete acordaron cuidar de Eduardito un par de días. Anita explicó a su hijo lo que iba a suceder y que cuando ella viniera a casa él podría jugar con su papá. Ellos hablaban de eso todas las noches. Anita quería estar segura de que él no se sintiera excluido, pero al mismo tiempo sabía que no le podía llevar con ella debido a la hora en que Félix llegaba; tampoco podía llevarle con ella cuando fuese a reclamar a su Félixmío.

El 6 de diciembre era miércoles y Anita no podía conseguir más de dos días libres, así que trabajo hasta la hora de después de la comida. Salió poco después, toda arreglada, con su nuevo abrigo y los guantes que había comprado para abrigarse, sabiendo que tendría que esperar al aire libre en el muelle hasta que la llamasen. También quería estar especialmente guapa cuando Félix la viera por primera vez después de tanto tiempo.

El cocinero condujo con cuidado pero parecía tan nervioso como Anita con la llegada de Félix y haciendo planes con ella, diciéndole que ella y Félix tenían que ir a su casa pronto a cenar y, desde luego, Eduardito tenía que venir también. Anita sonrió oyendo solo a medias lo que él decía porque estaba ensimismada en sus pensamientos sobre la llegad de Félix y sobre como se sentiría ahora él también. Haría una noche clara, así que él podría ver la Estatua de la Libertad en las luces de la noche. ¡Oh, como deseaba estar con él enseguida!, pero sería pronto. Mientras tanto ella decía que si con la cabeza como si entendiera a su amigo, pero no estaba segura.

Habían llegado a primeras horas de la tarde y estaban tardando más y más en llamar a Anita para subir a bordo y recoger a su Félixmío. Hacía frío y las manos de Anita estaban heladas. Su amigo se dio cuenta y se ofreció a poner el gran sobre de papeles en su gran bolsillo del abrigo, así Anita pudo poner sus manos en sus pequeños bolsillos. Anita se lo agradeció y se los dio y colgó su bolso en su hombro.

Era cerca de medianoche, Anita estaba preocupada por su amigo, porque él tenía que trabajar al día siguiente. Ella le dijo que se fuera a casa, que ya cogerían un taxi para ir al hotel y no tenía que preocuparse. Mirando el reloj, él estuvo de acuerdo e intercambiando unas cuantas palabras de despidida y deseándole una bonita estancia en el hotel, le dijo adiós con la mano y se fue.

No mucho después de haberse ido, Anita fue convocada a la plataforma de acceso al barco donde se iba a encontrar con un oficial que la llevaría a la cubierta del capitán. Ella le seguía detrás, cuando de repente se dio cuenta de que no llevaba los papeles de Félix. Su amigo los tenía en el bolsillo de su abrigo. A medida que continuaba subiendo en la plataforma todo lo que ella murmuró fue, "por la Gracias de Dios yo voy. No voy a permitir que el destino me prive de mi Félixmío nunca más. Por la Gracias de Dios yo voy". Con paso resulto ella continuó.

Llegando a la cubierta del capitán, vio a un hombre con uniforme de capitán y gorra, con otro hombre que estaba de pie a su lado con un abrigo y un sombrero estilo fedora en su cabeza. Ambos hombres la saludaron cuando el oficial la presentó, él se volvió y salió cuando el capitán le dio las gracias y dijo que podía irse.

El capitán dijo que había repasado los papeles del hombre que estaba a su lado y ahora quería ver los de ella. No sabiendo por donde empezar, Anita comenzó a contar lo que había ocurrido mientras esperando que la llamasen, después continuó diciendo: "Este momento y los muchos ansiosos momentos pasados en más de año y medio, han sido como vivir un infernal purgatorio, esperando y preguntando si el sino de la guerra iba a privarnos de momentos como los siguientes por medio de los cuales seríamos una familia feliz otra vez. Después de ser un testigo de la guerra, te das cuenta de que el único significado de ella es la insana destrucción causada por unos pocos, solamente por el poder. Los papeles que vienen después no legalizan los males de la depravación, templados por la soledad de los que no quieren nada más que vivir en paz y encontrar la única verdad que la vida puede ofrecer: el amor indudable del uno por el otro, por extraño que sea".

Continuó explicando: "Un hombre que ha estado en una prisión política solo por no ponerse de un lado para matar a otros por razones que no comprende, y deseando solo la comodidad y la seguridad para su familia, seguramente no es una amenaza para este país, ni puede ser considerado un criminal. Él ha pagado ya suficiente por pecados que no cometió y ahora de nuevo será necesario que vuelva apagar si usted no le permite venir conmigo. Los documentos se pueden recuperar fácilmente haciendo una llamada a mi amigo esta noche para que mañana se los entregue donde el caballero del Departamento de Estado quiera".

Los dos hombres estaban emocionados mientras Anita hablaba, y después de una breve duda, el caballero del Departamento de Estado preguntó si era posible hacer una llamada telefónica desde su cubierta. El capitán dijo que si y entonces llamó a uno de sus oficiales para que trajese al señor Rodríguez para que pudiera continuar con su vida.

En unos pocos minutos Félix estaba en el umbral de la puerta. Cuando se vieron el uno al otro, las emociones fueron enormes, incluyendo las de los que los miraban. Abrazándose y oscilando uno y otro en sus brazos, Anita dijo, "Félixmío, Félixmío, te dije que no había despedidas. Félix rió y lloró al mismo tiempo. Ellos no se separarían nunca más, se prometieron; nunca, nunca.

El hombre del Departamento de Estado les preguntó donde iban a ir esta noche y cuando Anita se lo dijo les deseo lo mejor y dio la bienvenida a Félix a los Estados Unidos. El capitán aún con un poquito de emoción les dijo que se fueran y tuvieran una buena vida.

PARTE II

CAPITULO VEINTITRES

Félix

Al llegar al hotel, Félix y Anita parecían un par de tortolitos. Los ojos de Félix estaban bien abiertos, tenía a Anita a un lado y su maleta en el otro mientras observaba el lujo del hotel. La sonrisa de Anita hablaba de una reunión feliz mientras los dos se acercaban a la recepción y anunciaban que tenían reservaciones.

El recepcionista les miró mientras Félix colocaba la maleta a su lado y cogía el bolso de Anita para que ella pudiera firmar. Al encontrar sus reservaciones el hombre les dijo que sí mientras los miraba discretamente y casi al mismo tiempo llamó a un botones.

Cogidos del brazo siguieron al botones hasta su habitación. Anita rápidamente le pasó discretamente a Félix algo de cambio para que pudiera darle una propina. Al entrar en su habitación, ambos tenían los ojos muy abiertos y las sonrisas amplias mientras echaban una ojeada a su alrededor y se miraban el uno al otro. Después de pagar al botones y poner el cartel de *no molestar* en la puerta, rápidamente se quitaron los abrigos para disfrutar del calor de la habitación mezclado con su propio calor preparados para ir a la cama. Félix le dijo que por la mañana le daría algunas cosas que había traído para ella. Encantada le dijo que pedirían el desayuno en la habitación y podrían estar toda la mañana desayunando mientras él le contaba todo sobre el último año y medio.

Acurrucados ambos en la cama, el frío aire de la noche salió de ellos cuando el calor de sus abrazos les sumergió a ambos en una gran felicidad, mientras se preguntaban si alguna vez volverían a tenerla de nuevo.

Anita se despertó primero y enseguida pidió que les trajeran café y bollos a su habitación. Sentándose a lado de Félix, que estaba empezando a despertarse, le besó profundamente antes de que abriese los ojos y sonriese. Le explicó que necesitaría estar listo rápidamente, antes de que el mozo viniera. La idea de un verdadero café, sacó a Félix de la cama y se duchó. Anita se arregló en el lavabo mientras ambos charlaban y sobre Eduardito yendo de acá para allá. Saliendo de la ducha Anita pudo ver bien a la luz a su Félixmío, y vio a un hombre delgado y guapo, con la cara hundida pero feliz.

Abrazándole mientras se estaba secando, ella notó un pequeño agujero en su espalda. Separándose de él con un poquito de alarma, le preguntó que pasaba. En ese momento el camarero llamó al la puerta. Félix prometió decírselo mas tarde, así que ella salió con prisa a la puerta y la abrió para dejar entrar al camarero. Le dio una propina y mientras le daba las gracias le dijo que dejara las cosas. Encantado él se lo agradeció.

Pasaron la mejor parte del día dentro, mientras se contaban el uno al otro sus experiencias mientras estuvieron separados. Anita hizo ansiosas preguntas a Félix y le dijo que había sufrido por él constantemente y quería saber como tuvo lugar ese agujero en su espalda.

Sentados uno al lado del otro, Félix la abrazó y la meció en sus brazos mientras él también le decía que la única cosa que le hizo continuar fue el pensamiento de estar juntos los tres otra vez y le dijo que le gustaría empezar de nuevo.

Poco después de que Anita y Eduardito salieran, la *patrulla del amanecer*, llegó y entró llevándose a Félix de Belén 11, con Aurora, Luisa y Victoria gritándoles que su hermano no tenía nada de ver con la guerra y que no quería hacer daño a nadie. Cogiendo su abrigo, Aurora siguió increpándoles mientras le subían a un camión militar. Cuando le sacaron, Aurora corrió detrás de ellos chillando y gritando hasta que llegaron a la prisión.

La prisión era el antiguo colegio de San Antón, no lejos de su casa. Cuando lo sacaron de la parte trasera del camión, Aurora pidió ver a la persona responsable, pero los guardias le empujaron a un lado y dijeron fuertemente *mañana*. Félix dijo a su hermana que se fuera a casa que él estaría bien.

Al día siguiente ella y Victoria vinieron, gritando su nombre enfrente, en la calle, insistiendo en que les permitieron verle.

Ellas venían todos los días que podían, la única causa que les impedía venir era que hubiera demasiados disturbios callejeros. Otras mujeres vinieron a hacer lo mismo, de esa manera traían a los prisioneros a las ventanas para que sus familias pudieran ver que todavía estaban allí y no los habían fusilado o trasladado a cualquier otro remoto lugar donde los usaran para trabajos forzados hasta que estuvieran demasiado exhaustos para trabajar y entonces los fusilaran. Una vez les permitieron a Aurora y a Victoria que le dieran cartas de Anita.

Cuando los prisioneros llegaban a la prisión, les despojaban de sus ropas excepto de los pantalones, una camisa fina y sus calcetines si los tenían. Félix inmediatamente se quitó su alianza y se metió en la boca debajo de la lengua. La mantuvo allí todo el tiempo que estuvo en la cárcel. Solo en dos ocasiones no lo hizo.

La primera vez fue cuando supo que le iban a llevar a hacer reparaciones a la carretera de Valencia. Trabajaban todo el día bajo el fuerte sol y comían muy poco, pero les daban agua periódicamente. Temiéndose que pudiera perderla, la puso en su bolsillo cuando nadie estaba mirando. Cualquier preso le hubiera denunciado si le hubiera visto para conseguir favores con los guardias. Un día un amigo suyo que era un médico residente que trabajaba en un hospital cerca de la prisión, le vio y le dijo lo que tenía que hacer para que le mandasen al hospital. Le dio instrucciones para que trabajara lo mas duro que pudiera bajo el sol que los guardias le viesen. Donde estaba trabajando había de vez en cuando montones de pepinos que habían sido amontonados por los agricultores cercanos. Cuando nadie le vía se forzó a si mismo a comer tantos como pudo y después pidió agua a los guardias. Como estaban lejos de la prisión, metían a los prisioneros en unas cuevas cercanas para dormir por la noche y darles de comer cualquier comida que tuvieran los guardias.

Las cuevas estaban frías por las noches y después de forrarse de pepinos bajo el sol caliente, empezó a sentir que su interior iba a explotar, al ver esto los guardias le enviaron al hospital de la cárcel en Madrid inmediatamente. No le fusilaron porque era un trabajador joven y fuerte. Los trabajadores fuertes eran necesarios para reparar los caminos y permitir que los suministros entraran en Madrid desde Valencia, el único camino abierto en Madrid. El plan funcionó y Félix disfrutó de dos semanas en la cama y comiendo mejor.

La segunda vez, observó a unos jóvenes prisioneros que se los llevaban a los sótanos que se usaban como cámaras de tortura. La idea era obligarles a luchar por el régimen republicano. La cárcel la dirigían unos soldados rusos que no tenían piedad. Su único interés era conseguir conversos para las líneas de combate o mantener a los jóvenes para los trabajos forzados necesarios.

El agujero en la espalda de Félix llegó en este momento. Parece ser que todo el correo de los prisioneros se leía antes de entregárselo a ellos. En una carta de Anita había una fotografía de Eduardito y ella. Los guardias creían que tenía una esposa rica en America y cogieron a Félix y le llevaron a una de las cámaras de tortura. Una vez tumbado y atado, cogieron unos punzones finos y a continuación comenzaron a perforar un punto en la espalda una y otra vez mientras le quitaban la piel despacito a la vez. Le hacían la misma pregunta una y otra vez "? a quién y donde manda tu esposa el dinero?" Cuando Félix le explicó una y otra vez que no tenía dinero y la razón por la cual había vuelto a America, desistieron y lo devolvieron a su celda.

No creyéndole del todo, fueron a Belén 11 e interrogaron a Don Eduardo mientras hacían un registro en su casa. La foto causó problemas improvistos para la familia, pero Félix pudo ver que su esposa y su hijo estaban bien y le dio alegría.

Todo lo que Félix pudo decir acerca de su tiempo en la cárcel fue que le causo cansancio y ansiedad; todo el mundo estaba débil debido a la malnutrición y él sentía piedad por los de su alrededor que estaban débiles de mente y espíritu.

El invierno de 1939 fue duro porque tenían poca ropa y casi nada para mantenerse calientes, muy poca comida y además estaban llenos de piojos.

Al final de la guerra las puertas de la prisión se abrieron y se permitió a todo el mundo volver a casa sin hacerles más preguntas. Félix que estaba en el último piso, fue uno de los últimos en salir. Había oído un gran alboroto antes de que su puerta fuera abierta por un preso de su mismo piso. Cuando miró hacía el patio central desde donde venía el ruido, vio que los prisioneros habían cogido a los guardias más brutos y los habían colgado por los pies y torturado antes de irse.

Félix fue corriendo a casa, hasta Belén 11, y allí dio instrucciones para que nadie le tocara, luego pidió a Aurora que le trajera lejía y jabón y que quemaran su ropa.

Anita cogió a su Félixmío y enterró su cabeza en su hombro queriendo llorar, pero Félix la meció en sus brazos y le dijo que todo había quedado atrás, que ahora ellos tenían una vida feliz por delante.

Después de abrazarla un largo rato, le dijo que le contara sobre su viaje y como le había ido a Eduardito en él. Anita se sentó, secó sus ojos con un pañuelo y comenzó sus relatos de desafiantes aventuras y como ella ahora estaba trabajando y Eduardito era un saludable niño de tres años. En medio de sus relatos, tiro a Félix hacía atrás a la cama con ella y se arrimó a él mientras le contaba todo lo que podía recordar.

Antes de que se dieran cuenta, la tarde había caído sobre ellos y la luz del invierno comenzaba a desvanecerse, pareciendo como si buscara un lugar para dormir en las nubes de la tarde. Decidieron vestirse y salir a dar un paseo para ver un poquito de Nueva York y luego cenar algo; después de esto regresar al hotel y disfrutar del bienestar de abrazarse el uno al otro en completo lujo.

En la cena Félix explicó como había llegado a Lisboa y después la travesía en barco a América. Anita escuchaba mientras ambos disfrutaban de la cena, era el primer bistec americano de Félix.

Mientras saboreaba su cena él le explicó que después de ir de acá para allá con los papeles para satisfacer al Departamento de Estado de Estados Unidos a través de la Embajada, estaba la agonía de esperar las respuestas seguidas de los papeles de aprobación de su salida. Después estaba la pregunta de cómo conseguir llegar a Lisboa tan pronto después de la guerra, cuanto costaría y de donde sacaría el dinero para tal viaje. Parecía que los trenes funcionaban, pero muy pocos. En septiembre él sabía que el barco partiría de Lisboa el 1 de diciembre, luego se enteró de qué tren lo llevaría hasta Lisboa. Resultó que sería un coche cama que salía de Madrid desde la estación de Delicias a finales de noviembre, paraba en un pueblo cerca de la frontera de Portugal llamado Valencia de Alcántara y allí cambiaría de tren a uno que fuera directamente a Lisboa. Como no tenía suficiente dinero, papá Eduardo le dio lo que necesitaba. Una cosa grande que no podía llevarse era su reloj. Anita dijo que lo entendía y que sabía que a la familia le gustaría, de modo que no tenía que preocuparse.

Cuando llegó el día de su partida, a media tarde, papá Eduardo caminó con él hasta la estación de tren para que pudieran hablar; cada uno de ellos sabía que no volverían a verse más. Las chicas le empaquetaron algunos artículos de comida para comer en el tren y así ayudarle con los gastos. Se sintió un poco triste por el hecho de que ellos le dieran comida sabiendo lo difícil que era conseguirla. Por cierto, pensó en ellos con cada bocado que tomó.

Tardó un poco con el papeleo cuando cambió de tren en la estación. Era necesario hacer esto antes de poder cruzar a Portugal. El viaje tardó más de la mitad del día. Cuando llegó a Lisboa, el dio tiempo de llagar hasta el barco a pie, así que caminó con su pesada maleta todo el camino, de esa manera pudo gozar de la ciudad.

Al llegar al barco vio filas de personas intentando subir tan rápido como fuera posible. Él también hizo cola rápidamente porque también estaba deseoso de seguir con su viaje. Cuando finalmente encontró su litera de tercera clase, vio que estaba todo abarrotado de refugiados y se dio cuenta de que todos los pasajeros, al menos los de segunda y tercera clase eran refugiados judíos huyendo del terrorífico régimen de Hitler. Nadie parecía hablar español en esta zona del barco; todos parecían ser de la Europa del Este. Como él estaba deseoso otra vez de disfrutar del viaje con el aire fresco del mar y sentir el movimiento del barco, pasó la mayor parte del tiempo en cubierta. Allí encontró alguien que tenía una cámara y le tomó una foto. Anita le interrumpió con un suspiro de decepción ya que no iba a poder verla. Félix dijo que podría verla si esa persona cumplía su promesa de enviársela. "Quizás", dijo ella, "pero que más da, tengo a mi Félixmío y es todo lo que importa". "Bueno", continuó él, "y aquí estoy para que podamos pasar el resto de nuestras vidas juntos. Espero que ya nunca más nos vuelvan a separar otra vez".

CAPITULO VEINTICUATRO

Eduardito y la Familia

Al día siguiente Félix y Anita se encontraban en la cama cuando la luz de la mañana de invierno llegó con la promesa de un bello día. Después de despertarse tras los abrazos de último minuto se levantaron para bañarse y vestirse para salir y explorar Nueva York un poco más antes de continuar a Philadelphia.

Félix se sentía fresco caminando por las calles de Nueva York con Anita cerca de él cogida de su brazo. Los edificios altos le hicieron sentir que su futuro había empezando y que los años pasados de horror habían terminado para ellos. No tenía otro interés que el de seguir adelante con todo nuevo y poder hacer la vida con las cosas con las que antes solo podía soñar. De alguna manera esos sueños se harían realidad y él sabía que Anita le ayudaría a aprender inglés para que se pudieran cumplir.

Anita sintió el aire frío del invierno en sus mejillas y a Félix a su lado mientras ella feliz le enseñaba lo mejor de Nueva York con una sonrisa que ni quería ni podía esconder. En Central Park fueron de paseo en un coche de caballos. Eran como un par de recién casados sentados en la parte trasera, con una manta sobre sus rodillas y con el aire frío soplando sobre sus mejillas y sobre sus sonrisas. Ah si, estaban disfrutando de su segunda luna de miel juntos después de todo.

Antes de darse cuenta ya era media tarde y estaban ansiosos por volver a casa a ver a Eduardito. Cogieron un tren a Philadelphia después de recoger las maletas que el hotel había prometido cuidarles. Ya era tarde cuando el tren salió y les llevó a su último paso de reunificación. Los dos se sentaron muy derechos y Félix prometió contarle a Anita todo sobre la familia poquito a poco, pero ahora quería disfrutar del viaje en tren. Anita no protestó, solo se mantuvo cogida al brazo de Félix y él le daba palmaditas de manera reconfortante mientras le miraba de vez en cuando.

Había oscurecido cuando el tren al fin llego a su último destino, Félix estaba más despierto que nunca y deseoso de ver a su hijo y lo que sería su hogar. Antes de levantarse, Anita se arregló las cejas y miró a Félix con ojos chispeantes sobre una sonrisa que se estiraba entre sus mejillas sonrosadas. Después de ayudar a Anita a levantarse y de coger su bolso, fueron a buscar la maleta de Félix. Enseguida la vieron y el mozo se la entregó con una sonrisa cuando vio la sonrisa de ellos y la propina en la mano. Los taxis estaban en la parte delantera y parecía como si estuvieran esperándoles solo a ellos.

El aire de la noche era frío, con estrellas brillantes sobre ellos, cuando dijeron adiós al taxi y subieron las escaleras para ser recibidos por Bob, quién les llevó arriba donde estaba esperando Pete. Eduardito estaba dormido en el cuarto de ellos. Después de las bienvenidas Bob ayudó a Félix a llevar su maleta hasta su habitación y les invitó a la cocina después para que tomaran una bebida caliente.

Al entrar en la habitación, Anita encendió una pequeña lámpara y Bob se fue después de dejar la maleta. Félix le dijo adiós casi con un susurro cuando fue a la pequeña cama de Eduardito. Anita se le adelantó y estaba a punto de despertarle cuando se levantó y dijo: "Hola papá, ¿quieres jugar?"

Las lágrimas mezcladas con la risa ahogaban a ambos, mientras Félix alcanzaba los brazos abiertos de su hijo y le levantaba. Luego le abrazó prometiéndose a si mismo que nunca olvidaría este momento.

El día siguiente fue soleado y Eduardito estaba nervioso por tener a su padre con él y ansioso por enseñarle el parque con su tiovivo y los columpios. Se fueron los tres de la mano como si fuera una cosa que hacían todos los días. Feliz con su padre de la mano, Eduardito le pidió que le empujara más y más alto en el columpio y luego fueron al tiovivo. Disfrutaron de una sopa con un sándwich en un restaurante cercano. Ninguno de ellos pensó que podrían ser más feliz de lo que estaban. Mientras paseaban, Anita le explicó las condiciones de vida actuales con Bob y Pete y que quería tener un sitio solo para ellos. Félix estuvo de acuerdo pero dijo que tendría que encontrar algún tipo de trabajo primero. Anita estuvo de acuerdo y dijo que tenía una amiga italiana en el trabajo que siempre estaba cuidándola y que tenía una idea para trabajar. Era solo un trabajo de noche en un aparcamiento no muy lejos de casa. Podía empezar a aprender y mejorar su inglés de esa manera. No sería mucho, pero con eso tendrían lo suficiente para algún día ser independientes. Con Anita trabajando durante el día, Félix podría cuidar a Eduardito durante esas horas y así ahorrar un poco más. Estuvieron de acuerdo en no contarle nada a nadie hasta que estuvieron seguros de los planes y del dinero. Anita le daría lecciones en inglés para que estudiara todos los días.

Cuando Anita volvió al trabajo, encontró a todo el mundo solicitó interesado en saber que tal le habían ido las cosas. Feliz, ella les contó lo que había pasado en el barco y como logró liberar a Félix y lo amable que fue todo el mundo. También les dio las gracias por el maravilloso regalo del hotel y les dijo lo impresionado que había quedado su marido. Al acercarse a la cocina a ver al chef, vio a Charlotte y la abrazó dándole las gracias por todo lo que había hecho para que pudieran tener unos momentos tan felices. Charlotte estaba contenta y dijo que tenían que ir a su casa a cenar el domingo; también tenía noticias sobre algo para Félix.

La cocina empezaba a estar a pleno rendimiento, pero encontró al chef enseguida. Con sonrisas en ambas caras se acercaron como viejos amigos. Un abrazo rápido y cálido y el chef le dijo inmediatamente que el Departamento de Estado le notificó esa noche que vendrían por los papeles al día siguiente; todo estaba en regla.

El día continuó como cualquier lunes, pero Anita parecía tener una sonrisa más amplia y luminosa y era más rápida moviéndose. Todo el mundo a su alrededor que sabía por qué se había ido un par de días, parecía contento por ella.

Al llegar a casa después del trabajo estaba contenta de ver su pequeña familia junta. El único problema era que Félix tenía una mirada de preocupación en su cara. Cuando Anita le preguntó que era el problema, le explico que había ido a dar un paseo con Eduardito y había visto gran número de coronas en las puertas de las casas del barrio. Pensó que deberían considerar mudarse lo antes posible, ya que debido a todas esas muertes, debía de haber alguna enfermedad fatal circulando por allí. Con cariño e intentando no reírse, le explicó que eran coronas de Navidad y no anuncios de ninguna muerte. Con gran alivio, Félix se rió mientras Eduardito les miraba a los dos y reía también.

Después de la cena y un poco de conversación con Bob y Pete se fueron los tres a su habitación, con un Eduardito adormilado en los brazos de Félix. Mientras le metían en la cama, Anita dijo a Félix que le contara sobre Victoria y Boni. ¿Fue fácil para Victoria y Boni reunirse?, ¿se habían casado? Félix prometió contarle todo lo que sabía cuando se metieran en la cama. Primero él quería saber más acerca de su hermano y su cuñada.

Anita empezó explicándole que Bob era el hermano mayor y al que ella siempre se dirigía para buscar ayuda desde su niñez. Siempre se habían llevado bien. Ella nunca pensó que a su cuñada no le gustara ella, pero se estaba demostrando que era una ayuda cuando más lo necesitaba. Las cosas no estaban en su mejor momento ahora para ellos, pero Pete era una persona práctica y

Anita la respetaba sabiendo que iba a ser la persona que les mantuviera a flote. Félix comentó que encontraba a Bob un poco tímido con él y a Pete un poco fría. Anita le explicó que quizás podía ser porque no esperaban que él llegara. Además todo el tiempo que había estado escribiendo cartas a Félix, Pete había estado empujando a Bob para que él la animara a salir con otro y que empezara a buscar un nuevo marido. No estaban seguros de que Félix siguiera interesado en ella o en la obligación de tener un bebé. Después de todo era bastante posible que él no sobreviviera a la guerra después de todo lo que habían oído en las noticias. Félix mostró sorpresa y le dijo que no se preocupara. Anita le contestó que ella ya lo sabía.

A continuación, siguió contándole que tenía una hermana y un cuñado que se llamaban Mary y Jack Conkle que vivían cerca de Miami, Florida y con ellos se llevaba muy bien. Tienen un hijo un año más pequeño que Eduardito, llamado David. A Anita le caía bien su cuñado Jack y él sentía que era como un hermano mayor para ella. Él también tenía confianza en ella y siempre la había tratado bien, estaba segura de que a Félix le caería muy bien.

También estaba Jim que era solamente dos años más joven que ella. Al crecer él siempre había sido un bromista y a veces la volvía loca. Él fue el que realmente intentó entrar en España para verla, pero las fronteras estaban cerradas.

Raymond, que era en verdad su primo, siempre lo consideró su hermano más pequeño y siempre fue una ayuda también. Él fue el que insistió en que Anita escribiera a Félix para ver si quería venir a vivir a Estados Unidos. Félix verdaderamente deseaba conocerle pero Anita le dijo que siempre estaba fuera, en la universidad, pero que con el tiempo lo haría.

Anita ahora se volvió hacia Félix y le recordó que le había prometido contarle acerca de la familia española.

CAPITULO VEINTICINCO

Victoria y Boni

Al meterse en la cama, Anita se acurrucó inmediatamente al lado de Félix, mientras él la cogió en sus brazos, le besó su cabeza rizada y le empezó a contar acerca de Victoria y Boni.

El día que se declaró el fin de la guerra, comenzó Félix, Boni y sus hermanos salieron de la embajada guatemalteca sin ningún problema. Volvieron a casa, donde las hermanas habían estado viviendo durante toda la guerra y habían luchado como todo el mundo para llevar comida a la mesa.

Boni vino a Belén 11 tantas veces como pudo para pasar tiempo con Victoria. Ella estaba contenta porque le daba oportunidad a papá Eduardo para empezar a conocerle y darse cuenta de lo seguros que estaban el uno del otro. Pensaban casarse tan pronto como Boni pudiera establecerse con alguna cosa, añadió Félix.

Anita estaba complacida, pero le preguntó que le recordara como se habían conocido. Félix recordó que Victoria solía ir a la iglesia de Santa Bárbara, no muy lejos de Belén 11; se había unido al coro y allí se conocieron. El hermano mayor de Boni era sacerdote en esa iglesia y Boni ayudaba en lo que fuera para llevar a casa algo de dinero que la iglesia pudiera pagarle por sus servicios. No tardaron en darse cuenta de que ambos disfrutaban con la compañía del otro. Cuando los rojos entraron y tomaron la iglesia, un día le cogieron a él y a los dos hermanos que también estaban allí. Después de eso fue cuando Victoria empezó a ir a la cárcel a visitarle cuando podía.

Los dos estaban de acuerdo en que Boni encontraría algo puesto que era una persona de muchos recursos y de trato agradable, especialmente cuando estaba de broma.

• • • •

Victoria y Boni finalmente se casaron el 10 de diciembre de 1941. Boni encontró trabajo para la Administración en el Ministerio de la Gobernación y luego en el de la Vivienda. Pudo asegurarse una vivienda y allí criaron a sus dos hijos.

Después de unos diez años en ese puesto, renunció a sus derechos como funcionario porque él y uno de sus hermanos, junto con un amigo, se asociaron para vender rodamientos y su empresa se llamó *Rodamientos Estella*. Tuvieron bastante éxito con los negocios.

Tuvieron un hijo llamado Enrique José y una hija llamada María del Carmen (Mari Carmen). El hijo nació el 21 de septiembre de 1942 y murió de un aneurisma cerebral el 11 de marzo de 1983; tenía casi 41 años de edad. Se casó con una mujer llamada Ana María Martín Díaz. Estuvieron muy felizmente casados y tuvieron un hijo llamado Eduardo que tenía diez años cuando su padre murió. Al morir dejó a su esposa embarazada de seis meses esperando una niña, cuyo nombre es María Victoria (Mavi).

Su hija Mari Carmen, nació el 10 de junio de 1946. Se casó con un hombre llamado José Luis (Pepe) Valenciano Llovera y tuvieron dos hijos. Una hija llamada María del Carmen (Carmela) que nació el 19 de enero de 1974. Su hijo José Luis, nació el 11 de septiembre de 1976.

Desgraciadamente Boni murió el 22 de noviembre de 1973 de un ataque al corazón; solo tenía 65 años de edad. Dejó a su esposa económicamente estable, pero ella realmente nunca fue feliz después de su muerte. Murió el 2 de noviembre del 2000 a la edad de 89 años. Ella y Boni se llevaban tres años de edad, siendo Boni el mayor.

•   •   •   •   •

Félix se calló y Anita se espabiló preguntando por más de la familia, pero él le recordó mientras le besaba en lo alto de su cabeza rizada de nuevo, que tenía que madrugar. Le prometió contarle mas sobre su familia en los próximos días.

CAPITULO VEINTISEIS

Pepe y Angelita

Al día siguiente en el trabajo fue más de lo mismo. Su sonrisa era todavía prominente, como siempre, y su paso tenía un brote de felicidad. Charlotte la cogió a la hora de comer para recordarle la cena del domingo. Anita la tranquilizo; ella, Félix y Eduardito la esperaban con ilusión.

En la comida el chef le preguntó si ella y su familia podían ir al siguiente domingo a cenar a su casa. Ella alegremente asintió, después impacientemente volvió al trabajo, ya ansiosa por terminarlo todo, puesto que quería llegar a casa y estar con su familia.

Al llegar a casa, oyó los acontecimientos del día de Félix con Eduardito y revisó las lecciones que le había preparado el día anterior; después cenaron con Bob y Pete. En la cena Bob anunció que iban a tener su primer hijo. Todo el mundo estaba feliz y Pete sentada cerca de Bob silenciosa pero feliz. Dijeron casi a la vez que el bebé nacería a principios del verano.

Anita ayudó a Pete a lavar los platos mientras Eduardito estaba sentado encima de su padre. Bob lentamente continuó la conversación con Félix. A Félix le gustó esto porque le permitía practicar escuchando acentos y pronunciaciones.

Lavados los platos y terminada la conversación en un tono feliz, Félix, Anita y Eduardito se fueron a su habitación. Jugaron un poco con Eduardito mientras le preparaban para dormir, luego ellos mismos se prepararon para un buen sueño nocturno.

Subiéndose a la cama, Anita sonrió levemente mientras esperaba que Félix viniera. Este era el momento que ella había esperando tanto tiempo para disfrutar otra vez del placer reconfortante del abrazo de su único amor, su Félixmío. Félix también sintió lo mismo mientras rápidamente se metía en la cama con una sonrisa de placer acomodando a Anita en su hombro y preguntándole que es lo que quería escuchar esta noche. Ella quería saber sobre Pepe y Angelita, así que él empezó después de que Anita se acurrucara un poco más cerca y él le besara su cabeza como siempre hacía después de meterse en la cama.

Como los dos sabían, su hermano Pepe se casó con una chica vasca llamada Ángela (Angelita) Garmendia Aritmendi el 28 de noviembre de 1936 en el pueblo de Ibarruri en la provincia de Vizcaya.

Poco antes de casarse, Pepe se reunió con unos amigos y hablaron de la situación política actual y de todos los grupos políticos que se habían formado. En el calor de la discusión decidieron alistarse en uno de esos grupos políticos. El 18 de julio de 1936, él se unió a uno de los grupos republicanos e inmediatamente fue al frente. Después de algunos meses le dieron permiso para volver y casarse. Angelita al principio estaba viviendo con sus padres en San Sebastián y luego en Ibarruri.

Después de casarse, Pepe volvió al frente sin saber que su esposa estaba embarazada. Mientras Angelita esperaba a su marido, sus padres querían llevársela a Francia con ellos, pero Angelita no quiso ir y se fue a Santander a vivir a una pensión. Los padres estaban intentando salvar a la familia, especialmente a los nietos que casi se estaban muriendo de hambre.

Catorce días después de que diera a luz a una niña el 29 de agosto de 1937, se fue a San Sebastián a vivir con una tía y sus primas. Su razón era que su hija María Luisa (Maisín) pudiera ser bautizada; no había iglesias en activo en aquel tiempo en Santander.

Mientras, en San Sebastián, trataba de contactar a su marido para que supiera lo que estaba pasando con ella, pero no pudo saber donde estaba. Mientras ella estaba buscando el paradero de su marido, encontró a un hombre con un poco de influencia que le dijo que podía ayudarla escribiendo una carta al lugar al que ella había descubierto que estaba prisionero y donde estaba muy enfermo. En esta carta, él explicaba, el inocente alistamiento de Pepe y que él no tenía ideas políticas ni militares de uno u otro grupo. Fue esta carta la que ayudó a Angelita a asegurarse su libertad. Ella había descubierto que estaba en una prisión en Llanes en la provincia de Asturias. También describió que estaba muy enfermo con problemas del hígado. Él fue liberado y volvió a San Sebastián.

En abril de 1939, cuando la guerra hubo terminado ellos todavía vivían en San Sebastián. Hicieron una corta visita a Belén 11 en Madrid para que Pepe pudiera presentar a su esposa y a su hija de veinte meses de edad a su familia. Ellos volvieron a San Sebastián y Angelita hizo todo lo que pudo con sus habilidades para confeccionar ropa. Mientras tanto, Pepe hizo jabón en casa y lo vendía donde podía. Más tarde él fue representante de una fábrica española de materiales para hacer ropas como encajes y bordados.

Félix dijo que eso era todo lo que sabía y que no le fue posible verle antes de salir. Anita estaba segura de que la familia sabría y que él preguntaría por su hermano en sus cartas a casa. Félix estuvo de acuerdo, pero le recordó que era tarde y que necesitaba dormir. Con un beso ella asintió y se acurrucó más cerca.

• • • • •

El 23 de diciembre de 1940, tuvieron una segunda hija a la que afectuosamente llamaban Menchu o María del Carmen. La familia de Angelita volvió de Francia después de la guerra a su casa de San Sebastián. Angelita, Pepe y su familia se fueron a vivir a Oviedo sobre 1942/43. En 1944 Angelita puso una tienda donde hacía ropa a medida, sobre todo para niños.

En 1956 las cosas no fueron bien para ellos en Oviedo y se fueron a vivir a Belén 11 hasta que Pepe pudiera levantarse de nuevo. Al principio él representó a su padre en sus negocios vendiendo materiales de construcción en Madrid. Su padre estaba demasiado viejo para poder visitar a sus diferentes clientes, de modo que su hijo mayor, Eduardo, viajaba por todo España y Pepe cubría Madrid y sus alrededores. Alrededor de un año más tarde hubo una discusión con la cuñada de Pepe con su padre. Don Eduardo tenía demasiadas disputas en casa así que buscó asistencia legal para que se fueran en una fecha fijada.

Pepe no tenía sitio donde ir a vivir inmediatamente, así que preguntó a un amigo, que no vivía muy lejos, si pudiera permitir para ellos y sus cosas. El amigo y su familia fueron más que una ayuda y le permitieron vivir con su familia por varios meses.

Sus hijas se pusieron a trabajar jóvenes con objeto de ayudar a sus padres con los gastos de la casa. Maisín había venido dos años antes que el resto de la familia a Belén 11. Ella estuvo estudiando la carrera de Perito Agrícola, poco después del primer año, tuvo que dejar sus estudios porque sus padres no tenían bastante dinero para que continuara. Ella entonces empezó a trabajar haciendo diferentes cosas para traer dinero para la familia, hasta que se casó con José (Pepe) Corazón Iglesia en mayo de 1962. Tuvieron tres hijos: José Alberto, nacido el 23 de junio de 1963; Miguel, nacido el 1 de julio de 1965 y Ricardo, nacido el 25 de noviembre de 1971.

Menchu, la segunda hija, permaneció con sus padres y terminó el colegio a los diecisiete años y entonces se puso a trabajar también para ayudar a la familia. Se casó con Mariano Luían Martínez el 6 de febrero de 1966 y tuvieron tres hijas. Las dos primeras fueron mellizas: Aranzazu (Arancha) y Mercedes (Merche), nacidas el 3 de abril de 1968. Su tercera hija, Beatriz, nació el 4 de mayo de 1970.

En Madrid, Pepe encontró trabajo como representante de varios productos de diferentes compañías que necesitaban representante. Una de las compañías a las que él representaba hacía piezas de porcelana decorativas muy bellas.

Mientras tanto Angelita continuó en casa haciendo ropa para la gente que le necesitara consiguiendo clientes por el boca a boca y también a través del trabajo de Pepe. Ambos trabajaron constantemente muy duro.

Pepe no estuvo nunca bien de salud. Tenía constantemente recaídas de sus problemas internos. Murió el 27 de octubre de 1984 de un cáncer a los ochenta años de edad.

Angelita era casi siete años más joven que su marido y murió el 30 de octubre del 2000. Tenía ochenta y nueve años de edad y murió por causas naturales.

CAPITULO VEINTISIETE

Aurora

Era la mitad de la semana y Félix llevaba ya en Estados Unidos toda una semana. Estudiaba y leía en inglés en voz alta para poder practicar la pronunciación. Intentaba hablar más con Bob y Pete y escuchaba atentamente a la gente hablando, tanto como podía, mientras paseaba a su hijo por el parque. Estaba contento consigo mismo por haber estudiado inglés seriamente antes de llegar a Estados Unidos. Estudió con los libros que Anita había tenido que dejar en la calle Belén 11. También estaba contento por estar lejos de la España rota por la guerra y de la dominación de su padre. La única manera de describir a Félix en este tiempo era que se sentía libre por la oportunidad de hacer realidad sus sueños.

Anita estaba en el trabajo y de vez en cuando pensaba en el anuncio del nuevo hijo de Bob y Pete. Ahora entendía por qué Pete parecía tener el humor más cambiante de lo normal. Se dio cuenta de que debería buscar otro hogar para su familia para que Bob y Pete pudieran tener otra habitación para el nuevo miembro de la suya, pero tendría que ser después de las fiestas; para entonces Félix estaría trabajando y tendrían un poco más de dinero ahorrado.

Llegando a casa después del trabajo, rápidamente repasó los acontecimientos diarios con Félix y Eduardito y luego se fue a la cocina a ayudar a Pete a terminar de hacer la cena para que estuviera lista justo después de que volviera Bob del trabajo. Después de la misma rutina con la cena y la conversación con Bob y Pete, se fueron a su habitación para tener sus momentos de intimidad entre los tres.

Una vez en la cama y acurrucados juntos, Anita le preguntó acerca de Aurora. Félix empezó con algunas cosas que él conocía de antes de haberse ido. Antes de que llegara demasiado lejos con su relato, Anita le interrumpió diciéndole que debían escribir a la familia y decirles que estaban todos bien aquí. Félix lo prometió y continuó.

Aurora se enamoró de un hombre Dámaso (él no pudo recordar su apellido). Le conoció mientras estaba trabajando en el hospital. Él tenía tuberculosis, pero parecía que se recuperaría y no sería un problema para ellos cuando la guerra terminara. Le había prometido que se casarían cuando estuviera bien. Cuando Félix salió ella estaba todavía viéndole y él parecía estar mejor. Fue presentada a su familia y estaba contenta de conocerla. Félix estaba seguro de que las cosas irían bien para ellos y Anita estaba feliz de que finalmente Aurora tuviera alguien para ella.

•   •   •   •   •

Después de que Dámaso se recuperara lo suficiente para buscar trabajo, lo encontró en el Banco de España y ganó suficiente dinero para casarse y tener su propio hogar alrededor de 1943/1944. Desgraciadamente nunca llegó a estar realmente bien y su matrimonio terminó antes de dos años. Murió dejando a Aurora viuda y sin hijos.

Durante el gobierno de Franco, él estableció un sistema de pensiones para todos los trabajadores, pero no se estableció a tiempo para que Dámaso pudiera participar en él. Por lo tanto, Aurora se quedó sin nada. Volvió a Belén 11 donde vivió el resto de su vida.

Durante toda su vida se dedicó a su familia en Belén 11, así como a su marido mientras él vivió. Contribuyó a los gastos familiares con sus habilidades con la costura. Tenía muy buen humor y siempre parecía tener a punto una sonrisa. Aceptó su difícil situación en la vida, pero interiormente nunca fue realmente feliz. Ella aceptaba las exigencias de su padre y dirigía la casa de Belén 11 por tanto tiempo que nadie puede recordar. Constantemente estuvo al cuidado de su hermana Luisa. El 5 de agosto de 1998, murió a la edad de 95 años. Justo antes de que muriera comentó con una de sus sobrinas que quería morir ya, porque estaba demasiado cansada de la vida. Ella estuvo en una residencia unos cuantos meses antes de morir. Trataba de estar alegre pero realmente no lo estaba.

Finalmente todo lo que puede decirse de Aurora, es que ella fue la que más vivió y tuvo pocas alegrías en la vida. Tenía un carácter fuerte, pero tenía un buen corazón. Quería a su hermano Félix y adoraba a Anita. Si alguien se entendió y le perdonó cualquier recelo fue Anita, y Aurora la quería por eso. Ambas estuvieron esperando volver a verse antes del final de sus vidas, pero eso no fue posible.

CAPITULO VEINTIOCHO

Luisa

Antes de que se dieran cuenta llegó el fin de semana. Anita pensó que sería una buena cosa salir de compras para ver que podían comprar para Navidad, que sería dentro de dos semanas y también algo para llevarle a Charlotte cuando fueron a cenar. Los tres se abrigaron del frió y salieron felices de compras. Cuando anduvieron calle abajo a coger un autobús al centro de la ciudad para comprar, no se podía decir cual de los tres estaba más feliz. Era Anita que estaba radiante porque ella y su familia estaban juntos de nuevo, o Félix disfrutando del nuevo capítulo de su vida, o Eduardito que estaba simplemente disfrutando del placer de coger la mano de su padre alegremente.

Félix no había visto nunca celebrar tanto la Navidad como en América. Primero estaba la corona, a la que había que acostumbrarse y ahora el árbol de Navidad con todas sus luces y bolas de colores. Le gustaba especialmente el tren eléctrico que iba alrededor de la base del árbol con los regalos alegremente envueltos todo alrededor. Había siempre una estrella o un ángel en la copa. A él le gustaba más el ángel. También observó que había escenas de Navidad que podías comprar, pero el árbol con todas sus baratijas era lo que le encantaba. Era nuevo y feliz para él. Se prometió a si mismo que cuando tuviera una casa siempre tendrían un árbol de Navidad.

Anita estaba haciendo mentalmente la lista de los regalos que tenían que comprar dentro de su ajustado presupuesto. Eduardito llevó a Félix a ver los juguetes y lo que le gustaría por Navidad. Todo era felicidad y Anita había reservado algo de dinero para tomar una comida ligera antes de ir a casa para añadirle a la diversión de estar juntos todo el día. El espíritu navideño estaba sobre ellos y Félix dijo que estaba deseando conocer a los amigos de Anita y comenzar a ganarse la vida. Anita estaba feliz y colgó su brazo de él. Apretando hacía su lado.

Cuando decidieron que las flores eran lo mejor para llevar el próximo día y que podían conseguirlas inmediatamente en una tienda cerca de ellos, las compraron y se fueron a casa en autobús. Eduardito estaba soñoliento y comenzaba a dormirse en el seguro abrazo de su padre.

En casa descansaron haciendo diferentes cosas antes de la cena. Eduardito se echó un sueñecito y Félix estudió inglés con Anita, respondiendo a sus preguntas mientras ella escribía cartas a sus hermanos, hermana y a tía Lena.

Después de la cena le dijo a Félix que tenía que escribir a su familia en Belén 11 antes de que se fuera a la calle. Tambaleándose un poco dijo que lo haría. Después de terminar la carta y leérsela a Anita y de que ella la firmara, se fueron a la cama. Anita prometió incluir en ella una postal de Navidad y mandarla después de que ambos la firmaran; algo nuevo también para Félix.

Una vez en la cama Anita le recordó que no había hablado nada sobre la familia desde hacía varios días. Félix estuvo de acuerdo en hablarle de Luisa, ya que no había nada nuevo y estaba cansado.

Empezó diciendo que estaba todavía mimada por la familia, sobre todo por Aurora. De vez en cuando iba a dar pequeños paseos con ella o con Victoria cuando iban a comprar la comida cerca. En casa estaba vigilada con mucho cuidado cuando hacía cosas como limpiar, coser o ayudar en pequeños trabajos en la cocina. No había tenido ningún ataque epiléptico antes de que él se fuera. Todo parecía estar bien y se encontraba bastante feliz en casa con la familia y especialmente feliz si algún pariente la visitaba.

Anita sonrió cuando pensó en Luisa. Ella sabía que ambas tenían un vínculo especial de entendimiento y amistad. Cuando Félix terminó estaba contenta y con sueño poco después de recibir su beso final en lo alto de su cabeza mientras se acurrucó en los brazos de Félix.

• • • • •

Los años que vivió Luisa estuvo bien cuidada por su familia en Belén 11. La única alegría que ella tuvo realmente, por un corto tiempo, fue en su juventud mientras era ayudante de enfermera. Esto no duró mucho tiempo a causa de sus ataques epilépticos. En aquel tiempo no había realmente cura o medicina que le ayudase a reducir sus ataques. Sin embargo si ellos oían hablar de un gran avance en medicina para la epilepsia, la familia inmediatamente le conseguía para ella. Nacida en 1896, vivió alrededor de 71 años.

Siempre fue una persona de buen corazón y ayudaba a la familia todo lo que podía. Cuando Anita y Félix fueron a vivir a Belén 11, ella y Anita se entendían muy bien porque Anita podía ayudarla a hacer las variadas cosas en la casa que ella sin dudar quería hacer con el afán de contribuir. Anita se dio cuenta de eso y cuando

Aurora salía ella y Luisa se divertían haciendo los trabajos domésticos como si fueran un juego. Esto trajo alegría y amistad a sus vidas y ninguna olvidó a la otra a lo largo de toda su vida.

CAPITULA VEINTINUEVE

Adolfo

Llego el domingo y Félix estaba deseando que llegara la media tarde que era cuando los amigos de Anita vendrían a buscarles para llevarles a su hogar. Anita se aseguró de que la ropa de todos estuviera preparada y toda bien planchada. Después del desayuno y un poco de conversación con Bob y Pete, Félix y Eduardito salieron a dar un paseo y le compraron flores a los Besergi y también a Bob y a Pete. Mientras tanto Anita recogió su habitación y su ropa. Al mirar alrededor de su habitación, se prometió a ella misma que encontraría un sitio en enero; esto era muy pequeño y era hora de tener una sensación de un hogar verdadero para los tres.

Mientras terminaban de prepararse, Anita oyó al esposo de Charlotte llamándoles a la puerta. Dándose prisa los tres se acercaron a la puerta principal. Anita los presentó a todos antes de entrar en el coche. Cuando se iban Bob les dio las gracias por las flores y les deseo que lo pasaran bien.

Sentado en la parte delantera con el esposo de Charlotte, Félix comentó lo bonito que era el coche. Su inglés no era muy bueno pero se le entendía. Sentada en la parte trasera con Eduardito, Anita sonreía contenta, le agradaba que su marido estuviera haciendo un esfuerzo para practicar con alguien que acababa de conocer y no le hacía a ella llevar toda la conversación por él.

Cuando llegaron a casa de Charlotte, la encontraron esperando con los brazos abiertos y una cálida bienvenida. Después de la típica conversación de presentación, acerca del tiempo y de la salud de todo el mundo, Charlotte les hizo sentarse a una verdadera cena italiana.

Al principio de la cena la conversación versó sobre lo bueno y sabroso que estaba todo, y luego sobre cuántas veces se podían servir educadamente antes de que estallaran de cortesía. Eduardito se sentó en una silla con un cojín, comiendo spaghetti como un profesional, mientras Anita se aseguraba de que comiera de otras cosas nutritivas tomadas con leche.

Hacía el final de la cena, la conversación giró hacia el contacto que Charlotte tenía para un trabajo para Félix. ¿Sabía conducir un coche?. No, pero Charlotte inmediatamente dijo que su esposo le enseñaría lo básico para saber estacionar. El trabajo sería de noche casi por cuatro horas en un estacionamiento en el centro de la ciudad, donde había mucha activada en esta época del año. Podría empezar la semana siguiente y su esposo podría empezar a estacionar coches hoy mismo. Al principio Félix solo tendría que señalar donde tenían que estacionar los clientes mientras que los trabajadores con más experiencia harían el estacionamiento verdadero. Su esposo iría con ellos para empezar. Al final del postre todo se había arreglado.

Lo que no entendían en este momento Anita y Félix, es que Charlotte llevaba las riendas de su familia: tías, tíos, primos, etc. Eso quería decir casi todo cuando llegaba el momento de tener contactos que te pudieran ayudar y quién conseguía qué y donde. Si a Charlotte le gustabas tu eras familia y no tenías nada de que preocuparte. Si la contrariabas tendrías que hacer frente a su cólera siciliana.

A lo largo de la conversación, Charlotte les preguntó a Anita y Félix, ya que estaban juntos, cuando iban a bautizar a Eduardito. No lo habían pensado. Ahora que ya tenía tres años, continuó Charlotte, era hora de que le bautizaran y ella y su esposo serían los padrinos. Después de primeros de año sería un buen momento.

Una vez en casa y después de charlar un poco con Bob y Pete, se fueron a su habitación a repasar los acontecimientos y reírse recordando su día en casa de Charlotte. También dieron gracias por su ayuda sincera por encontrarle trabajo a Félix.

Cuando Eduardito estuvo en la cama, Anita le insistió para que le contara sobre Adolfo. Una vez acurrucados juntos, Félix empezó a hablarle de Adolfo.

Ya que no tuvo la oportunidad de continuar en la Facultad de medicina, estaba consiguiendo la experiencia final que necesitaba para ser ayudante de médico y tener el titulo de Ayudante Médico Sanitario (entonces practicante); eso significaba que él haría las visitas domiciliares de los médicos, con los que pudiera ponerse en contacto, y que los doctores habían hecho normalmente. Esto era algo nuevo después de la guerra. Adolfo parecía feliz con este acuerdo; por lo menos él podía trabajar en el campo que siempre había querido. No le pagarían tanto como pagarían a un médico, pero podría vivir en Belén 11 y contribuir al mantenimiento de la casa en vez de tener que pagar todos los gastos de una casa para él solo.

Anita se tumbó al lado de Félix y pensó en lo que la había dicho, sin comentarlo. Le dio un beso de buenas noches y se acurrucó más cerca antes de dormirse.

• • • • •

Varios años después de la guerra, Adolfo encontró una mujer a la que él quiso mucho, pero como he indicado antes, ellos nunca se casaron y no tuvieron hijos. Ella murió y le dejo sin nadie excepto su familia en Belén 11. Él murió en 1997 de un aneurisma de aorta.

Adolfo fue siempre atento y generoso con su familia. Trataba a sus sobrinos y sobrinas como si fueran sus propios hijos. Es recordado por su familia como un hombre divertido y generoso y fue una lástima que no pudiese tener una vida más suya.

CAPITULO TREINTA

Eduardo

Félix estaba ocupado con su trabajo nuevo y enseguida aprendió bien a meter los coches en sus plazas, aunque eso quería decir que tenía que empujarles hacia dentro y hacia fuera no estaba muy seguro de cómo hacerlo con cada modelo de coche. De esta manera podía conseguir más dinero en propinas. Siempre estaba contento cuando podía volver a casa con monedas extra para Anita, para ahorrar para una nueva casa o para la ropa que necesitarían.

Algo que Anita quería para Félix era un traje nuevo y zapatos a juego. Podía conseguir estas y más cosas donde trabajaba y en una tienda de descuento. Ahora cuando salieran a visitar a los amigos, Félix estaría elegante y correctamente vestido. También había que considerar el bautizo de Eduardito, así que Félix llegó un día para que le tomasen medidas para su traje de rayitas azules muy bonitas. Lo que le gustó a Anita de ese día fue poderle presentar a sus compañeros de trabajo.

Nochebuena encontró a Félix trabajando largas horas, pero no le importó porque tendría todo el día siguiente para disfrutar de su familia. Tuvo suerte de haber trabajado a tope ya que era sábado y no era un día normal de trabajo para él.

Anita le había explicado la costumbre de envolver regalos en papeles brillantes de distintos colores que traía de trabajo. También le explicó .que los regalos se abrían el día de Navidad y no el 6 de enero, el día de Reyes.

El fin de semana antes de Navidad salieron todos a terminar de comprar los regalos para Bob, Pete y los amigos. Anita había estado comprando poco a poco regalos en su trabajo con su descuento. Cuando Anita los llevaba a casa, Félix los envolvía y los ponía en una mesita de noche para añadir un poco de alegría en la decoración de su pequeña habitación. Eduardito estaba muy excitado y había aprendido a no tocar.

Anita colgó tres medias en su puerta y las llenó de dulces, una mandarina y un pequeño juguete para Eduardito en Nochebuena. Félix estaba acostumbrado a llenar los zapatos, sin embargo le gustaban las medias alegres también.

Al llegar a casa durante las primeras horas de Navidad, todo lo que pudo hacer fue decirle a Anita lo bien que le había ido con las propinas y darle un beso a su hijo mientras dormía inocentemente recibiendo a la Navidad, después se metió en la cama con su Anita y la abrazo hasta el amanecer, sintiéndose satisfecho pensando que su futuro sería mejor.

Justo después del amanecer, Eduardito se despertó llamando a sus padres diciéndoles que era Navidad y era la hora de ver sus regalos. ¡Oh! Y mira, Santa Claus puso cosas en sus medias como su madre le había contado.

Félix no estaba familiarizado con todo lo que hacía Santa Claus, pero pensó que era una versión más alegre de lo que él estaba acostumbrado para las Fiestas. Ahora era hora de levantarse y disfrutar de todo lo que Abia traído Santa para él y su familia.

Los tres disfrutaron de sus regalos juntos. Después de bañarse, vestirse y arreglar su habitación, fueron a la cocina con regalos para Bob y Pete y disfrutaron del desayuno con ellos. Anita había traído bollos del trabajo regalados por el chef y se los comieron con su café y con leche para Eduardito. Un gran desayuno preparado por Pete y Anita fue disfrutado por todos, además de una pequeña charla respecto a lo que iba a hacer cada pareja con su día. Bob y Pete se quedarían en casa mientras que Anita llevaría a su familia a casa de Charlotte para cenar.

Después del desayuno, Eduardito jugó con uno de sus juguetes en el suelo cerca de su padre, mientras los dos hombres charlaban; mientras tanto Pete y Anita recogieron y hablaron confidencialmente juntas principalmente sobre el bebé que llegaría y como se sentía Pete.

Casi sin darse cuenta llegaron las primeras horas de la tarde. Anita y Félix se disculparon, cogieron a Eduardito de la mano para ir a su habitación y vestirse para su visita y cena en casa de Charlotte.

El esposo de Charlotte vino por ellos a media tarde. Eduardito muy contento llevó el regalo al coche y muy serio anunció que era para él, mientras le ayudaba a sentarse en la parte delantera del coche a su lado.

Al llegar a la casa de Charlotte fueron recibidos con el usual cariño, dando un abrazo de bienvenida a Félix como él estaba acostumbrado y que a Anita le encantó inmediatamente. Otra vez de nuevo, después de ser abrazado y besado por Charlotte, Eduardito le presentó el regalo que su padre había envuelto tan cuidadosamente. Charlotte lo aceptó con un gesto de sorpresa y gratitud mientras le daba a Eduardito otra ronda de abrazos y besos. Después le indicó donde guardar los abrigos y les llevó al salón. El árbol estaba iluminado con regalos a un lado en la parte de abajo, y el Nacimiento en el otro lado. Anita sonrió feliz mientras miraba a Félix y Eduardito, observando las expresiones de felicidad que ambos tenían en sus rostros.

Acomodándose en las sillas enfrente del árbol empezaron a hablar de las Fiestas y del tiempo. Mientras, Charlotte trajo una bandeja de bebidas calientes y de dulces. Félix estaba encantado al ver el turrón (pasta de almendras dulce servido en forma de bloque). Charlotte explicó que podía conseguirlo en las tiendas italianas cercanas que lo importaban en esta época, además de salchichas especiales hechas en América por carniceros italianos. Le aseguró que le enseñaría donde estaba la tienda.

Félix y Anita se miraban constantemente con adoración el uno al otro mientras la calidez de las Fiestas les envolvía con felicidad. Los regalos fueron abiertos y otra vez los comentarios felices salieron de todo el mundo. Félix ayudó a Eduardito con sus juguetes para que pudiera jugar a su lado en el suelo. Eduardito encantado movía su camión por el suelo imitando el sonido de un gran camión, mientras los adultos intentaban llevar una conversación por encima de las interpretaciones del sonido de un motor Diesel. Finalmente dándose cuenta de que estaban empezando a gritar se rieron y Charlotte les llamó a la cena.

Durante la cena Anita le contó a Charlotte sus planes de buscar una casa para ellos después de primeros de año. Charlotte asintió con la cabeza y dijo que le ayudaría a encontrar algo razonable. Anita le explicó que quería encontrar algo amueblado porque no tenía suficiente dinero para amueblarlo. Charlotte tomó nota y le aseguró que no se preocupara, que tenía contactos para eso, pero primero tenían que hablar de la fecha del bautizo de Eduardito. Al final de la cena ya tenían la fecha elegida.

Eduardito empezaba a mostrar señales de sueño y como casi todo el mundo tenía que trabajar al día siguiente, Anita y Félix pensaron que sería mejor volver a casa. Se abrigaron por el frió, intercambiaron abrazos y besos de despedida y se acercaron al coche que estaba siendo calentado por el esposo de Charlotte.

Al llegar a casa, Félix le dio las gracias al marido de Charlotte, luego salió rápidamente del coche y ayudó a Anita con Eduardito que se había quedado relajado en sus brazos y estaba casi dormido cuando llegaron. Anita le dio gracias también, dándole unas palmaditas en el hombro, mientras salía del coche cargada con un brazo lleno de regalos.

Y ahora acurrucados bajo la ropa de la cama y con Eduardito bien dormido en su cama, se abrazaron de la manera habitual para un sueño cálido. Hablaron un poco acerca de los acontecimientos del día y luego Anita le pidió a Félix que le contara acerca de Eduardo. Estuvo de acuerdo pero le advirtió que no tenía mucho que contar.

Eduardo sirvió en el ejército durante la guerra. Él también encontró a una mujer de la que se enamoró justo antes de la guerra. No llegaron a casarse pero tuvieron tres hijos: María de los Ángeles, Eduardo y Gloria. Al final de la guerra ella se enamoró de otro hombre y se fueron con los tres hijos a Brasil. Eduardo volvió a Belén 11 a vivir y ayudó a papá Eduardo con sus negocios.

Félix dijo que eso era todo lo que él sabía y que no quería charlar más, ya que ahora tenía demasiado sueño. Anita estuvo de acuerdo y dijo que estaba sorprendida de oír como estaban las cosas ahora para Eduardo.

● ● ● ● ●

Eduardo tenía el corazón roto al perder a la mujer a la que había amado y además de no poder ver a sus hijos nunca más. Él no podía salir de España después de la guerra porque no disponía de dinero para hacerlo. Belén 11 era el único sitio al que podía ir, ya que el piso en el que iba a estar con su único amor era de ella o pertenecía a su familia.

Él no tenía trabajo, así que su padre le ofreció ayudarle con sus negocios. Su padre tenía una representación de una compañía llamada Eritja. Hacían molduras y diferentes cosas para la construcción de edificios. Papá Eduardo era su representante en España, pero como estaba demasiado viejo y cansado de haber viajado demasiado por España, quiso que Eduardo hiciera todos los viajes fuera de Madrid y él se ocupó solo de Madrid.

El acuerdo pareció bueno y Eduardo pudo ocuparse del trabajo hasta casi los últimos días de su vida.

En los sucesivos días Eduardo fue capaz de contactar por carta a sus hijos, pero después de algún tiempo, esto terminó y él nunca más oyó hablar de ninguno de ellos de nuevo. Continuamente trató de saber donde estaban, pero sin provecho. Murió alrededor de 1974 a la edad de setenta y seis años aproximadamente. Era un fumador empedernido y murió de un enfisema pulmonar.

CAPITULO
TREINTA Y UNO

J u a n

La semana después de Navidad fue bastante movida para Anita en el almacén, ya que estuvo trabajando en la sección de lencería de mujer y en el restaurante. Félix no estaba trayendo a casa el dinero extra en propinas que conseguía antes de la Navidad, pero lo compensó trabajando en Nochevieja.

La Nochevieja debería traer buen dinero en propinas, pensó. Nochevieja llegó y todos ellos permanecieron en casa para estar calientes y descansar. Eduardito estaba feliz con sus juguetes mientras Anita tranquilamente lavaba, limpiaba y ayudaba a Pete con las comidas.

Félix salió a trabajar después de una siesta, así estaría más fresco durante la larga noche. Justo antes de salir, llegó el correo con una carta de la familia de Belén 11. Después de los buenos deseos para el Año Nuevo, Aurora dijo lo mal que estaba todo en Madrid y que parecía que las cosas iban a ir peor. Había un importante racionamiento de la comida porque no había bastantes granjas productivas para abastecer de comida a todos, además el tiempo había sido malo para las cosechas también y casi nada se importaba debido a la creciente agitación en el resto de Europa. Las noticias les disgustaron tanto a Félix como a Anita. Félix se fue al trabajo con el corazón encogido.

Anita estaba en la cama mientras se avecinaba una nueva década. Los petardos se podían oír anunciándola antes de llegar. Había estado callada todo el día debido a las malas noticias de la familia. Eduardito lo notó mientras jugaba con sus juguetes y de vez en cuando miraba a su madre preguntándose por qué estaba tan callada y apesadumbrada después de haber estado tan felices el día anterior.

Después de dormirse, esa noche el aire pareció gritar y explotar a la vez. Anita instintivamente se dio la vuelta en la cama para coger a Eduardito y protegerle de la insistencia de la Humanidad en hacer *boom* y traer recuerdos de la fealdad que ella nunca olvidaría. Medio consciente se dio cuenta de que estaban bien los dos. Agachándose a un lado de la cama y mirando hacia donde Eduardito dormía tranquilamente, empezó a llorar y suavemente entre sollozos llamó a su Félixmío. Solamente con decir su nombre y sabiendo donde estaba, tuvo la tranquilidad suficiente para dejar de llorar y volverse a dormir.

Por la mañana temprano Félix llegó despertando a Anita con la buena noticia de lo bien que le había ido esa noche. Anita lo atrajo hacia ella y lloró suavemente en su hombro de felicidad. Félix la abrazó y no dijo nada.

Al día siguiente en el trabajo estuvieron muy ocupados pero Charlotte tuvo la oportunidad de decirle que había encontrado un apartamento para ellos. Las noticias pusieron una sonrisa en la cara de Anita y le dieron un nuevo ritmo a su andar. Acordaron que Félix y ella irían a verlo el próximo sábado.

Se fue deprisa a casa ese día y apenas podía esperar para decírselo a Félix. Cuando llegó a casa y vio a Félix y Eduardito jugando juntos sonrió y cogió a Eduardito cuando él se acercó a ella. Después de besarle y abrazarle y luego a su Félixmió, le guiño el ojo diciéndole que tenía algo que ver ese sábado. Félix asintió con una sonrisa y supo callar por si acaso Eduardito soltaba sus planes antes de que estuvieran seguros de algo.

Esa noche cuando Félix llegó a casa y aprovechando que Eduardito dormía Anita le contó con más detalle lo del sábado. A la vez contentos y cansados se refugiaron debajo de las sábanas y se familiarizaron con sus momentos privados de amor. Ahora sentían que podían empezar a ver una vida propia.

El viernes fue el día de Reyes y cuando Anita llegó a casa tenía pequeños regalos de dulces para todos en la cena. Quería mantener las costumbres españolas para agradar a su marido y que su hijo siempre las conociera. Cuando se retiraron a su cuarto Anita y Félix empezaron a hacer planes mientras admitían que estaban esperando el sábado ansiosamente. Después su abrazo reconfortante fue lo último que los acunó.

Finalmente llegó el sábado y fueron contentos a ver si era posible tener un sitio para ellos al que pudieran llamar hogar. Al llegar a la dirección donde Charlotte les indicó que estaría esperándoles, la encontraron en la puerta delantera hablando con alguien animadamente. Al verles llegar hizo gestos para que se acercaran. Con Eduardito cogido de la mano, los tres subieron las escaleras con un entusiasmo tranquilo y lleno de sonrisas.

Después de revisar el apartamento, los nuevos muebles y el precio del alquiler, estuvieron de acuerdo en alquilarlo desde febrero, de esa manera podían terminar el mes de enero con Bob y Pete. También le daría tiempo a Pete de encontrar a alguien que les sustituyera.

Caminaron a casa contentos revisando sus cosas y pensando como Anita lo iba a dejar acogedor para ellos, ya que no estaba exactamente en un barrio bien y estaba necesitado de pintura, pero tampoco estaba tan mal. Decidieron celebrarlo con Félix preguntando si esto encajaría en el presupuesto de Anita. Con una sonrisa y una mirada amorosa a Félix, ella le dijo que si y disfrutaron de un almuerzo ligero antes de volver a casa.

Ya en casa decidieron esperar hasta la cena para decírselo a Bob y Pete. Era agradable llegar a su habitación y calentarse primero después de su vuelta a casa con frió.

Anita dejó la habitación primero para ayudar a Pete con la cena y poner la mesa. Cuando la mesa estuvo lista, Anita llamó a todos a cenar. Repasando los acontecimientos del día ella explicó donde habían estado y por qué. Bob y Pete de repente se quedaron muy callados mientras Anita seguía explicándoles que habían hecho planes para irse a final de mes y estar en su nueva casa el uno de febrero; pensó que ellos necesitarían su habitación cuando naciera el bebé y que era hora de que Félix y ella tuvieran un hogar para ellos mismos.

Pete fue la primera en hablar diciendo que ellos tenían la obligación de quedarse y ayudarles durante estos momentos difíciles, ya que ellos habían sido lo suficientemente amables para ayudarla a ella durante sus momentos de necesidad, además Félix no tenía un verdadero trabajo para mantenerles. Anita explicó que sí lo tenía y que con ambos trabajando y con la preparación de Félix y su experiencia, sería cosa de algún tiempo hasta que consiguiera algo.

La conversación terminó con acusaciones de Pete a Anita de romper un acuerdo contractual y que los llevaría a juicio para asegurarse que ellos continuarían pagando. Después de que Anita le recordase que le estaba dando un aviso de un mes para encontrar a alguien se levantó con Félix y Eduardito detrás de ella.

En su cuarto Félix le dijo que estaba escandalizado con el comportamiento de Pete y que Bob no había dicho nada para pararla. Además, ¿cómo iba a hacerles pagar?. Anita le explicó que les podía llevar a juicio y un juez decidiría a favor de una parte u otra, pero que ella no estaba preocupada.

Ya en la cama, Anita comentó que quería cambiar de tema por ahora, acurrucándose a su lado mientras él le contaba que había sido de su hermano Juan. Parece que nunca nadie habla mucho de él, comentó ella. Félix asintió y le contó lo poco que sabía.

Juan se fue a Francia antes de la guerra y permaneció con la hermana de papá Eduardo o cerca de ella en París. Después de su vuelta a Madrid, conoció a una mujer de la que se enamoró, llamada Lola Borra. Se casaron y antes de que comenzara la guerra tuvieron dos hijos. Un poco antes de la guerra él y su familia se fueron a México. Nadie sabe que contactos tenía para hacer esto, pero así era Juan, comentó Félix.

Humm, esto era corto y preciso, pensó Anita. Bien, pues quizás es mejor ir a dormir y no preguntar más. Eso siempre preocupaba a su marido, se dijo a sí misma. "Gracias y ahora dame un beso, por favor", dijo ella. Anita consiguió su beso y se acercó al hombro de Félix mientras por debajo de él abrazaba su brazo.

● ● ● ● ●

Juan siempre estaba riñendo con su familia excepto con su hermana Rosa. Los dos estaban siempre cerca y se mantenían en contacto.

Papá Eduardo realmente nunca dejó de querer a su hijo. Él mantenía un retrato suyo en su despacho en casa durante toda su vida y deseaba que todo le fuera bien en México. Cuando Juan pensó ir a visitar a su tío que vivía en Albuquerque, Nuevo México, papa Eduardo de buena gana le dio su dirección. Juan fue a verle después de visitar a su hermano Félix en Pennsylvania. Su objetivo, como siempre, era hacer negocios, o mejor dicho, hacer que ellos hicieran negocios con él.

En algunos aspectos Juan se parecía mucho a su padre: él debía de ser el que controlara. Cuando visitó a su hermano, propuso que Félix se trajera a su padre a América a vivir con él. Félix le explicó que él no tenia habitaciones suficientes para él y que no quería que su hermano le dijera lo que tenía que hacer y organízale su vida, ni tampoco quería hacer negocios con él.

Juan escribió a su padre enseguida diciéndole que Félix quería que viniese a vivir con él. Papá Eduardo enseguida escribió preguntando cuando podía venir. Félix estaba furioso y tuvo que contestar a su padre explicándole por qué él no podía hacerlo. Esto molestó mucho a Félix y a Anita.

Los dos hijos de Juan, Juan Luis y Miguel Ángel y su esposa vivieron confortablemente en México. Cuando Juan murió en 1950 o 1951, a la edad de 50/52 años, dejó suficientes fondos para que su esposa volviese a España con sus dos hijos. Ella nunca tuvo que preocuparse por el dinero y después de volver a España, vivió con su hermano que era un médico famoso y estaba soltero. Permaneció viviendo con él hasta su muerte muchos años más tarde.

Juan es visto come un hombre que siempre quería demostrar especialmente a su padre que ahora él controlaba la situación y dictaría a su padre lo que debería hacer y donde debería ir. Él veía a Félix como su hermano pequeño y le dirigiría a él también, porque pensaba que no tenía la experiencia que tenía él. Si Félix desarrollaba conexiones de negocios con éxito, él podía involucrarse y enseñarle como hacerlo mejor. Esto disgustaba a Félix y al resto más, así que él siempre estaba riñendo con la mayoría de su familia. Rosa fue la única que él creyó que le entendía.

CAPITULO
TREINTA Y DOS

R o s a y V i c e n t e

A medida que pasaban los días, volver a casa ya no era agradable. Félix y Anita casi no hablaban durante las comidas e intentaban no hacerlas con Bob y Pete si era posible.

A mediados de enero llegó el bautizo de Eduardito y eso ayudó a que las cosas fuesen un poco más agradables para todos. Le habían explicado lo que iba a pasar, por qué y donde y que tendrían una fiesta después en casa de Charlotte. Cuando mencionaron a Charlotte a Eduardito se le iluminó la cara con una sonrisa.

El bautizo transcurrió como lo habían prometido. Sin duda alguna, sin necesidad de decirlo, estaban llenos hasta arriba antes de volver. Cuando llegaron a casa, estaban contentos de estar demasiado llenos para no tener que cenar con Bob y Pete. Por el contrario, se fueron directamente a su habitación y se relajaron allí ellos solos. Eduardito estaba contento porque pudo jugar con sus juguetes mientras sus padres hablaban.

Fue un alivio cuando el esposo de Charlotte vino por ellos el día de la mudanza para ayudarles con sus maletas y diversas bolsas. El primero de febrero cayó a mitad de la semana, así que Félix tuvo todo preparado cuando llegó la hora y Anita pudo ir al trabajo sin necesidad de pedir tiempo libre. Después de poner a Eduardito en el coche delante con él, Félix volvió a decirle adiós a Pete y Pete salió haciendo comentarios amenazantes acerca de demandarles. Sin una palabra más se sentó en el coche y se dirigieron a su nuevo hogar.

Intentando no sentirse molesto, Félix mantuvo una conversación sencilla y decidió no hablar más del tema ese día. Él quería que Anita llegara a su nuevo hogar sintiéndose feliz y no hablar más de Pete y de sus acusaciones. Félix pensó que estaba celosa de que ellos pudieran ser independientes después de un periodo tan corto después de su llegada.

Cuando llegaron, el esposo de Charlotte le ayudó con sus cosas, mientras Eduardito intentó ayudar llevando sus juguetes. Después el esposo de Charlotte enseñó a Félix la cena que Charlotte había hecho para ellos y que él había metido en la nevera. Sorprendido, Félix le estrechó la mano fuertemente y luego le dio un abrazo, dándole las gracias. Después el esposo de Charlotte se despidió dándole las llaves de la nueva casa a Félix.

Félix y Eduardito salieron para comer unos perritos calientes, luego volvieron a empezar a deshacer las maletas. Rápidamente hizo primero la cama de Eduardito y echó una siesta. Félix estaba contento mientas deshacía las molestas y colgaba la ropa para que Anita no tuviera que hacer tantas cosas cuando volviera a casa; no podía dejar de pensar que es lo que iba a hacer con la amenaza de Pete. Se lo contaría a Anita pero después de la cena, antes de irse a trabajar.

Cuando Anita llegó a casa, sabía que Charlotte tenía una sorpresa para ellos, pero no sabía que tenía lo que más les podía ayudar ese día: la cena. Félix la calentó y puso la mesa para que ella pudiera cenar enseguida y hacer lo que quisiera después de eso.

Después de la cena, Anita le enseño lo que había comprado para la cocina y el baño. Luego fue recorriendo todas las habitaciones de su nuevo hogar disfrutando de lo espacioso que era y parando para un abrazo y beso ocasional. Eduardito los miraba y seguía jugando con sus juguetes. Se sintieron como una familia completa ya que tenían su propio hogar. Le preguntó a Félix si había tenido algunas palabras antes de que él se fuera. Félix dijo que si, pero hizo como que no era nada para que no se preocupara. Estaba demasiado feliz para preocuparse y prometió que se sentaría mañana a escribirle a toda la familia con su nueva dirección.

Al cabo de unas semanas, Anita y Félix recibieron el aviso de comparecer en juicio al final de la semana. Pete había puesto una demanda contra ellos por incumplimiento de contrato económico.

Bien, ella y Félix irían y contarían su versión de la historia y verían lo que pasaba. No estaba preocupada, ya que ella nunca había hecho ningún tipo de acuerdo para quedarse un tiempo determinado con Bob y Pete. Tampoco es que aceptara ningún regalo de ellos. Ella pagaba como cualquier inquilino hubiera hecho. Si algo había hecho es que había sido una gran ayuda para ellos. ¡Que vergüenza, que su hermano no tuvo la valentía de enfrentarse a su mujer!. Con eso en mente, se fueron al juicio al final de la semana.

En el juicio, el juez escuchó pacientemente primero a Pete, que presentó su caso como si la estuvieran estafando un ingreso al irse su cuñada. El juez escuchó después a Anita acerca de por qué vino a vivir después de la guerra y supo de sus intenciones de volver a España después de que terminara, pero que su hermano insistió en que Félix viniera aquí; cuando él dijo que si, estuvieron contentos de que vivieran con ellos, continuando pagando el alquiler y los gastos de la casa. Nunca hubo ningún contrato ni verbal ni escrito acerca de cuanto tiempo iban a quedarse. Continuó explicando las condiciones de vida de los tres. Terminó diciendo que ya los dos estaban trabajando y que eran capaces económicamente de buscar un sitio para ellos mismos y sentirse como una familia de nuevo.

Después de escuchar de ambos lados, el juez dijo que el caso era demasiado ridículo y que lo iba a archivar totalmente. Luego pidió, por favor, a Félix que se pusiera de pie. Cuando lo hizo, el juez le rogó que perdonara por haberle hecho pasar por una tontería tan incómoda y esperaba que no estuviera juzgando a su país y a sus leyes severamente. Luego le dio la bienvenida a los Estados Unidos y le deseó suerte en su futuro. Sin nada más que decir cada uno tomó su camino.

Félix se fue a trabajar ese día sintiéndose muy bien acerca de cómo el juez había manejado todo. Estaba impresionado con su conducta y como le dejó con una buena sensación acerca de su decisión de venir y empezar una nueva vida. Estaba seguro de que sus sueños se llegarían a cumplir.

Esa noche cuando Félix llegó a casa encontró a Eduardito en la cama y a Anita escribiendo cartas mientras le esperaba. ¡Que sensación más buena, su familia en su hogar!. Anita tenía preparado un refrigerio para él y repasaron su día mientras Félix disfrutaba de lo que iba a ser su refrigerio favorito antes de irse a dormir: un tazón de cereales con leche.

Cuando los dos se metieron en la cama, Anita se sintió feliz y le preguntó si por favor no le podría contar de Rosa y Vicente. Félix pensó que era una buena idea y empezó con entusiasmo.

Como sabes, comenzó Félix, Rosa y Vicente tienen dos hijos y las cosas son duras para los niños tan pequeños durante la guerra. Vicente era afortunado de haberse mantenido enseñando un poco durante la guerra y todavía seguía haciéndolo cuando salí, dijo Félix. También enseñaba pintura a través de una organización de Arte y artistas llamada Escuela de Artes Aplicadas y Oficios Artísticos. Hacia el final de la guerra, los Rojos le cogieron y utilizaron su talento artístico para hacer mapas para uso militar. Lo que supimos después de la guerra, dijo Félix con un ligero tono de risa en su voz, es que él tenía un amigo en el mismo equipo que estaba realmente trabajando para los nacionales. Vicente hacía las copias que le decían que hiciese y después le daba copias a su amigo que se los pasaba a los Nacionales. De esta manera los

Nacionales conocerían que carreteras estaban planeando arreglar los Rojos para avanzar y estarían allí para parar sus intenciones. Esto ayudó a mantener a los Rojos confinados en Madrid. Anita pensó que eso fue maravilloso y se rió a carcajadas.

"¿Que ocurrió con Rosa y los niños cuando él estaba haciendo esto?", preguntó Anita. Félix explicó que ellos pudieron permanecer en su piso en la calle que se llama Calle General Álvarez de Castro. Félix continuó explicando que Vicente había vuelto ahora a trabajar en La Real Fábrica de Tapices, donde él había estado trabajando antes de la guerra, y también dando clases de arte y pintura.

Anita ahora tenía una sonrisa adormilada en su cara. Félix la besó y le dio las buenas noches y ambos permitieron que sus sueños los llevaran a dormir tranquilamente.

• • • • •

Rosa y Vicente Santos Sainz se conocieron en un concierto de guitarra en Madrid. Se fueron conociendo mejor a través de reuniones con amigos y se casaron en 1928. Tuvieron su primer hijo llamado Luis en 1929. Su segundo hijo, Vicente, nació en 1932 y desgraciadamente murió en 1934. Carlos fue el tercero y nació el 2 de febrero de 1937; se casó y tuvo cuatro hijos y ahora está viudo.

Su cuarto hijo, José María, nació el 3 de noviembre de 1940; él esta casado y tiene ocho hijos.

Vicente fue un artista que realizó grabados (aguafuertes) y pinturas al óleo. Fue profesor de arte y diseñador de tapices y muebles. Diseñó tapices para la Real Fábrica de Tapices, el mismo lugar donde el famoso artista Francisco de Goya también trabajó. Él trabajó también con su maestro el famoso artista Manuel Benedicto. Le ayudaba también en la administración de sus bienes.

Rosa y Vicente estuvieron felizmente casados durante treinta años, pero ella desgraciadamente murió el 11 de septiembre de 1958 a la edad de 56 años. Vicente murió más tarde, el 27 de abril de 1981 con casi 82 años de edad. Él siempre mantuvo bien a su familia y Rosa nunca tuvo que trabajar.

Todos dicen que Rosa fue una persona cariñosa con un fuerte carácter. La familia era importante para ella y siempre que pudo trató de ayudarles cuando lo necesitaban en Belén 11.

Vicente fue un hombre religioso y marido y padre cariñoso. Era sencillo y austero en sus necesidades y un hombre culto, que cuando sus hijos crecieron, dedicó su tiempo a su arte. Vivió en la misma casa en la que había criado a sus hijos, en la calle Colón 13, hasta el final de sus días. Estuvo cuidado por sus hermanas que fueron a vivir con él durante sus últimos años.

CAPITULO
TREINTA Y TRES

DonEduardo
(Papá Eduardo)

El primero de marzo Anita se enteró de que estaba embarazada. Estaban los dos contentos pero a la vez un poco preocupados por los ingresos en un momento en que Anita no iba a poder trabajar. No estaba previsto que naciera el bebé hasta primeros de septiembre, así que tenían algunos meses más de trabajo. Su médico que también era el de Pete le dijo que pensaba que estaba suficientemente bien para trabajar hasta una semana antes de dar a luz. Eso estaría muy bien para su economía.

Transcurrieron los meses y Anita supo a través de su médico que a principios de verano Pete había perdido el niño. Se sintió mal por su cuñada y eso le ayudó a tener cuidado con las cosas de alrededor en su trabajo y en casa. La dieta también era importante, pero Félix se aseguró de que comiera bien y Anita se preocupó de que siempre hubiera un equilibrio en lo que comía.

Félix continuó trabajando como aparcacoches y trabajó cualquier hora extra que pudiera especialmente si eran durante las fiestas. Llevaba todo su dinero a casa para que Anita pudiera ponerlo en su presupuesto para las diferentes cosas que necesitarían. Anita hacía que Félix pagara las facturas y él siempre estaba contento de ver el dinero adicional que quedaba después de que las facturas se pagaran, sabiendo que Anita siempre estaba pendiente de sus futuras necesidades. Él seguía buscando trabajo pero no había puestos. Seguía con sus clases de inglés con la ayuda de Anita. Ella le escuchaba cuando leía en voz alta para que pudiera mejorar su pronunciación. Los libros que él buscaba para leer eran los que trataban de la historia y cultura de los Estados Unidos. Su escritor favorito era Mark Twain. Muchas veces se reían juntos observando las peculiaridades y la vida en general de Mark Twain.

Después de algún tiempo de estar viviendo en North Broad Street, se hicieron amigos de una mujer llamada Rose Suplee y de su madre que vivía dos puertas más abajo que ellos. Rose tenia un hijo que iba a la academia de la marina mercante y que volvía a casa cuando tenía permiso. A veces llevaba a Eduardito al pequeño Hyde Park para montar en el carrusel y jugar a la pelota. Cuando Félix estaba buscando trabajo y Anita estaba trabajando, las mujeres hacían de canguro con Eduardito.

• • • • •

Entre el trabajo y las clases de inglés ellos disfrutaban especialmente de los domingos cuando estaban juntos, porque eso significaba un picnic en el parque y un día en el que los tres hacían lo que querían, o quizás una cena en casa de Charlotte o en casa del chef o en casa de Rose. Como Anita no era tan buena cocinera como su amiga, ella traía su versión de las galletas de avena o flores. Algunas veces Félix traía una botella de vino que él creía que todos podrían disfrutar.

Mientras se acercaba la hora de dar a luz, ella no podía dejar de pensar en lo contenta que se sentía, lo triste que estaría su cuñada y en que tal les iría a la familia española, especialmente después de la última carta que recibieron acerca de lo duro que era el racionamiento de la comida.

Una noche que estaban acurrucados, Anita le pidió a Félix que le contara más sobre Don Eduardo al que ella cariñosamente llamaba papá Eduardo desde el nacimiento de Eduardito. Félix asintió y prometió escribirles al día siguiente antes de que Anita se lo recordara. Anita se sonrió y cerró los ojos para poder ver a la vez lo que Félix le contaba.

Después de la guerra y antes de que partiera, comenzó Félix, papá Eduardo retomó sus contactos con la compañía que representaba antes de la guerra. Vio que estaba demasiado cansado para hacer todos los viajes que hacía antes pero con Eduardo en casa ahora, le tenía a él para hacerlos y así papá Eduardo podía permanecer en casa y cubrir todo lo de Madrid y su área de alrededor. Él sabía que las cosas irían despacio al principio, pero estaba seguro de que todo iría bien porque había mucha construcción que hacer en toda España. Él le iba diciendo eso cuando Félix y él caminaban y charlaban camino de la estación de tren, él estaba seguro de que no volvería a ver más a su hijo. Félix se quedó en silencio y Anita pensó que era mejor no decir nada. Se acurrucó al lado de Félix y le dio un beso de buenas noches en vez de decir nada.

• • • • •

Eduardo Rodríguez Diosdado nació en 1874 y murió el 7 de junio de 1962, a los 88 años de edad. Nació en una familia adinerada. Se cree que su padre fue primero abogado y después juez. Él también tenía una finca que sus dos hijos dirigían. La mayor parte estaba plantada de claveles y los dos hijos tuvieron bastante éxito. Eduardo finalmente se fue a Sevilla con su esposa Rosalía Lomeña y sus hijos. Después de un corto periodo de vivir allí, su esposa que era de salud frágil, se puso muy enferma y los médicos sugirieron que se fuesen a Madrid donde estaría mejor cuidada.

Al llegar a Madrid Eduardo encontró un piso para vivir. Fue Belén 11. Desgraciadamente para todos ellos, su esposa murió poco después de una operación de hígado. Fue duro para todos ellos. Eduardo encontró trabajo representando a una compañía que hacía molduras y decoraciones para interiores de edificios. Tenía que viajar bastante a Través de España para conseguir sacar adelante a todos ellos. Esto significó que las tres chicas mayores actuaron como madres de sus hermanos y hermana más pequeños y se ocuparan de la casa.

Eduardo siempre se consideró a si mismo un Don (de origen noble). A causa de eso él esperaba que su hogar funcionara como a él le parecía y considero apropiado que sus hijos trabajaran para él e hicieran lo que él dijera y él decidiría cuanto dinero repartiría entre ellos del negocio familiar que él quería crear. Si alguno de sus hijos encontraba trabajo por si mismo, se suponía que ellos traerían esos contactos a casa y él organizaría y decidiría como se gestionarían. Esto fue la causa de que sus hijos se separasen en lugar de arrastrarlos con él. Sus hijos en su mayor parte nunca dejaron de quererle ni él dejó nunca de querer a sus hijos. Él siempre mantuvo un retrato de Juan en la pared de su despacho en casa; él era su hijo y nunca le olvidaría.

Durante la guerra, no esperaba que le sirvieran un plato en la mesa, sin embargo recorrería grandes distancias en un día con gran riesgo de su vida para traer algo para que comieran. Respetaba a Anita si ella aportaba una idea o una manera de traer algo a casa; él la quería como a una hija y Anita lo sabía y siempre tuvo para él amor y respeto.

Trabajó hasta que murió y dejó sus contactos de negocios a su hijo Eduardo, así él pudo continuar trabajando. Fue un hombre dedicado a su familia, pero la condujo basándose en sus órdenes, ideales y costumbres de un periodo que cambiaría antes de su muerte. Hay que recordar que normalmente, es muy difícil para una generación criada con una serie de ideales y orgullo, cambiar y amoldarse a la generación de sus hijos quienes después de todo se criaron basándose en la obediencia a sus padres. Esto casi siempre causa conflictos de una manera u otra.

• • • • •

De repente una mañana temprano del 5 de septiembre de 1940, Anita se despertó sabiendo que tenía que ir al hospital enseguida. Intentó despertar a Félix mientras le explicaba que se tenía que dar prisa y llevarla al hospital; era la hora. Cansado e intentando terminar su sueño, le dijo a Anita que se diera la vuelta, que pronto se sentiría mejor y que podría ir más tarde. Anita continuaba llamándole mientras se preparaba ella y a Eduardito. Cuando Eduardito se acercó a su padre diciéndole que le tenía que llevar a casa de Rosa, Félix se despertó finalmente a toda la realidad, se apresuró e intentó ayudar con las cosas de último minuto, pero Anita ya estaba lista. Ya había preparado las cosas que necesitaba para su estancia en el hospital en una maletita marrón. Ella se sonrió levemente cuando la vio, había estado en tantos momentos de apuro con ella, pero ahora le iba a ayudar en un acontecimiento feliz. Vino Félix a recoger las cosas y le ayudó a bajar al taxi mientras le decía adiós a Eduardito y a Rose.

Llegaron al hospital a tiempo para dar a luz a su recién nacido con tranquilidad. Félix casi no tuvo tiempo de terminar un cigarrillo cuando una enfermera llegó para llevarlo a ver a su esposa y a su recién nacido. Estaba ansioso por ver a su nuevo chico que tanto deseaban, llegó nervioso. Mientras caminaba por el pasillo se acordaba que le había dicho a Anita que tenía que tener un niño porque él no sabía que hacer con una niña. También se acordaba de que Anita le había dicho que a ella le gustaría tener una niña esta vez y que sí sabría él que hacer con ella porque sería su niña. Teniendo eso en mente, entró en la habitación tranquilamente pero con una expresión de alegría en su cara. Anita le sonrío con la felicidad de una nueva madre, mientras sostenía a su lado a su bebé y le pidió que viniera a ver a su nueva hija que necesitaba un nombre. La enfermera rió un poco, luego les dejó para que disfrutaran de la recién llegada. Solo se podía adivinar con sonrisas lo que Anita le había dicho a la enfermera antes de que Félix llegara a ver a su bebé, que no era un chico.

Félix se apresuró a ir al lado de la cama de Anita para ver a su nueva hija. "Gloria", dijo, "porque es mi Gloria y buena fortuna para nuestra nueva vida juntos. Hemos probado que la gloria del amor lo conquista todo."

Los siguientes meses fueron felices y Anita volvió al trabajo tan pronto como el bebé pudo estar sin ella la mayor parte del día. Félix estaba orgulloso cuidándola mientras Anita trabajaba. Él y Eduardito se aseguraron de que siempre estuviera limpia, cambiada y de que siempre comiera a tiempo. Eduardito pronto aprendió la importancia y responsabilidad de ser un hermano mayor y como tenía siempre que vigilar a su hermana pequeña. Todos los días, él era el que decidía que se podría Gloria. Ya que su madre siempre la llamaba nena, Eduardito pronto aprendió a llamarla simplemente nena. Sin embargo Félix siempre la llamaba Gloria. Más adelante en su vida le invento un apodo cariñoso.

Después del nacimiento de su hija, Anita escribió a toda su familia para anunciárselo, incluyendo a Bob. Unos mese más tarde supo de su hermana Mary que estaba viviendo en Florida. Ella también tenía una niña y era infeliz porque era una niña con síndrome de Down. Le dijo a Anita que no se lo dijera a su padre. También Jack y su hijo David que era un año menor que Eduardito, estaban bien y ella y Jack estaban haciendo planes para venir a verles en unos meses.

Era primavera cuando finalmente llegaron. Vinieron en un coche nuevo y elegante de Jack. Al principio Mary no quería salir porque estaba deprimida de ver donde vivía su hermana. Jack subió primero y estuvo un rato antes de bajar a decirle a su esposa lo acogedor que Anita había arreglado su hogar para ellos y que debería subir enseguida antes de que Anita se molestara. Subió y estaba contenta de ver lo bien que estaba todo y de conocer a su marido y a sus dos niños a la vez.

Después de descansar y ponerse al día un poco con las noticias y ya cómodos con Félix, Jack les contó la verdadera razón por la que habían venido a visitarles. Parece ser que Mary no quería criar al bebé, porque quería llevarla a un hogar especial para este tipo de niños en Carolina del Sur, pero Jack no quería hacerlo. La idea de Jack era averiguar si ellos querían ir a Florida y vivir en un apartamento que tenían encima de su garaje que estaba separado de la casa, y ayudar a Mary con la pequeña Anne, como la habían llamado. Jack continuó diciéndoles que el Gobierno buscaba traductores de los mismos idiomas que Félix y Anita hablaban. También a él le vendría bien la ayuda de Félix durante la noche para recaudar las rentas de los varios restaurantes bar que él tenía. Jack habló de manera tan convincente sobre tantas oportunidades que había para ellos en Miami que dijeron que estaban definitivamente interesados.

Antes de irse por la tarde, Anita les explicó que tendría que averiguar ciertas cosas con el Departamento de Estado de los Estados Unidos sobre Félix y después les avisarían. Jack y Félix se dieron la mano en señal de acuerdo y ambos hombres se alegraron de conocerse. Félix y Anita confesaron que necesitaban un cambio y que quizás este era el motivo que les guiaría en un paso hacia delante.

Cuando Gloria cumplió nueve meses, todo estaba arreglado para marcharse a Florida. Averiguaron que era cierto que el Gobierno le hacían falta traductores y que sí podían empezar con ese trabajo. Con esa seguridad y con el deseo de ayudar a su hermana que por primera vez le estaba pidiendo su ayuda, estaban ansiosos por irse. Los dos estaban contentos con los planes, así que se montaron en el tren a Miami para empezar otro capitulo de posibilidades y oportunidades.

CAPITULO TREINTA Y CUATRO

Félix, Anita y Su Familia

FLORIDA

Después de su llegada a Miami, Jack los llevó a su casa en un lugar a los alrededores de Miami llamado Coral Gables. Vivian en un pequeño apartamento que Jack les había descrito un año antes, primero como una casa en alquiler y finalmente como propietarios.

Su trabajo como traductores se transformó en una academia de idiomas y les fue muy bien con su pequeño negocio. Además Félix ayudaba a Jack por las noches cuando iba a recoger la caja y actuaba de guardaespaldas, con pistola y todo. Eso era una de las cosas que a Félix no le gustaban. Las armas representaban un pasado que él quería dejar atrás para siempre.

Los dos hombres se hicieron amigos y cuando Jack lo supo, decidió que él llevaría el arma. Nunca tuvieron un incidente en el que Jack tuviera que usarla. Los malos incidentes fueron las ocasionales pesadillas de Félix. Viendo el arma de Jack le volvieron recuerdos que él esperaba que estuvieran enterrados y que nunca volvería a desenterrar.

Una noche Eduardito se despertó por una de las pesadillas de Félix. Inmediatamente se levantó y fue a la puerta de su dormitorio. Allí vio a su madre sujetando a su padre en sus brazos mientras le consolaba con voz suave. Después de preguntar cual era el problema, su madre le dijo que se lo explicaría por la mañana; mientras tanto todo estaba bien y le pidió que volviera a la cama. Eduardito se fue pero la primera cosa que hizo a la mañana siguiente fue preguntar a su padre por qué gritaba en su sueño.

Félix comenzó por explicar que fue un incidente particular al final de la guerra, que él recordaba siempre que veía una pistola. Eduardito se sentó en silencio mientras su padre le miraba primero a él y después a Anita. Le dijo que nunca había querido contarle esta historia a nadie, sin embargo se lo contaría haciendo un esfuerzo ya que deseaba olvidar tiempos desagradables. Anita se acercó a él y se sentó a su lado, mientras le miraba profundamente a los ojos.

"En realidad, fueron dos incidentes, el primero fue cuando estaba siendo interrogado sobre tu foto con tu madre cuando estuvisteis en casa de su amigo", comenzó mientras miraba a Eduardito. "Cuando no estuvieron satisfechos con mis respuestas o las respuestas de mi familia en Belén 11, dijeron que iría a un pelotón de fusilamiento. En aquel tiempo la prisión estaba abarrotada y buscaban cualquier excusa para fusilar a los prisioneros que pensaban que no tenían valor para ellos." En ese momento Anita se levantó inmediatamente de una sacudida y Eduardito seguía sentado como aturdido.

"Un sacerdote vino a darme mis últimos sacramentos", continuó y entonces paró un momento para explicar lo que eso significaba. "En vez de hacer eso, me susurró que tenía que fingir que había sido fusilado. ¿Sabes?", dijo a Eduardito, mientras él miraba a su padre con los ojos bien abiertos, "acerté el muerto".

Le explicó que los pelotones de fusilamiento estaban formados por soldados españoles que estaban hartos de matar a sus compatriotas por ordenes de los extranjeros. Desde que la munición escaseaba, solo se les daba a los pelotones una bala para sus rifles y ellos disparar por encima para que pareciera real. En ese momento él debía hacerse el muerto. Casi inmediatamente algunos hombres vendrían por él y le pondrían en un ataúd y le llevarían fuera de la prisión para enterrarle. Una vez fuera de la prisión abrirían el ataúd y le dejarían escapar.

Mientras Anita dio un grito sofocado, Félix continuo, "todo fue bien hasta que iban a salir y ordenaron a los hombres que llevaban el ataúd que parasen para que fuera inspeccionado. Descubriendo que estaba vivo, me sacaron bruscamente del ataúd, me golpearon y me devolvieron a mi celda."

Ahora la boca de Eduardito estaba abierta con sorpresa y Anita estaba secándose las lágrimas de su cara con un pañuelo. Entonces le pidió, casi ronca, que les dijera que ocurrió la segunda vez. Félix entonces comenzó a contarles, pero esta vez sin mirarles y empezó a hablar como si acabara de salir de allí.

Los prisioneros que éramos adecuados fuimos sacados de nuestras celdas un día", continuó, "nos metieron en camiones militares y nos llevaron fuera de Madrid a trabajar en la carretera de Valencia. Los que estábamos en los camiones nos dimos cuenta de que éramos los regulares, así que al principio ni le dimos importancia en ser trasladados. Lo único que realmente pensábamos era como íbamos a poder trabajar tan duro sin suficiente comida para sostenernos hasta el día siguiente, para que no nos sacaran y nos fusilaran por no ser capaces de trabajar."

"Este día en particular, todos nosotros sentimos que había algo diferente cuando paramos fuera de la ciudad y nos dijeron que bajáramos y nos alineáramos. Los guardias tenían los rifles listos a su lado y un oficial pavoneándose comenzó a ladrar un discurso

265

preparado sobre como debían entender ahora, lo importante que era su trabajo para ganar la guerra. El único camino que podía mostrarles ahora, gritó el oficial, era coger un rifle y unirse a la columna que estaba en primera línea de fuego, donde realmente está la gloria, entonces él y los guardias gritaron *adelante, viva España*. Algunos de los hombres que estaban alineados, débilmente dijeron lo mismo. Cuando esto ocurrió los guardias se acercaron y los sacaron de la fila y los escoltaron hasta donde había unos rifles apilados. Yo permanecí en la fila como muchos otros hombres."

"Cuando fueron distribuidos los rifles a los que se salieron de la fila, el oficial menospreció a los que nos habíamos quedado y nos dijo que trabajaríamos en la carretera hasta que cayéramos muertos. Un par de guardias, entonces vinieron hacia nosotros, indicándonos con sus rifles la dirección que debíamos tomar. El oficial nos miró severamente, pero especialmente a mí", dijo Félix. "Como yo cogí mi herramienta para trabajar, el oficial vino y me empujó mientras murmuraba groserías. Cuando le miré, vi a sus hombres encima del montón de rifles enseñando como usarlos. En ese mismo instante, uno de los hombres al que acababan de dar un rifle salió corriendo. No consiguió ir muy lejos antes de ser abatido."

"Con esta distracción el oficial fue a ver que había ocurrido, gritando órdenes a lo largo de todo el camino. Nuestros guardias nos empujaron hacia delante a trabajar mientras nos recordaban lo que ocurriría si alguno de nosotros trataba de hacer lo mismo."

"El día fue duro y fuimos constantemente empujados mientras trabábamos y algunos de los guardias apagaban sus colillas encima de nosotros mientras nos llamaban infames nombres."

Félix continuó mientras Anita y Eduardito estaban como traspuestos escuchando a Félix. "Hacia el final de la tarde el oficial vino hacia mí. Comenzó a blasfemar y a decirme que me levantara y luchara. En ese momento me tiro el rifle y apuntó hacia donde yo debía ir. Yo lo cogió en el aire y se lo lance de nuevo diciendo que estaba descargado y así como iba yo a hacer algo. En ese instante vinieron dos guardias al ver tropezar un poco a su oficial cuando trataba de coger el rifle. Inmediatamente los guardias me dispararon, pero al mismo tiempo debían estar un poquito asustados por mis actos, ya que fallaron y yo caí al suelo enseguida.

Anita dio un salto y los ojos de Eduardito parecían saltar abiertos de par en par, más grandes de lo que realmente eran. Ambos estaban aún sentados allí cuando finalmente Anita con voz tranquila le dijo que continuara con este relato. Félix sonrió a medias mientras iba recordando lo que sucedió después.

"Mirando hacia arriba," continuó, "vi que el oficial estaba un poquito aturdido cuando dijo a los guardias que el trabajo había terminado y que pusieran a los hombres en el camión, pero a mi me ataron antes de ser devuelto al camión. Cuando volvimos a la prisión, el oficial me dijo que todavía no había terminado conmigo. Afortunadamente para todos nosotros, la guerra terminó poco después", concluyó Félix.

Anita continuó sentada allí durante unos pocos minutos más tratando de secar sus lágrimas con el pañuelo. Félix se volvió y cogió a su hijo antes de ir a los brazos de Anita a besarla, murmurando que había terminado y que nunca más quería volver a hablar de ello. Anita asintió con la cabeza y todavía trató de controlar sus emociones. Eduardito miró a ambos muy seriamente y no dijo nada.

Bien desde el principio, Eduardito y David se llevaron espléndidamente, como si fueran hermanos o viejos amigos que hubieran estado separados por algún tiempo. David tenía un perro llamado Butch que también iba a todos partes con ellos. En aquel tiempo Eduardito vino a ser Edward y especialmente cuando comenzó el colegio y su tía y su primo siempre le llamaban así. Su madre comenzó a llamarle Edwardeen y cuando la pequeña Gloria empezó a hablar le llamaba Deen. Su padre, en cambio le llamaba Eduardito o Eduardo. De cualquier forma que se le llamara el parecía feliz de responder, y estaba creciendo para convertirse en un flaco, alto y feliz niño con sentido del humor, gran bromista con su hermanita y siempre deseando jugar.

Poco después de dos años de permanecer viviendo allí, tuvieron su tercer y último hijo. Su nombre fue Albert y nació el 31 de agosto de 1943. Iban a llamarle Adolfo, pero con la segunda guerra mundial en pleno furor, Adolfo no era un nombre apropiado par un niño en ese tiempo.

También entonces fue cuando compraron una pequeña vivienda para ellos. Fue en ese tiempo cuando Mary y Jack decidieron enviar a su hija a una institución en Carolina del Sur que estaba especializada en el cuidado de niños con síndrome de Down; ella tenía entonces tres años de edad. Aunque todos lo intentaran se dieron cuenta de que atenderla era más de lo que ellos podían hacer por ella, ya que no había colegios especiales o centros de cuidados disponibles o que Mary y Jack creyeran que eran suficientemente buenos para ella. Ya habían tenido experiencias con los médicos allí cuando la pequeña Ana necesitó ayuda. Los médicos les dirían que estaban demasiado ocupados y que sería mejor que muriese porque no suelen vivir mucho tiempo este *tipo* de personas. Anita y Félix se sintieron mal, pero estaba fuera de su competencia. Incluso Félix ayudaba especialmente por la noche cuando ella era un bebé. Él la cogía y calmaba su llanto meciéndola en sus brazos hasta que estaba suficientemente dormida para acostarla; a veces estaba horas meciéndola.

Después de unos cuatro años de vivir allí, Félix conoció a un hombre que a su vez conocía a otro hombre que estaba interesado en hacer negocios con él, pero todavía no habían decidido que tipo de negocio. La idea de Félix sobre un negocio de perfumes les pareció bien, pero era necesario mudarse de vuelta a Philadelphia, donde los suministros se podrían conseguir y la producción sería más fácil de hacer. Para embarcarse en tal negocio, Félix tendría que aportar una tercera parte del capital para ser todos socios por igual.

Revisando la situación con Anita, ambos estuvieron de acuerdo en que esto era una oportunidad para que Félix finalmente consiguiera comenzar con su carrera. Su parte del dinero vendría de Anita, ya que el destino se había aliado con ellos. Ella acababa de recibir la liquidación final de la herencia de su madre, así que ellos pusieron ese dinero como su parte del negocio.

Félix entonces fue adelante y compró una casa y la remodelo con el dinero que había conseguido de los ahorros de la academia de traducción y de la venta de su casa de Florida.

Al mismo tiempo él fue con sus socios en el negocio a buscar un lugar donde instalarlo. Fue en Philadelphia y no muy lejos del lugar donde Félix les había encontrado una casa. Ellos irían a vivir a Drexel Hill. Estaba comprobado a través de los años que era una buena comunidad familiar y que había niños de todas las edades para que sus hijos jugaran con ellos.

Cuando Félix le contó a Anita que la casa estaba lista y que viniera, Anita vendió la casa, todo fue empaquetado y se fue a vivir con su hermana solo por un corto tiempo. Poco después ella cogió el tren a Philadelphia, con tres niños pequeños todos para ella sola y dejando ese día, justo antes un huracán llegara; un nuevo capitulo para empezar, pensó ella. El último había sido una experiencia algo agradable, pero era el momento de comenzar un nuevo capitulo.

PENNSYLVANIA

Unos cuantos días después de la llegada a su nuevo hogar,
Gloria cumplió cinco años., Albert había cumplido tres justo antes
de dejar Miami y Edward había cumplido nueve ese verano. Todos
estaban saludables y felices, con los niños aprendiendo quienes eran
sus vecinos y si tenían niños para jugar. Félix comenzó su negocio
animado y cuando pensaron en un nombre para su negocio, Anita
propuso la versión española de Shy, la cual era Shai.

En poco tiempo y a través de los niños encontraron una
familia irlandesa americana llamad Kelly. Bien pasado un año
Frank y Helen Kelly fueron los padrinos de Gloria y Albert. Desde
entonces un vínculo de cercanía se estableció entre las dos familias.

Alrededor de 1946, Félix y Anita tuvieron una visita inesperada
del párroco local de Saint Andrews acompañado por una monja
de la misma parroquia. Era un sábado de primavera y la familia
acababa de terminar de comer. Edward estaba fuera jugando con
sus vecinos. Al parecer el párroco venía porque había oído que
ellos no estaban casados por la iglesia y venía a hablar sobre eso.
Anita estaba un poco sorprendida pero antes de que pudiera decir
nada Félix les había invitado a entrar. Mientras Anita sostenía a
Albert en sus brazos y Gloria permanecía de pie junto a su papá,
Félix escuchó más bien tranquilo al sacerdote. Él preguntó a Félix
por qué no casarse ante los ojos de Dios y así sus hijos no se
considerarían bastardos a los ojos de la Iglesia. Cuando el sacerdote
terminó, Félix comenzó por explicar porque ellos solo hicieron
una ceremonia civil, debido a la guerra. En cuanto a eso de estar
casados ante los ojos de Dios, él sentía que ellos habían pasado
cualquier prueba y procedió a contarle la historia de sus primeros
años de matrimonio durante la guerra y un poco después. Terminó
diciendo que no sentía que Dios le pidiera ninguna prueba más que
debiera dar de un matrimonio fiel a través de un test, que las que
había dado ni de su promesa de que nunca más se separarían. En
otras palabras, ellos estaban viviendo los votos de su matrimonio
desde que se conocieron y decidieron ser una pareja fiel y formar
un hogar independientemente de las circunstancias que surgieran y
de los niños que Dios les diera. Cuando Félix terminó, la habitación
estuvo muy silenciosa durante un rato, después el sacerdote se
levantó, les dio los buenas días y se fue en silencio con la monja
detrás de él. Nunca más fueron molestados por semejante petición.

Edward y Gloria asistían a una iglesia católica cercana y cuando hicieron su Primera Comunión tomaron sus segundos nombres. Para Edward fue Joseph y para Gloria fue Mary, por su tía.

Después de un par de años, el negocio de perfumes creció con éxito. Las cosas de la tía de Anita llegaron desde Cleveland ese verano. Ahora iban a poder amueblar la nueva casa con las cosas que su tía había rescatado de la casa de su madre y algunas de sus cosas también. La casa estaba feliz. Cuando llego la Navidad de 1947, Edward finalmente tenía el tren que su padre había soñado. No estaba debajo del árbol sino a la altura de la mesa que su padre le había construido y recorría la mitad de la longitud del sótano. Félix había comprado casas adicionales, así pudo construir un conjunto de ciudad alrededor de él con un puerto y todo. Edward era siempre generoso y permitía que la familia lo disfrutara y jugara con él. Si, había un árbol con un ángel en la copa, también. Llegó a ser una tradición familiar que Félix y Edward fueran los únicos que se encargaran del árbol, de sus adornos y de toda suerte de coloridos regalos debajo del árbol que ambos disfrutaban envolviéndolos juntos.

Cerca de 1948, Anita y Félix empezaron a darse cuenta de que su parte del dinero no aumentaba de acuerdo con las ganancias del negocio. Después de una investigación de los libros de contabilidad, encontraron que uno de los socios estaba haciendo un desfalco. La sociedad se deshizo y Félix y Anita decidieron traerse el negocio a casa. Tenían un tercer piso, ático en el que montaron un laboratorio con suficientes suministros para algún tiempo. Félix trabajó duro para sus clientes y al mismo tiempo trató de desarrollar otros perfumes y eau de toilettes, que pensaba que serían comercializable.

Al cabo de un año vieron que no iban a ninguna parte. Una de las razones era que no podían abastecerse de las cantidades de alcohol necesarias para producir la cantidad suficiente de perfume que había que producir para que resultara rentable. El gobierno tenía estrictas restricciones respecto a eso y un pequeño negocio casero como el de Félix no ofrecía una razón suficiente para comprar grandes cantidades de alcohol.

Alrededor de septiembre de 1949, Albert justo comenzaba el primer grado cuando enfermó de neumonía y casi se muere.

La noche antes de que los médicos pensaran que no la pasaría, llamaron a casa y Anita respondió al teléfono. Cuando le dijeron las condiciones en las que estaba Albert, también le dijeron que había una medicina que acababa de ser aprobada por el

Departamento de Salud para uso humano, pero que necesitaban su consentimiento antes de usarla. Anita gritó al teléfono llorando que siguieran adelante.

Esperando ansiosamente toda la noche que llegase una llamada, a la mañana siguiente les dijo el doctor que había sobrevivido a la noche y que ahora parecía estar bien; sin embargo, continuó el doctor, él estaba de pie en su cama muy temprano gritándole a la enfermera que quería sus pantalones e irse a casa.

Después de oír esto, Anita, Félix, Edward y Gloria, rieron. Los dos niños llamaron preguntando cuando podían ver a su hermano y cuando volvería a casa. Les dijeron que se discutiría cuando le vieran ese día.

A causa de esta penosa experiencia, la señora Kelly tenía a todo el vecindario católico donde vivían, rezando por la recuperación de Albert. Cuando Anita la llamó y le dijo que su Albert había pasado la crisis, ella sabía que todas sus oraciones habían ayudado.

Albert volvió a casa unos días después y los vecinos estaban esperándole para darle la bienvenida a casa, lanzándole besos, con regalos y flores para acrecentar el feliz evento.

Poco después de su recuperación los médicos les recomendaron que se trasladaran a un lugar de clima más seco y cálido.

Puesto que los negocios de Félix no estaban siendo rentables, él envió cartas a varias compañías que o estaban en el negocio de los perfumes o relacionadas con él. No tardaron mucho tiempo en recibir una carta de interés para una compañía en Corpus Christi, Texas, que hizo una buena oferta y le quería inmediatamente. Félix contestó que estaba de acuerdo y que podía estar allí a primeros de año. Todo estaba decidido, ahora tenían que vender la casa y todo lo que fuera posible para hacer más barata la mudanza, ya que debían guardar sus cosas almacenadas hasta que pudieran encontrar un lugar para establecerse.

A mediados de diciembre, habían vendido la casa, empaquetados libros, mobiliario y otros artículos, comprado los boletos de tren, reservado un hotel en Philadelphia para la noche posterior a la salida y estaban listos para partir. La noche antes de partir, los Rodríguez cenaron con los Kelly. Fue una noche en la que todos trataron de estar alegres, pero cuando llegó la hora de coger un taxi para que los llevara a su hotel, hubo lágrimas mezcladas con abrazos de despedida y promesas de escribirse. Ya en el taxi, Gloria se sentó al lado de su madre, la cual estaba empezando a darse cuenta que verdaderamente se estaba marchando. Anita se la acercó mientras terminaban de despedirse y le dijo, nunca mires atrás, pero siempre recuerda donde has estado y mira hacia delante a donde te dirijas.

TEXAS

Al llegar la Navidad de 1949, en el hotel donde tenían hechas las reservas, les dijeron que era un error porque ellos no reservaban habitaciones a mexicanos. Ultrajados por tal comentario, Félix, sin embargo, guardó su temperamento y presentando su pasaporte preguntó si reservaban habitaciones a españoles. Con muchas excusas, le dijo que estaba equivocado y que desde luego tenía sus reservaciones. Félix dijo que estas excusas no eran suficientes, pero que podía compensarles invitándoles a desayunar durante su estancia; estuvo acordado.

Cuando estaban en su habitación era media tarde. Félix y Anita dieron a Edward y a Gloria dinero para ir a gastarlo en regalos para ellos mismos y para su hermano en el almacén "five-and-dime", justo cruzando la calle. Al salir les recordaron que compraron algo sencillo que cupiese en las maletas. Al llegar al almacén, Edward organizó sus compras estando Gloria de acuerdo en juntar su dinero, así podrían tener suficiente para comprar algo para los cinco y sorprender a la familia. Lo hicieran y se lo pasaron bien con los monigotes que habían comprado y entretuvieron a todos ese día y muchos después.

Unos días antes de Año Nuevo encontraron un Resort con cocina, situado enfrente del Golfo de México. Pensaron que esto era ideal para su recuperación de tantos problemas como Anita y Félix sufrían de sinusitis y además para la recuperación definitiva de Albert. Edward y Gloria eran los únicos que estaban sanos.

Mientras Félix hacía sus contactos de trabajo, Edward y Gloria fueron al colegio para terminar su año. Mientras, Anita y Albert disfrutaban sus días en la playa remojándose y disfrutando de la brisa del mar. Se pensó que sería mejor para Albert empezar el colegio en septiembre, lo cual quería decir que perdería un año. En el colegio Gloria iba a conocer lo que significa la segregación más que ninguno de ellos. Ya que a ella siempre le habían enseñado que las diferencias en la raza, religión y orígenes culturales se consideraban temas de interés entre las personas, fue una sorpresa para ella el comportamiento tan feo entre los niños con los cuales iba al colegio.

En poco meses Félix pudo ver que la compañía lo que quería eran sus formulas. Él no pensó que era lo que habían acordado, así que se despidió.

En poco tiempo encontró un contacto en Dallas. Estuvieron de acuerdo en que Anita y los niños se quedasen donde estaban para que Edward y Gloria pudieron terminar el año escolar.

Mientras tanto Félix volaría cada dos semanas en avión para verles. Eso también le daría tiempo para encontrar un lugar donde vivir. También estuvieron de acuerdo en no buscar una casa para comprar en este momento, sino más bien esperar y ver como se desarrollaban los acontecimientos primero.

Casi al terminar la escuela, Félix volvió para ayudarles a embalar y disfrutar del viaje en avión a Dalles juntos. Era una nueva aventura, vivirían en las afueras en una urbanización llamada Lakewood en una casa de dos plantas en el extremo de un barrio cómodo familiar, enfrente de un parque con un campo de béisbol. La casa había sido organizada en dos unidades. Ellos vivían abajo y una pareja mayor que todavía trabajaba todos los días y siempre estaban muy ocupados y que casi nunca se les veía, vivía arriba.

Era al principio del verano así que tenían tiempo para relajarse y conocer su nueva ubicación y a sus vecinos.

A finales de julio o primeros de agosto, Félix de nuevo se dio cuenta de que estaba ocurriendo en esta compañía lo mismo que en la anterior. De nuevo decidió dejarla, pero a la vez no buscar otro en Texas. Había encontrado a un hombre llamado Monte a través de uno u otro contacto, que le llevaba a alguien en San Francisco un coche nuevo, un gran coche Buick. Le preguntó si podría llevarle a él y su familia a San Francisco. A Anita no le pareció bien y quería volver a España. Nada le estaba saliendo en este país porque insistía en hacer los negocios como los hacían en España y no en America. Además ella había prometido a su padre que volverían y ahora era el momento ideal antes de que se gastara demasiado dinero. Félix se enfadó y dijo que él no iba a volver a Madrid. Anita le dijo que no tenía que ir. Por qué no Barcelona donde él todavía tenía un amigo con posibles contactos. Eso no convenció a Félix; su corazón estaba puesto en San Francisco. Volvió a ver a Monte y quiso que él conociera a la familia primero. Monte vino y a todos les pareció bien y Anita se decidió a ir a California.

CALIFORNIA

Todas sus pertenencias se quedaron en el guardamuebles de Texas ya que no tenían ni idea de donde iban a estar y pensaron que sería mejor no correr el riesgo y el gasto de enviarlos a California y tener que guardarlos otra vez. Así que iniciaron una larga y calurosa travesía en el calor de agosto de Texas a través del desierto de Nuevo México, Arizona y California, comprimidos, con tres adultos, tres niños y numerosas maletas. El viaje fue divertido, incluso a pesar de que no tenían aire acondicionado. Monte llegó a ser como de la familia y los llevó a ver cosas a lo largo del camino lo que hizo el viaje más interesante. Los niños disfrutaban con él y él parecía disfrutar con ellos.

Llegando a la bruma de San Francisco a finales de agosto, parecían saber que aquí es donde estaría su hogar. No necesariamente en la ciudad, pero definitivamente en algún lugar cercano. No podían creer que sintieran escalofríos en agosto, pero les parecían bienvenidos después del viaje.

Después de permanecer en un hotel por unos cuantos días y después de despedirse de Monte, Félix encontró trabajo en la ciudad como químico para una compañía llamada "El Rey de la Vanilla", que producía vanilla y productos relacionados con ella. Encontraron un pequeño hotel donde permanecer, en una ciudad de la península llamada Burlingame. Era temporal, hasta que encontraron una casa amueblada para vivir justo a una milla del hotel. Estaba en el límite entre las ciudades de Burlingame y San Mateo. Vivían en el piso de arriba y la mujer del propietario vivía en el piso de abajo. El propietario era marino mercante y estaba navegando la mayor parte del tiempo.

Después de dos años allí y habiendo tenido Félix que cambiar de trabajo a causa de que la compañía quebró, lo encontró de manera más permanente para un fabricante de acero llamado Bethlehem Steel. Cuando decidieron establecer su planta en Los Ángeles, en la parte sur del Estado, Félix dijo que no y encontró un trabajo con una compañía de bebidas llamada Belfast que era conocida por sus *root beer* durante los días de la prohibición. Este empleo les dio una oportunidad para encontrar una casa en alquiler y traer sus cosas del almacén en Texas. Encontraron una casa en San Mateo que estaba bien localizada para el trabajo de Félix y más tarde el de Anita cuando tuvo que trabajar con el fin de traer un dinero extra necesario para una familia con tres hijos creciendo. Afortunadamente había una tienda de comestibles solo a media manzana y escuela para los tres a dos y tres manzanas de casa. Era conveniente y se sentían en su hogar ya con sus cosas con ellos.

Pasaron los años y Félix no pudo retomar su carrera de químico que era lo que más le gustaba, pero sí encontró cosas interesantes por el camino.

Así fueron las cosas, él nunca logró permanecer mucho tiempo en ninguna compañía. En la que estuvo más tiempo fue en Belfast, pero después de unos cuantos años la Compañía también cerro. Mientras estuvo en Belfast él fue el químico que encontró la manera de eliminar un maligno carcinoma que el Departamento de Salud de Estados Unidos encontró en el *root beer*. Si las diferentes compañías que hacían esa bebida, no conseguían eliminarlo, tendrían que retirarlo del mercado. Félix encontró una manera.

A finales de los cincuenta trabajó parte del tiempo en Wrigley Chewing Gum. Su misión consistió en encontrar una manera de hacer chicles sin azúcar. Lo hizo, pero después de eso, ellos no le necesitaron durante un tiempo a jornada completa, así que le despidieron.

Una vez llegados los años sesenta, encontró un puesto para un químico que una compañía que hacía elixires bucales necesitaba. El elixir se llamaba Scope y tenía el problema de que hacía demasiada espuma cuando se usaba y estaba perdiendo consumidores. Fue contratado, pero ellos tuvieron que trasladarse a Pasadena a vivir durante un año allí. Resolvió su problema, pero no había futuro para él después de eso.

Retornaron a Millbrae en el área de la Bahía de San Francisco donde tenían sus cosas en un apartamento que ellos tenían con su hija. Félix realmente no aportó mucho al presupuesto familiar después de esto. Encontró algo que le ocupaba como viajante vendedor de joyería de los indios americanos y diferentes artefactos. Esto duró hasta principio de los setenta pero tampoco fue duradero. Trató de volver a su trabajo de traductor pero terminó con un cliente y después no hubo ninguno.

Eduardo se casó con una chica llamada Sylvia Schleifer el 12 de julio de 1958. Él mismo logró financiarse sus estudios universitarios en Administración de Empresas. Sirvió en la reserva de marina por ocho años en una división de submarinos. Trabajó en la compañía de teléfonos Pacific Bell y después de 35 años trabajando se retiró. Tuvieron tres hijas. Laura Ann que nació el 1 de febrero de 1961, que más tarde se casó con Daniel Ringer el 4 de septiembre de 1982 y tuvo dos hijas llamadas Elizabeth Anne (Beth) y Meghan Kathleen.

Su segunda hija Christine Marie nació el 10 de octubre de 1962 y tuvo dos hijos y dos hijas a lo largo de dos matrimonios; su primer matrimonio fue con Bradley Parks y tuvieron un hijo llamado Robert Alan y una hija llamada Rachel Marie. Su segundo matrimonio con Mathew Kuckuk, les dio una hija llamada Jennifer Lynne y un hijo llamado David Reid.

Su tercera hija llamada Lida Kathleen nació el 10 de julio de 1966 y se casó con un hombre llamado Michael Kautzky y tuvieron dos hijas. La primera llamada Jenna y la segunda llamada Carina Nicole.

Albert se afilió a la Marina de los Estados Unidos cuando tenía 18 años. Sirvió en el portaviones Coral Sea por unos dos años y después en Viet Nam en la Force Reconnaissance Group por un año y más.

Se casó con una mujer llamada Ligia del Carmen Borgen el 21 de diciembre de 1968. Tuvieron dos hijas: Astrid Marie y Talia del Carmen. Talia esta casada con un hombre llamado Maurice Shakur. Ninguna de las chicas tiene hijos por ahora.

Albert se financió sus estudios universitarios con la ayuda militar al principio y luego a través de becas.

Sus estudios y titulaciones fueron en Arquitectura Naval, Ingeniería Mecánica y Negocios.

El se hizo arquitecto naval primero y después fue invitado a ser ingeniero espacial para la compañía Lockheed y trabajó para ellos hasta que se retiró.

Gloria nunca se casó, ni tuvo hijos, sino que hizo la carrera de casi 50 años de artista gráfico, arquitecto, contratista de construcción, inspectora de construcción, y finalmente supervisora de construcción para una compañía que hacía urbanizaciones residenciales. Retirada, es ahora poeta y escritora.

En 1967 Albert pudo llevar a Félix a España debido a unos pases especiales que obtuvo a través de su trabajo en Pan American Airlines. Disfrutaron viajando juntos y viendo a la familia y a viejos amigos

Félix más tarde dijo que había sido el mejor regalo que podía haberle hecho su hijo. Anita no pudo ir debido a su situación económica, pero ella volvió con Gloria en1998 a la edad de 85 años. Ellas también disfrutaron de su viaje juntas y viendo a la familia a pesar de que ella no estuvo bien después de su llegada.

En 1970 Gloria compró una pequeña casa para ella y sus padres en una ciudad costera llamada Half Moon Bay justo al sur de San Francisco. Estaba a un par de manzanas del Océano Pacifico. Anita de nuevo disfrutó teniendo la brisa del mar cerca de ella. Los tres vivieron felices allí hasta el 9 de mayo de 1976, día en que Félix murió de un ataque cardiaco.

La noche antes, toda la familia estuvo reunida alrededor de él, celebrando su 67 cumpleaños en un restaurante español en San Francisco en el que Albert había reservado con gran alegría y cariño.

Anita permaneció en la casa hasta que Gloria la llevó a vivir a una casa que ella había diseñado y construido para ellas en Pinole, no lejos de Albert y su familia. Ella nunca fur realmente feliz después de morir Félix. Decía que se sentía desamparada. A veces se despertaba a media noche llamando a Félix diciendo que no podía dormir sin tenerle a su lado. Murió alrededor de 24 años más tarde, el 15 de noviembre de 2000 a los 87 años de edad.

Después de mucho pensar, investigar y revisar los lugares y sus acontecimientos, esta escritora se ha dado cuenta de lo que la familia y el amor son. Es como un cuaderno de espiral. La espiral es la espina dorsal o el mismo núcleo de la familia. Es la espiral la que demuestra todas las vueltas que surgen a lo largo de la vida de una familia. Es el amor el que mantiene la espiral recta para que las páginas no se salgan. Algunas páginas se arrancan al igual que las vidas se pierden o grandes malentendidos suceden. Con paciencia y esfuerzo las páginas pueden ser añadidas o reemplazadas porque la espiral está abierta y capaz de recibir mientras sigue su camino.

Las páginas adjuntas están limpias y cada una está allí para que cada miembro escriba su historia. Algunos miembros necesitarán más de una página, pero esa es la razón por la cual es un cuaderno. Un cuaderno puede tener páginas añadidas debido al interés y al deseo. Es el deseo del escritor que este libro lo continúen las actuales generaciones y las venideras. Es lo que le da a la espina dorsal su razón de ser y a las páginas su sentido.

www.ingramcontent.com/pod-product-compliance
Lightning Source LLC
Chambersburg PA
CBHW030253290526
45785CB00001B/67